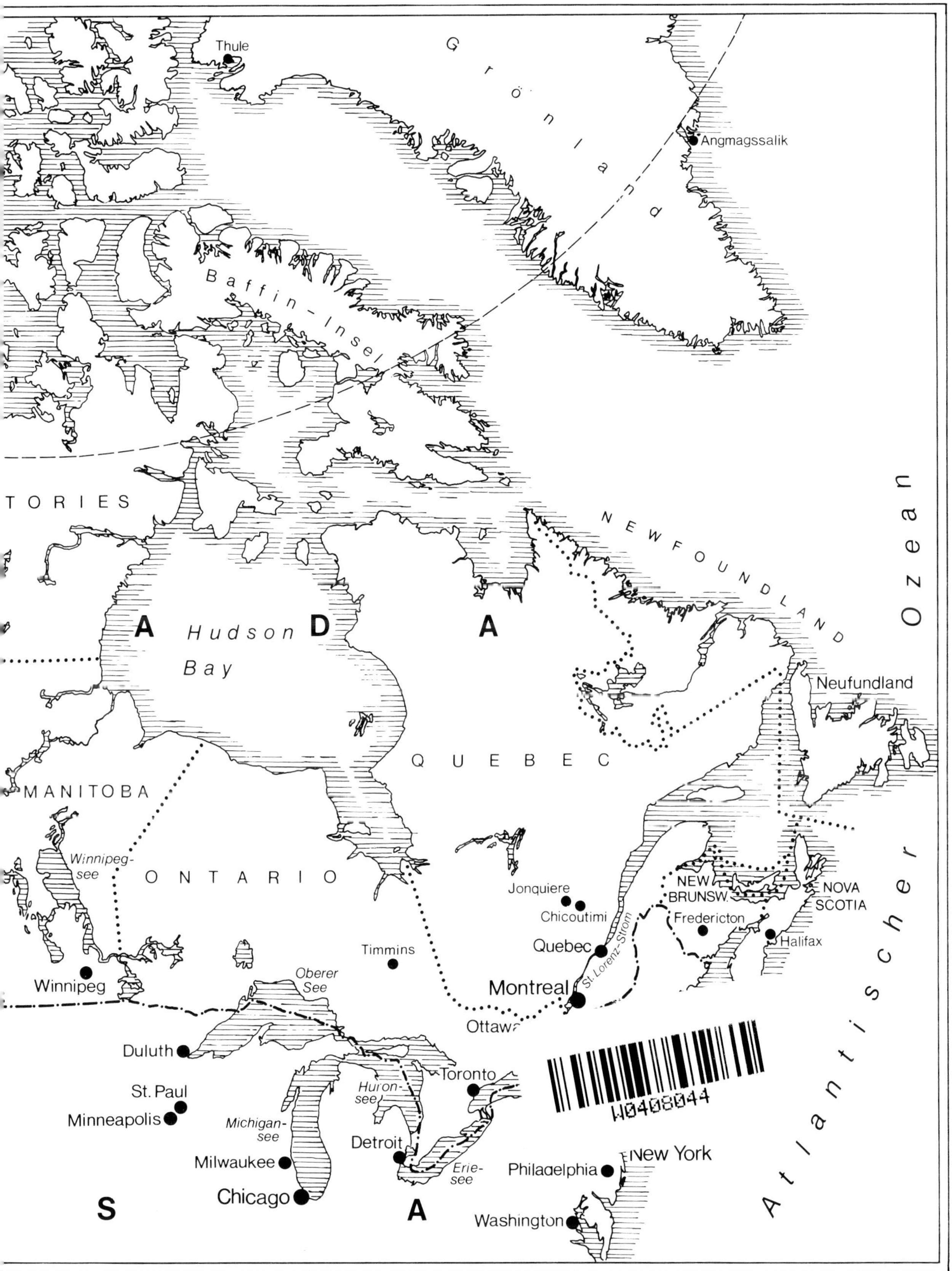

Thule
Grönland
Angmagssalik
Baffin-Insel
TORIES
NEWFOUNDLAND
Ozean
A
Hudson
Bay
D
A
Neufundland
QUEBEC
MANITOBA
Winnipeg-
see
ONTARIO
Jonquiere
Chicoutimi
NEW
BRUNSW.
NOVA
SCOTIA
Fredericton
Halifax
Quebec
Timmins
St. Lorenz-Strom
Montreal
Winnipeg
Oberer
See
Ottawa
Atlantischer
Duluth
Toronto
St. Paul
Minneapolis
Huron-
see
Michigan-
see
Detroit
Milwaukee
Erie-
see
Philadelphia
New York
Chicago
S
A
Washington

Kreutzkamp

Straßen in die Einsamkeit

Dieter Kreutzkamp

Straßen in die Einsamkeit

Durch West-Kanada und Alaska

Zwischen Vancouver Island
und Yukon River,
Rocky Mountains und Hudson Bay

Frederking & Thaler

Bildnachweis

Glenbow Archives, Calgary, Alberta: Seite 8, 9, 16 links, 60, 61, 65, 66, 70, 121, 150; Provincial Archives of Alberta: Seite 22 oben, 35, 88 unten, 100, 123, 136, 137; Provincial Archives of British Columbia: Seite 101, 158, 159; Manitoba Governmental Travel: Seite 54, 119; Whyte Museum of the Canadian Rocky Mountains, Banff, Alberta: Seite 71; Photo Finishing, Juneau, Alaska: Seite 80, 102, 135.
Alle übrigen Fotos: Dieter Kreutzkamp.

Die Fotos von Dieter Kreutzkamp

wurden mit einer Leica R_6 aufgenommen.

Die Deutsche Bibliothek – CIP-Einheitsaufnahme

Kreutzkamp, Dieter:
Durch West-Kanada und Alaska: zwischen Vancouver Island und Yukon River, Rocky Mountains und Hudson Bay / Dieter Kreutzkamp. – 4. überarbeitete und aktualisierte Aufl. – München: Frederking und Thaler, 1999
(Straßen in die Einsamkeit)
ISBN 3-89405-303-8

4. überarbeitete und aktualisierte Auflage 1999

Titelfotos: Dieter Kreutzkamp
Redaktion: Annemarie Bruhns
Produktion: Tillmann Roeder
Umschlaggestaltung: Petra Dorkenwald, München
Karten: Isolde Notz-Köhler
Fotosatz: Uhl + Massopust, Aalen
Druck und Bindung: Druckerei Uhl, Radolfzell

Printed in Germany

ISBN 3-89405-303-8

Morgen am Herbert Lake (Banff NP)

INHALT

INHALT

Faszinierendes Nordland

Zwischen Rocky Mountains und Eismeer

Willkommen in Kanada, dem Land der mächtigen Berge, köstlichen Lachse, unendlichen Kanumöglichkeiten und zauberhaften Nordlandstraßen. Mit »Wildnis pur« wirbt Alaska, die »Eisbox Amerikas«, da locken Blockhütten- und Trapper-Romantik, riesige Nationalparks und der höchste Berg des Kontinents. Was vor gut einem Menschenalter Jack London und einem Haufen abenteuernder Glücksritter vorbehalten war, kann heute Teil des normalen Jahresurlaubs sein. »Die Welt ist klein geworden«, sagt man. Wer damit die Möglichkeit meint, am Freitagmittag in Stuttgart oder München das Handwerkszeug zusammenzulegen, um tags darauf an einem Bach auf Vancouver Island den ersten selbstgeangelten Lachs in der Hand zu halten, hat gewiß recht. Die Flugzeit nach Vancouver, Edmonton oder gar Alaska wurde auf die Länge eines bequemen Tagesausflugs reduziert. Großartige Perspektiven für alle, die einsame Land-

Spirit Island im Maligne-See

Berge und Abenteuer: ein »pack train« überquert die Rockies

schaften, Weite, mächtige Elche, stromernde Bären und eine selten gewordene saubere Umwelt suchen. Immense Größe, Unberührtheit und seine klare nordische Schönheit haben Kanada den Ruf als Land der *great outdoors* eingebracht: Die Welt der Wanderer erstreckt sich von den Rockies über den Pfad der Goldsucher am Chilkoot-Paß bis in die Wildnis Alaskas im Denali-Nationalpark. Schier unendliche Wassersportmöglichkeiten bietet das größte Kanu-Dorado unserer Erde in den Northwest Territories, Manitoba und Saskatchewan. Verschwiegene Fjorde und Meeresarme, auf welchen bereits die Anfahrt nach Alaska dank preisgünstiger Fähren zur großartigen Kreuzfahrt wird, ziehen sich durch den urwaldähnlichen »Alaska Panhandle« im Süden des 49. US-Staates.

Straßen, Pfade und Wasserwege bestimmen noch heute wie zur Zeit der ersten Pioniere Schritt und Richtung. An ihnen und ihrem Ziel orientiert sich auch das touristische Interesse. Dieses Buch stellt neben klassischen Kanurouten von Indianern und Pelzhändlern, beliebten Wander-Trails, der abwechslungsreichen »Inside Passage«, erstaunlichen Eisenbahnfahrten und dem Superding »Trans Canada Highway« die schönsten und interessantesten Straßen des Nordens vor: bekannte, wie den Alaska Highway, oder den Geheimtip Dalton Highway.

War die Fahrt auf Buschstraßen vor Jahrzehnten noch ein unberechenbares Abenteuer, so braucht sich heute niemand mehr unkalkulierbaren Risiken auszusetzen. Dennoch findet, wer sich sich gern abseits ausgetretener Pfade bewegt, sein Quentchen Abenteuer, gemixt mit einem wohltuenden Nervenkitzel auf außergewöhnlichen Strecken wie der Canol Road, bei Touren auf Yukon und Athabasca River oder Wanderungen

Erfolgreicher Lachsfänger

auf dem West Coast Trail. Die meisten heutigen Nordlandrouten folgen historischen Fährten. Ihre spannende und faszinierende Geschichte ist in die Reiseerzählungen eingeflochten.

Durch Blicke über den Rand dieser »Straßen in die Einsamkeit« hinaus ergibt sich ein abgerundetes Bild der wichtigsten, interessantesten und schönsten Routen Nordwestamerikas. Den Berichten zugeordnete Informationsseiten mit Tips und Hinweisen für lohnende Abstecher sollen als Anregung dienen, darüber nachzusinnen, ob nicht das Abenteuer Alaska oder die schönste Straße der Rocky Mountains für einen selbst in greifbare Nähe rückt.

Über mehr als ein Jahrzehnt haben meine Frau Juliana und ich mit unterschiedlichsten Transportmitteln den Nordwesten bereist. Jede der beschriebenen Fahrten und Unternehmungen ist selbst erlebt, jede nachvollziehbar: von unseren großen Kanutouren, die auch auf interessanten Teilabschnitten erlebt werden können, bis hin zu Nordlandstraßen, die durch Hinweise auf Querverbindungen zu lohnenden, immer überschaubaren Rundkursen einladen.

Wer nach einer erfüllten Kanada-Alaska-Reise nach Hause kommt, wird vom »Nordlandfieber« befallen sein. Dann hilft nur eine Medizin: Bald zurückkehren! Mehrfach haben wir alle Winkel der Erde bereist, doch heftiger als irgendwohin sonst zog es uns immer nach Kanada und Alaska. Mit dem magnetischen Nordpol dort hat das nichts zu tun...

Ahornblatt und Camper

Autonummernschild von Alaska

Erstaunliches über Kanada und Alaska

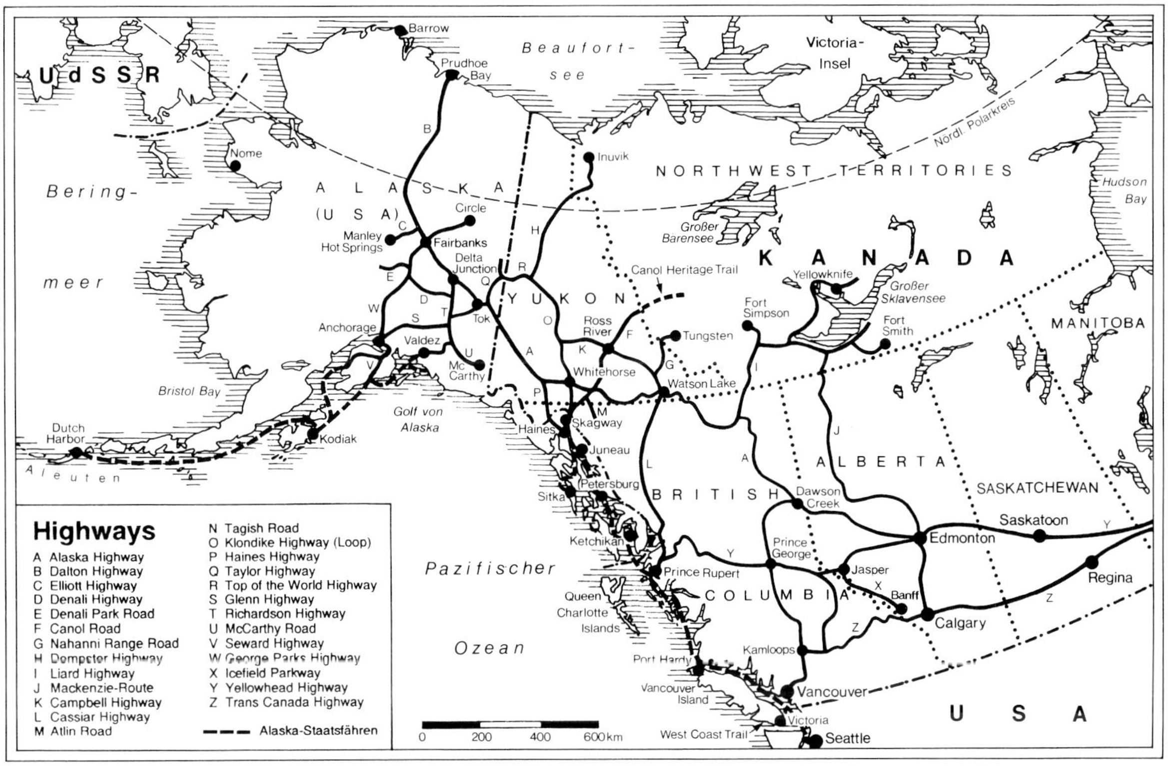

Kanada, mit knapp 10 Millionen Quadratkilometern nach Rußland zweitgrößtes Land der Erde, erstreckt sich über sechs Zeitzonen sowie knapp 40 Breiten- und 90 Längengrade. Seine größte Nord-Süd-Ausdehnung beträgt rund 4600 Kilometer, die von Ost nach West 5600 Kilometer. Mit Ausnahme Alaskas umschließt es den gesamten riesigen Norden Amerikas und berührt im Osten fast Grönland. Seine Bevölkerungszahl liegt bei 29 Millionen, wovon nur 6 Millionen im riesigen Westen leben. Ohne daß damit politische Grenzen gezogen werden, zählen zu Westkanada die Provinzen British Columbia, Alberta – dem sich die Prärieregionen Saskatchewan und Manitoba anschließen – sowie der Yukon und Teile der Northwest Territories (N.W.T.). Verblüffend: In den arktischen N.W. und Nunavut Territories teilen sich 50 000 Menschen die eineinhalbfache Fläche aller EG-Staaten.

Das offizielle Motto Alaskas lautet: *North to the Future*, die Staatsblume ist das Vergißmeinnicht. Mit einer Fläche von gut 1,5 Millionen Quadratkilometern, auf der nur 620 000 Menschen leben, ist es größter und gleichzeitig der am dünnsten besiedelte Staat der USA (knapp drei Quadratkilometer Lebensraum pro Person!). Fast die Hälfte aller Einwohner lebt in Anchorage. Vom Hauptland Alaskas erstreckt sich der dichtbewaldete »Alaska Panhandle« 800 Kilometer nach Süden. In südwestlicher Richtung ragt die vulkanische Kette der Aleuten wie ein ausgestreckter Daumen über knapp 1800 Kilometer an die Grenze Asiens.

Die Highways führen teilweise durch grandiose Gebirgslandschaften

Nordlandstraßen
Schlüssel zur Wildnis

Alaska Highway Reise in die »Eisbox Amerikas«

Längst ist der Alaska Highway nicht mehr der Nördlichste, der Staubigste, nicht mehr das reifen- und stoßdämpfermordende Ungetüm der vierziger und fünfziger Jahre. Er wurde entschärft: 2446 Kilometer gut ausgebaute Straße. Die Versorgung zwischen »Mile Zero« und dem Ziel ist so, daß niemand in Treibstoffnöte geraten muß, mit einem dichtgeflochtenen Netz von Reparaturwerkstätten, wie es sich niemand von jenen, die im Sommer des Jahres 1942 in dieser gottverlassenen Wildnis fluchten, schwitzten, Moskitos zerquetschten, in seinen kühnsten Träumen vorgestellt hätte. Die gute Straße wurde Realität, doch das Land blieb, abgesehen von einem »Korridor der Zivilisation«, unverändert.

Wenige hundert Meter neben dem Highway beginnt die Wildnis, das Reich von Bär, Elch und Wolf. Mit Seen und Bächen voller Fische und zahllosen *Outdoor*-Möglichkeiten: vom Paddeln im Kanu bis zu tage- und wochenlangen Fußmärschen oder Pferderitten. Auch wenn heute andere Higways rechts und links von ihm wie sprießende Ableger das Land durchziehen, kann er auf das Vorrecht des Älteren pochen. Zudem ist er die einzige durchgehende Landverbindung zwischen den Lower Fourty-Eight, den südlichen US-Bundesstaaten des Festlandes, und der »Eisbox Amerikas«. Längst befahren ihn die *greyhaired ladies* nebst pensionierten Ehemännern im eleganten 60 000-Dollar-Wohnmobil. Wie Liz und Jake aus San Antonio in Texas, die sich jeden Frühsommer zum Lachsfischen über 8 000 km im Zwölf-Meter-Motorhome mit »rollendem Einkaufskörbchen«, einem angehängten *new beetle*, zum Polarkreis vorarbeiten. Den Sommer verbringen sie in Alaska, überwintert wird im Schatten von Orangenbäumen zwischen Florida und Südkalifornien. *American way of life* mit fünfundsechzig – Ausdruck der Mobilität einer ganzen Nation.

Regenwolken über dem Alaska Highway

Für viele auch ist der Alaska Highway Startbahn in eine neue Zukunft nördlich des 60. Breitengrades. Sie denken dabei an Erdöl, das Wunderwerk der Alaska-Pipeline, Gold, unendliche Wälder – und an ein wildes, bezauberndes Land. Alaska Highway – noch immer Synonym für den Einstieg in die bewunderte Welt eines Jack London. Doch einiges hat sich geändert seit den Anfangstagen. Heute wirbt zum Beispiel bei Kilometer 741 die »Highland Glen Lodge« mit *the bratwurst with sauerkraut.*

Walter Northway war einer der wenigen Überlebenden, die ihn seit der Stunde Null kannten. Das schüttere Haar des uralten Indianers leuchtete wie frisch gefallener Schnee. Sein verwittertes Gesicht wirkte wie eine Landkarte Alaskas, in die der Nordwind vieler Jahre tiefe Falten gegraben hatte. Walter Northway galt nicht nur als einer der ältesten Menschen Amerikas, er war bis zu seinem Tod im Jahr 1993 Ehrenhäuptling der Indianersiedlung Northway, rund 300 Kilometer südöstlich von Fairbanks.

1942 hatte er am Alaska Highway gearbeitet. Chief Northway war nur ein »einfacher Waldarbeiter«, wie er sich 1992 beim 50jährigen Alaska-Highway-Jubiläum erinnerte: »Einen Dollar bekam ich pro Stunde. Wir fällten Bäume, stapelten sie auf große Haufen und verbrannten sie. Ich fragte damals nach einer Säge, bekam aber nur eine Axt – das ist okay, ich hab'mein Lebtag schwer gearbeitet.« Er tut sich schwer, dieser Alaska Highway, dem Nimbus als Piste für Hartgesottene noch gerecht zu werden. Sein Image aber lebt fort in Aufklebern wie *»Alaska or bust!«*. Der Mythos von anno 1942 als Kassenschlager; heute erhältlich als Anstecknadel, T-Shirt oder eindrucksvolle Multimediashow im Besucherzentrum von Watson Lake. Der Militärpfad mauserte sich inzwischen zum stattlichen Highway, wurde abgehobelt, begradigt, asphaltiert, stellenweise vierspurig. Statt dem Ausbau enger Kurven gab es neue Trassen – Land ist ja reichlich vorhanden. Und man bedient sich. Hey, du Traumstraße der Welt – bist du gesetzter geworden?

Vom Flugzeug wirkt sie wie eine Wunde im Körper der Natur, flankiert von Wäldern, Bergen, Flüssen, Seen und Gletschern. Immer wieder

Auf dem Highway

glänzt dazwischen das Band der Straße. Gefragt ist sie hauptsächlich im Sommer, im Winter gehört sie den Elchen, Karibus und mächtigen Trucks, schweren Lkw, die via Dempster Highway auf dem Weg zum Eismeer sind. An ihren Lenkrädern sitzen Burschen, denen man eine Gemütsmischung von Eisbär und Einzelkämpfer nachsagt. 3300 Kilometer Fahrtstrecke rollen sie pro Weg! Moderne Abenteurer des Nordens – statt wie einst an Schaufel und Goldpfanne zwölf Stunden Einsatz hinterm Steuer, gern gesehene Gäste in den Truck Stops zwischen Edmonton und der Arktis. Es ist ein Land, in dem noch vor einem halben Jahrhundert das Fauchen von Schaufelraddampfern, das Heulen von Schiffssirenen und der Hufschlag von *pack-trains*, Pferdekarawanen, die nächste Versorgungslieferung signalisierte. Doch dann kam die Wende.

Wie alles begann

Zweiter Weltkrieg: Das seine Vormachtstellung im Pazifik ausweitende Japan bereitet die Besetzung zweier Aleuten-Inseln vor. Rußland, Nachbar auf der anderen Seite des Beringmeeres, baut in Reichweite einen Militärflughafen.

Nur gut 70 000 Menschen leben zu diesem Zeitpunkt in Alaska. Anchorage und Fairbanks sind kaum mehr als Kleinstädte. Noch ist das nördliche Anhängsel der USA von Touristen selten bereist, wenige seiner spektakulären Sehenswürdigkeiten sind der Allgemeinheit bekannt. Da besinnt man sich auf in den dreißiger Jahren angestellte Überlegungen zum Bau eines Highways zwischen Westkanada und Alaska. Die Realisierung eines solchen Projektes hätte unter normalen Umständen Jahre erfordert, doch es ist Krieg. Der japanische Überfall auf das hawaiische Pearl Harbour im Dezember 1941 und die Verlegung des Kriegsschauplatzes aufs eigene Territorium drängen zur Eile. Der gesamte Nordwesten ist militärisch ungeschützt, Anmarsch- und Nachschubwege existieren nicht. Am 2. Februar 1942, rund zwei Monate nach Pearl Harbour, fällt der Entschluß zum Bau einer als Alcan – ein Kürzel, das für Alaska und Canada steht – bezeichneten Militärstraße. Alcan folgt alten Indianer- und Trapperpfaden, orientiert sich aber in seinem

So quälten sich früher Autos über den Steamboat Mountain

Verlauf im wesentlichen an bereits bestehenden *airstrips*, kleinen Flugplätzen, zwischen den Polen des Nordwestens, Edmonton und Fairbanks. Bisher kaum bekannte Namen erscheinen auf Landkarten: Dawson Creek, die Forts St. John und Nelson, Watson Lake. Für die Planer wird es ein Kampf gegen die Zeit – der Nordlandsommer ist kurz. 11 000 in aller Eile zusammengetrommelte Männer sehen sich der ungeheuren Aufgabe gegenüber, zwischen Frühjahr und Herbst 1942 eine fast zweieinhalbtausend Kilometer lange Bresche durch Sümpfe, Wälder, über Flüsse und Berge zu schlagen, die es ermöglicht, noch vor Winteranbruch erste Konvois nach Fairbanks rollen zu lassen. Der Klang von Sägen, Äxten und Hämmern erfüllt das bis dahin verschlafene Land. Fieberhaft arbeiten zwei Bautrupps von Süden und Norden aus gleichzeitig. An manchen Tagen werden bis zu sieben Kilometer »Straße« fertiggestellt! Doch das Unternehmen fordert auch Tribute: Arbeiter verunglücken, Maschinen halten der Dauerbelastung nicht Stand. Die größte menschliche Tragödie ereignet sich am

Herbst am Alaska Highway

14. Mai 1942, als elf Männer im Charlie Lake ertrinken.

Was in jenen Tagen entstand, glich in nichts dem Highway von heute. Knietief war oft der Schlamm, wenn die Oberfläche des Permafrost-Bodens taute. Manch ein Truck versank in reißenden Gebirgsflüssen, im Juli 1942 sogar einer mit Bier – im Tokhim River.

Am 24. September desselben Jahres trafen sich die beiden Bautrupps bei Meile 588 am »Contact Creek«. Die Grundlage für einen der beliebtesten Highways der Welt war geschaffen – rund 1500 Meilen lang, fertiggestellt in acht Monaten und zwölf Tagen. Bereits am 20. November 1942 erreichte der erste Militärkonvoi Fairbanks im Herzen Alaskas. Für die Bautrupps aber gab es kein Verschnaufen. Noch war der Alcan alles andere als ein Highway. Doch der Norden zeigte jetzt seine abweisende Seite: Mit Schneestürmen, die die Arbeiten lahmlegten (Watson Lake zum Beispiel hat einen durchschnittlichen Schneefall von jährlich 2,30 Metern!) und Minustemperatu-

ren von mehr als 50 Grad Celsius, bei denen selbst stählerne Werkzeuge brachen.

Das alles sind Histörchen aus längst vergangener Zeit für den, der heute wie auf Samt durch die Wildnis rollt. Der Begriff »Alcan« verschwand nach dem Krieg in der Mottenkiste der Geschichte. Ein anderer Name stand am Beginn einer neuen Ära des Nordens, der durch diesen Militärpfad erschlossen worden war – militärisch, wirtschaftlich, dann touristisch: Alaska Highway.

In Cinemascope Zweieinhalbtausend Kilometer Straße

»Mile Zero« des Alaska Highways – »Meile Null« auch des eigenen Nordlandabenteuers. Es beginnt in der 102. Avenue in Dawson Creek, wo Fahnen über einem weißen Gedenkstein flattern. Man liest »Fairbanks – 1523 Meilen« und denkt »Wenn das man gut geht.« Schnell noch ein paar Fotos fürs Familienalbum. Letzte Reifenkontrolle. Ein prüfender Blick auf die Tankuhr. Dann geht's los...

Der Film beginnt zu laufen, zeigt Felder, Wiesen und Wälder. Nach einer Stunde und der Überquerung des breiten Peace Rivers tauchen bereits die ersten Bilder von Fort St. John auf. Viel hat sich verändert, seit Pelzhändler Alexander Mackenzie 1790 bei seinem zweiten und erfolgreichen Versuch, eine durchgehende Wasserverbindung von Ost und West zu finden, hier campierte. Während des Weltkrieges war der Ort neben Whitehorse Hauptquartier für den Alcan-Bau. Mit Öffnung der Straße für zivile Zwecke 1948 kamen Siedler. Doch den wahren Impuls brachte die Entdeckung von Erdöl. Seitdem schmückt sich Fort St. John mit den Titeln »Oil Capital of British Columbia« und »Land of New Totems«. *Oil rigs* – Bohrgerüste – überragen heute traditionelle indianische Totempfähle an Zahl und Größe.

Wenn auch Kanada in den siebziger Jahren offiziell das metrische System eingeführt hat, hält sich doch am Alaska Highway beharrlich die Meilenbezeichnung – am hartnäckigsten in Wonowon, einem 150-Seelen-Ort, bei dem der frühere Meilenstein 101 (= *one o one*) zur Ortsbezeichnung verkümmerte.

Weiterfahrt: Fast unmerklich verändern sich die Bilder; Wälder werden dichter, die Sonne nähert sich dem Horizont, taucht Baumspitzen in warmes Rot. Es wird Abend am Alaska Highway. Doch viele Campingplätze, Wildniscamps in *Provincial Parks* oder ausgefahrene Pfade in die Verschwiegenheit des Waldes lassen keine Übernachtungsprobleme aufkommen. Einer Nebenstraße folgend, lenke ich unseren Camper zum Andy Bailey Lake Provincial Park. Angler stehen an den Ufern und versuchen ihr Glück bei Hechten; Kanus treiben still über das Wasser. Und über allem flammt ein glutroter Himmel. Ein schöner Auftakt für die Reise in den hohen Norden. Ohne den Alaska Highway wären diese und viele andere Eindrücke unzugänglich, blieben Abenteurern mit viel Zeit oder denjenigen vorbehalten, die sich für teures Geld durch Charterflüge »ihr« Stückchen wilde Natur für kurze Zeit erkaufen können. »Auf dem Alaska Highway ist es schon zu voll geworden«, lamentieren manche. »Die Romantik der fünfziger und sechziger Jahre ist dahin.« Sicher – von Jahr zu Jahr rollen mehr und mehr Fahrzeuge nach Norden, doch ein paar hundert Meter neben der Straße merkt man nichts mehr davon, ist »Natur pur« noch Realität.

Er ist der lebendigste Highway des Nordens und hat das ganze Jahr Saison.

Relativ einsam ist er im Frühling, doch nach den ersten wärmenden Sonnenstrahlen, wenn bei Bäumen, Büschen und Blumen der vitale Nordlandsommer durchbricht, beginnt seine große Zeit. Dann werden die Lodges für den Ansturm der Sommerbesucher repariert, und die »bunten Vögel« mit den verrückten Ideen kehren zurück, wie jener, der einst bei der »Steamboat Mountain Lodge« Hunderte von Autonummernschildern an Pfähle nagelte. Seine selbstgepinselten, verbeulten Ortsschilder wiesen von weitem den Weg: *Steamboat Mountain Lodge. Einwohnerzahl: drei Erwachsene, ein Hund.*

Wer je erlebt hat, wie sich an warmen Sommertagen Wolken gieriger Moskitos auf Besucher stürzen, als sei Mückenschutzmittel ein Aperitif, wird verstehen, daß mancher auf den Herbst als beste Reisezeit schwört. Doch das ist nur ein angenehmer Nebenaspekt: Im September macht sich der Highway für die Fotografen fein. Das ist die Zeit, wenn Wälder in Blattgold schimmern, Tundren rot leuchten und im hohen Norden der Zug der Karibuherden beginnt.

Wer kräftig genug aufs Gaspedal drückt, schafft die Strecke Dawson Creek–Fairbanks in vier Tagen. Doch wer das macht, ist entweder gestreßter Berufsfahrer – oder er hat es nicht besser verdient. Zuviel gibt es zu beobachten und zu erleben. Da ist das Stachelschwein, friedlich neben dem Highway stromernd und vermutlich keinen Gedanken daran verschwendend, daß es nach dem ungeschriebenen Gesetz der Wildnis als leicht zu erlegende Notration gilt. Abends stellen sich im Camp flinke Baumhörnchen ein, lautstark mit hektischem »Tschick-tschick« das Auto nach Freßbarem abklopfend. Vielleicht kommt auch ein Bär zu Besuch.

Kaum eine Industrieanlage verpestet die Luft. Nur eine Handvoll Ortschaften gibt es, doch viele schmucke Lodges, Blockhäuser oder Holzhütten mit großen Elchgeweihen über Türen.

Aufbruch. Der Film läuft weiter: Glitzernder Morgentau liegt auf Tannen, weiches Licht tastet sich durch die von Creeks, Sümpfen und Seen feuchtigkeitsgesättigte Luft. Ein Elch mit stattlichen Schaufeln kreuzt den Highway, blickt in »Herr-der-Wildnis-Pose« um sich. Dann kommt der erste Stopp in Fort Nelson. Tanken, der Gang in den Supermarkt, aus dem *liquor store* wird noch schnell ein Sechserpack »Canadian«-Bier für den Abend geholt.

Mit Randy, der den Tank füllt, komme ich ins Schwatzen. Er ist Gastarbeiter auf Zeit, demnächst will er zurück in seine milde Heimat, ins wärmere Vancouver. »Neun Jahre hier sind genug.« Er sagt es so, daß kein Zweifel aufkommt. »Noch Mitte Mai habe ich mit dem Schneemobil frische Furchen durch Neuschnee gepflügt.« Der Sommer ist kurz hier, nur 116 Tage des Jahres sind in Fort Nelson frostfrei. »Die Geschäfte gehen auch schlecht«, klagt Randy, »seit Minen dichtmachen und andere wegen sinkender Rohstoffpreise auf Sparflamme kochen.« Randy zerbröselt konzentriert eine Mücke auf seiner Wange, dann sieht er mich mit dem ernstesten Blick der Welt an: »*You know* – neulich hat die Canadian Air Force zwei Riesenmoskitos auf dem Highway abgeknallt, als sie Autofahrer im Tiefflug angriffen.«

Der Norden steckt voller Originale, komischer Käuze und solchen, die sich nicht in Allerweltsschablonen zwängen lassen. Viele lockt die Weite des Hinterlandes, sich und ihre Möglichkeiten zu testen; Träumer, Romantiker, dann und wann auch Rekordsüchtige.

Es ist später Nachmittag. Abrupt stoppt mein Cinemascope-Film.

»*Where are you going?*« frage ich den Reiter mit dem großen Hut.

»In's Guiness-Buch der Rekorde«, antwortet der Cowboy mit texanischem Tonfall und prahlt von seinem Ritt zwischen dem Golf von Mexiko und der Arktis Alaskas. »Der längste Solo-Ritt der Weltgeschichte – hin und zurück siebzehntausend Kilometer.«

Das aber ist nur ein Teil seiner Story. Der Rest besteht aus finanzkräftigen Sponsoren im fernen Süden, acht Personen Begleitpersonal in drei Wohnwagen und zwei Versorgungs-Lkw. In mehreren Transportern sind sechs Pferde beherbergt, die abwechselnd zum Einsatz kommen.

So also werden Rekorde gemacht...

Ich fahre weiter, die Bilder vor meiner Windschutzscheibe beginnen wieder zu laufen. Begleitpersonal, Ersatzpferde – überlege ich. Und was mache ich, wenn der Wagen nicht mehr will? Nun, ich werde wohl selbst meinen Kopf unter die Motorhaube stecken müssen, um den Fehler zu suchen. Aber wieviel langweiliger wäre das Reisen ohne den täglich neuen Reiz des Nichtvorherprogrammierbaren.

Kühl ist die Begrüßung am Summit Lake, der mit 1295 Metern höchsten Stelle des Highways. Frischer Wind pfeift über den See und treibt

Staubfahnen vor sich her. Niemand ist heute auf dem schön gelegenen Campingplatz, doch in der »Summit Lodge« hat man sich für den »bärigen« Appetit der Gäste gerüstet. Ein Anschlag wirbt mit: *Home of the Grizzly-Burger*...

Die Dramatik der Landschaft verstärkt sich jetzt, bis einer der optischen Höhepunkte der Straße erreicht wird: Muncho Lake. Es ist die unergründliche Farbe seines Wassers vor dem Hintergrund einer wilden Bergkulisse, die den Reiz dieses Sees ausmacht. Stimmungen, die man meint, schon aus den Büchern Karl Mays zu kennen. Wenn Old Shatterhand hier entlangritte – mich würd's nicht wundern.

Man hat sich darauf eingestellt, daß Besucher dem Charme dieser Nordlandschönheit unterliegen. Unterkünfte sind ebenso vorhanden wie ein reizvoll am Seeufer gelegener Wildnis-Campingplatz. Eine schwere Entscheidung steht für uns an: Bleiben oder Weiterfahren? Nur gut 70 Kilometer entfernt befindet sich mit den Liard Hot Springs einer der »heißesten Tips« auf dem gesamten Alaska Highway.

Es ist später Nachmittag und schon kühl, als wir über die große Brücke des breiten Liard, des mächtigen Nebenflusses des Mackenzie River, rollen. Kurz darauf zeigt ein Pfeil nach rechts: Liard River Hot Springs Provincial Park. Würziger Rauch von Grillfeuern durchzieht die klare Luft. Ein Mann mit erhitztem Gesicht und nassem Handtuch über der Schulter verschwindet in seinem Camper. Für uns ist dies ein Ort schönster Erinnerungen. Ich werde nie vergessen, wie wir hier einmal zu Beginn des Winters, aufgeheizt durch die Temperaturen der *hot springs*, in Badesachen im tiefen Schnee gelegen und wie Kinder vor Vergnügen gequietscht hatten.

Über einen Brettersteg durch Sümpfe mit Elchen und einer ungewöhnlichen Vogelvielfalt gehen wir die bekannten letzten Meter zu den Quellen. Und dann vollzieht sich nach einem langen Fahrtag die wohltuende Verwandlung: Man gleitet hinein in das gut 40 Grad heiße Wasser, vergißt, daß der Vergaser eigentlich nachgestellt werden müßte, ein Reifen seit heute nachmittag etwas Luft verliert und weiß, daß es richtig war, eine Stunde länger am Steuer auszuharren, um doch noch nach hier zu kommen.

Gletscher im Kluane National Park

Da ist kaum einer, der sich nicht mit dem anderen unterhält: der australische Reisebegleiter mit dem bayerischen Akzent im Dienste einer kanadischen Busgesellschaft etwa oder die vier

Harley-Davidson-Fahrer, hier im Bad weniger martialisch als im ledernen Kriegsschmuck unter deutschen Wehrmachtstahlhelmen. Langsam arbeiten wir uns bis dorthin vor, wo es am heißesten ist. Eine krebsrote Dame, bis zum Hals im Wasser steckend, läßt uns sofort an ihrem Glück teilhaben: Bei einem Lachswettfischen in Alaska hat sie den zweitschwersten Fisch gefangen – und 2500 Dollar Preisgeld dazu. Man taut auf in den Liard Hot Springs...

Die Farben des Panoramafilms werden jetzt düster. Jahrzehnte wird es dauern, bis die Natur aufgearbeitet hat, was der Großbrand von 1982

Vorläufer des Schilderwaldes von Watson Lake

zerstörte. Bis an die Ortsgrenze von Watson Lake hatten seine Zungen geleckt. Als der Rauch verzogen war, blieben mehr als 1600 Quadratkilometer verwüsteten Waldes zurück. Kurz vor dem Ort wird das Yukon Territory erreicht, Heimat des Klondike-Goldrausches und Schauplatz vieler Erzählungen Jack Londons. Doch es war ein Soldat beim Bau des Alaska Highway, der den Grundstein für Watson Lakes Popularität legte. Heute ist es berühmt, weil man den Wald hier vor lauter Schildern nicht sieht. Von Heimweh geplagt, nagelte der »GI« eine Tafel mit dem Namen seiner Heimatgemeinde an einen Pfahl. Daraus entstand der verrückteste Schilderwald auf Erden. Neben San Francisco hängt ein Ortseingangsschild von Ingolstadt, New Orleans prangt neben Frankfurt. Eins, sogar handgemalt, ist der Aufschrei eines durstigen Bayern: *12 000 km bis zum Franziskaner in München.* »Ordnung muß sein«, sagte sich ein anderer und schleppte

Friedlich äsender Elch

ein schweres Schild um die Welt. Knallig rot springt es dem Yukon-Reisenden ins Auge: *Mitführen und Laufenlassen von Hunden verboten. Stadt Augsburg, Gartenamt.*

Dem Namen nach könnte man ihn für einen Hochstapler halten. Sieht man, was allgemein getan wird, Fairbanks als Ende des Alaska Highways an, führen nur lächerliche 480 Kilometer durch Alaska, jedoch 1960 Kilometer durch Kanada. Eine gewaltige Strecke, die eine Ahnung von den Dimensionen des zweitgrößten Landes unserer Erde aufkommen läßt. Hat man erst einmal Watson Lake erreicht, ist es – legt man die Elle Kanadas an – eigentlich nur noch ein Sprung bis Whitehorse. Der Rest nach Fairbanks ist kaum weiter als von Hamburg nach Mailand.

450 Kilometer nördlich von Watson Lake erfolgt die erste Berührung mit dem noch jungen und klaren Yukon River, kurz darauf ist die Hauptstadt des Yukon Territory erreicht. Sie erhielt ihren Namen nach den sich wie wilde weiße Pferde gebärdenden Stromschnellen des großen Flusses. Die *rapids* verschwanden im Gefolge eines Stauprojektes. Whitehorse aber wurde immer lebendiger und größer. Mit gut 21 000 Einwohnern ist es größte Stadt am Highway, mit Restaurants, Hotels, Campgrounds, Tankstellen und Supermärkten, kurzum allem, was Reisende, die sich bis hierher vorgearbeitet haben, benötigen. Eine Stadt mit zweihundertfünfzig Tagen Frost im Jahr, mit bis zu 52 Grad minus gelegentlich an Rekordmarken heranreichend.

Drei Ereignissen verdankt Whitehorse seinen Aufstieg zur modernen Stadt: dem Klondike-Gold, seiner zentralen Lage am Alaska Highway und der Tatsache, daß es 1953 Hauptstadt des fast 483 000 Quadratkilometer riesigen Yukon Territory wurde. Ein Ort mit vielen Gesichtern: Indianer lehnen an ihrem verbeulten Mustang aus Blech. Unerschrockene Touristen rüsten sich für einen Trip auf den Spuren Jack Londons per historischer »White Pass & Yukon-Eisenbahn«. Ein Chevy-Truck mit Bullenhörnern als Kühlerzierde, so breit wie der Wagen selbst, schiebt sich aus einer Parklücke vor der Qwanlin Mall. Weiße Kumuluswolken treiben wie Schneeflocken über den tiefblauen Himmel.

Der Film läuft weiter. Nur noch 1000 Kilometer sind's jetzt bis Fairbanks.

Welcome to Alaska

Der »Erstgeborene« unter den Straßen in die nordische Einsamkeit durchteilt zwei Zeitzonen, schlängelt sich durch die Provinz British Columbia, das Yukon Territory und knapp ein Drittel des größten und nördlichsten Bundesstaates der USA, Alaska. Von Whitehorse zieht sich der Alaska Highway fast geradlinig nach Westen, führt an Champagne vorbei, wo das Ereignis eines erfolgreichen Viehtriebs einst mit einem Gläschen Schampus gefeiert worden war, und berührt Haines Junction, das sich aus der Kreuzung der Straße nach Haines und Fairbanks entwickelte. Es ist aber auch Sprungbrett in eine der majestätischsten Hochgebirgslandschaften unserer Erde, zum Kluane National Park. Mit dem 5951 Meter hohen Mt. Logan befindet sich hier der höchste Berg Kanadas; dies ist die ausschließliche Welt der Wildniswanderer, riesiger Grizzlybären und gewaltiger Gletscher. Einer davon ist der Lowell Glacier. Mit 65 Kilometern Länge leistet er seinen Beitrag dazu, daß sich in den St. Elias Mountains die größten Eisfelder unserer Erde außerhalb der Polarregionen ballen.

Ein optischer Leckerbissen wird auch die Weiterfahrt entlang der St. Elias und Wrangell Mountains. Die Nacht verbringen wir am Ufer des breiten Donjek River. Der Halbmond steht als kaltleuchtende Sichel über den Bergen im Westen. Es ist jetzt ruhig geworden auf dem Alaska Highway. In der Ferne heulen Wölfe. Die letzte Nacht der Reise durch Kanada beginnt.

Smokey, der Bär, bekanntes US-Symbol und Werber zur Verhütung von Waldbränden, grüßt von einem Schild neben der Straße: *Welcome to Alaska.* Ankunft im Land der Gegensätze: 38 Grad Celsius Hitze maß man einst in Fort Yukon –

und klirrende minus 62 Grad in Prospect Creek. Hier ragt der höchste Berg Nordamerikas auf, liegt die sturmgepeitschte Aleutenkette, befindet sich aber auch der vom Klima her milde »Alaska Panhandle« im Südosten. Schon am ersten Tag entdecken wir noch einige andere Besonderheiten: Die uns wildfremde Bedienstete im kleinen Postgebäude hinter der Grenze zum Beispiel, die Juliana mit *honey* anredet und *have a nice day, darling*. Und die Tankstelle, welche getreu dem Vorbild der anderen neunundvierzig Bundesstaaten verspricht, den »billigsten Sprit in ganz Alaska« zu verkaufen, bis man spätestens im übernächsten Ort erkennt, daß längst nicht alles stimmen muß, was auf noch so großen Tafeln am Straßenrand verkündet wird. In dem kleinen Ort Tok muß die Entscheidung fallen, ob es nach Fairbanks oder Anchorage gehen soll. Doch das wäre ja gelacht, so kurz vor seinem Ende dem Alaska Highway untreu zu werden!

Tok, mit Januar-Durchschnittstemperaturen von minus 29 Grad, gibt sich während der Sommermonate entspannt, ist ganz auf die von allen Seiten anrollende Flotte der Alaska-Reisenden eingestellt. Huskies ziehen zum Gaudi der Besucher Schlitten auf Rädern, Kinder klettern auf einem riesigen, ausgestopften Elch herum. »Kauf einen *hot dog*, und du erhältst den zweiten gratis«, wirbt eine Tafel. Ein Restaurant bietet Kaffee für 25 Cent die Tasse an. Die nächsten beiden Nachfüllungen gibt's kostenlos. Liz und Jake aus San Antonio in Texas werden sich wie zu Hause fühlen...

Doch schon wechseln die Bilder in schneller Folge: ein toter Elch neben der Straße – Verkehrsopfer. Zwei Männer sind dabei, ihn aus der Decke zu schlagen. Dann der Briefkasten am Fahrbahnrand, den ein hölzerner *Uncle Sam* in den Farben der Nation auf den Händen trägt. An Fahnenmasten, die Wohn-Blockhütten um Manneslänge überragen, flattern *Stars and Stripes* im Nordwind. Entlang der grandiosen Kulisse blankgeputzter Berge mit breiten Flußbetten, in denen nur nach der Schneeschmelze Wasser tost, führt die Straße nach Delta Junction.

Eigentlich endet hier die Reise auf dem Alaska Highway. Als er 1942 entstand, gab es bereits eine Verbindung, die schon den Goldsuchern der neunziger Jahre des letzten Jahrhunderts als »Valdez-Eagle Trail« bekannt war und später den Namen Richardson Highway erhielt. Delta Junction, nicht weit von der Trans-Alaska-Pipeline entfernt, feiert sich daher – wie Fairbanks auch – als Ende des Alaska Highways. Wie dem auch sei – nur noch 157 Kilometer sind's jetzt bis Fairbanks.

Dort endet der Landschaftsfilm in Cinemascope. Wie wenn im Kino das Licht angeht, blinzelt man plötzlich mit den Augen. Man weiß, es ist vorbei – doch sich zu erheben, fällt schwer. Schulterklopfen. *Finally you've made it*... Zufriedenheit. Und doch sitzt man abends wieder an einem der zahlreichen klaren Creeks, schnuppert in Vorfreude den Duft der Steaks auf offenem Feuer und schmiedet neue Pläne.

Für Tage hat der Star des Nordens das Bild dominiert. Souverän – denn an Bedeutung kommt ihm keiner gleich. Das Schöne aber ist, daß das eigentliche Alaska-Erlebnis erst beginnt, wenn man das Ende dieses Highways erreicht hat.

Lohnende Nebenstraßen zwischen Dawson Creek und Fairbanks

Nachfolgende Kilometer-/Meilenangaben beziehen sich auf die jeweilige Abzweigung vom Alaska Highway und zählen ab Dawson Creek. Sie entsprechen den als Orientierungshilfe am Straßenrand angebrachten Kilometer-/Meilenpfosten. Die Auflistung der Straßen erfolgt in Süd-Nord-Richtung.

Kilometer 500: Liard/Mackenzie Highway (unbefestigt). Der Liard Highway bietet eine Fahrt durch weite Wälder zum größten Strom Kanadas. Auf halbem Weg befindet sich Fort Liard, ein Dorf mit 500 Einwohnern vor den Toren des Nahanni National Park (Rundflug,

Picknick auf dem Liard-Highway

Kanuverleih). Diese Straße öffnet ein interessantes Tor zu den riesigen und nur wenig besuchten Northwest Territories (N. W. T.). Südlich von Fort Providence (Mackenzie River) kann auf der vielarmigen Mackenzie-Route nach Norden zur Hauptstadt der N. W. T., Yellowknife, abgebogen werden. Fährt man statt dessen weiter, bietet sich an, das Südende des Großen Sklavensees bis Fort Resolution (Slave-River-Mündung) zu umrunden. Eine weitere Verzweigung der Straße führt über Fort Smith in den Wood Buffalo National Park mit der größten Herde freilaufender Waldbisons. Bis auf den Abschnitt zwischen Grimshaw in Alberta (Beginn dieses Highway-Systems) und Hay River-Pine Point ist die Straße unbefestigt. Wer Zeit hat, sollte die Mackenzie-Liard-Route als Alternative zum südlichen Alaska Highway in Erwägung ziehen. Touristisch relativ wenig genutzt, liegt ihr Reiz in einem Meer fast ununterbrochener Wälder. Gegenverkehr kündigt sich bei trockenem Wetter schon von weitem durch dichte Staubwolken an. Zu den spektakulären Höhepunkten zählen u. a. die tosenden Alexandra Falls südlich von Hay River.

Kilometer 1021: Campbell Highway (unbefestigt). Er führt über Ross River nach Carmacks am Yukon. Bietet nur wenig Verkehr und die Möglichkeit zu Abstechern auf der North Canol Road in die Mackenzie Mountains sowie auf die Nahanni Range Road zum Bergbauort Tungsten (Wolfram).

Kilometer 1042: Cassiar Highway. Die durch Ausbau immer beliebter werdende Alternativroute zum südlichen Abschnitt des Alaska Highways trifft bei Kitwanga, nördlich von Terrace (British Columbia), auf den Yellowhead Highway. Damit besteht zum einen Verbindung nach Prince Rupert (Fähren nach Port Hardy auf Vancouver Island und nach Alaska), zum anderen nach Jasper National Park (Rocky Mountains) sowie Edmonton. Der landschaftlich reizvolle Cassiar Highway ist im mittleren Abschnitt noch unbefestigt, jedoch mit Wohnmobilen befahrbar. Lohnende Abstecher nach Stewart und Hyder in Alaska (u. a. Gletscher neben der Straße. Im Sommer gute Chancen, Bären beim Lachsfischen zu beobachten).

Alexandra-Wasserfälle

Kilometer 1345: Canol Road (unbefestigt). Siehe hierzu Kapitel »Canol Road« (S. 43) und »Canol Heritage Trail« (S. 112).

Kilometer 1392: Atlin Road (unbefestigt). Bei Jake's Corner Abzweigung Richtung Atlin zum Atlin Provincial Park (gute Angelmöglichkeiten). Ebenfalls bei Jake's Corner über Tagish Road (Abkürzung) zum Klondike Highway Richtung Skagway. Diese Fahrt kann auch kurz vor Whitehorse bei Kilometer 1455 (Klondike Highway 2 Süd) begonnen werden.

Kilometer 1455: Klondike Highway 2 (Süd) nach Skagway/Alaska. Landschaftlich und historisch (Klondike-Goldrausch) unbedingt empfehlenswert. Von Skagway über Fähre Anschluß nach Haines/Alaska bzw. Prince Rupert/B. C.

Kilometer 1487: Klondike Highway 2 (Nord). Die auch als »Klondike Loop« bezeichnete Straße berührt mehrfach den Yukon River (u. a. schöne Blicke auf die Five Finger Rapids) und dient sowohl als Zufahrt zur einstigen Goldstadt Dawson City wie als Zubringer zum Dempster Highway.

Kilometer 1635: Haines Highway. 244 Kilometer langer und wegen seiner grandiosen Gebirgsszenerie berühmter Abstecher nach Haines/Alaska. Dort Fährverbindung über Juneau nach Prince Rupert.

Meile 1301: Taylor Highway. Schotterstraße nach Eagle am Yukon River mit der Möglichkeit zur Weiterfahrt über Top of the World Highway (ebenfalls Schotter) nach Dawson City. Landschaftlich interessante Strecke, bei der man auf diverse Hinterlassenschaften aus der Goldgräberzeit stößt. Diese Route bietet sich als Rundkurs jenen an, die über den Alaska Highway angereist sind, jedoch für die Rückfahrt eine Alternativstrecke (evtl. mit Abstechern auf Dempster Highway oder North Canol Road) suchen.

Meile 1313: Glenn Highway. Kürzeste Anfahrt Richtung Anchorage (sogenannter »Tok Cutoff«).

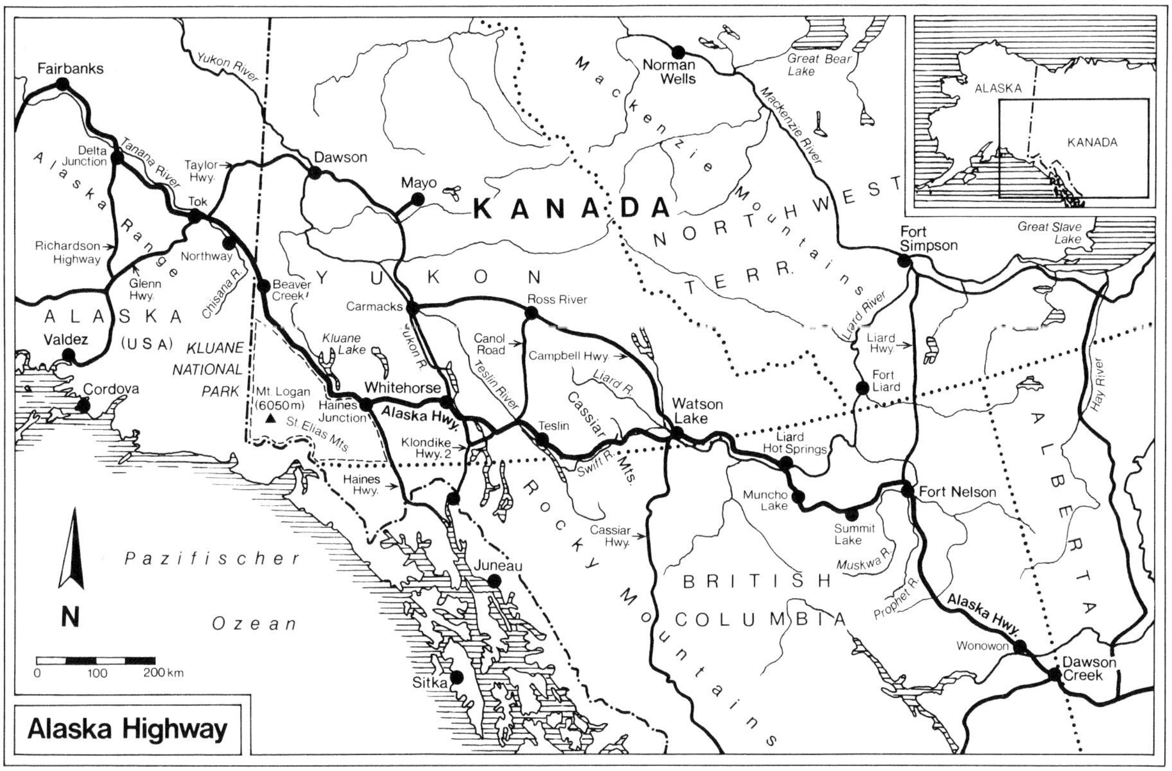

Meile 1422: Richardson Highway. Von Delta Junction führt dieser Highway zur Hafenstadt Valdez. Abstecher führen über Denali Highway (sehr lohnenswert) zum Denali National Park.

Abstecher vom Alaska Highway sind immer lohnend

Informationen: Alaska Highway

Beste Reisezeit: Am beliebtesten ist er zwischen Mai und September (schöne Laubfärbung), doch befahren kann man ihn das ganze Jahr. Als Anhaltspunkt: Die Tagesdurchschnittstemperaturen in Whitehorse betragen im Juli 14 Grad Celsius. Zu dieser Zeit ca. 19 Stunden Helligkeit.

Fahrzeit: Für ganz Eilige ist er bereits in vier Tagen »machbar«, da die hellen Nordlandnächte das Fahren rund um die Uhr zulassen. Abstecher, Aufenthalte und längere Campabende am Lagerfeuer eingerechnet, sollten für die rund zweieinhalbtausend Kilometer mindestens sieben Tage eingeplant werden.

Zur Straße: Der Zustand wird von Jahr zu Jahr besser. Die gesamte Strecke Dawson Creek–Fairbanks ist inzwischen befestigt. Überwiegend ist der Alaska Highway zu einer breiten, asphaltierten Straße ausgebaut worden. Es gibt jedoch immer wieder neue Frostaufbrüche und Baustellen, die über größere Abschnitte das einstige Straßenabenteuer erahnen lassen. Es bestehen keinerlei Bedenken, den Highway auch mit größerem Wohnmobil zu befahren. Auf dem Alaska Highway gilt noch immer die alte, auf allen Buschstraßen des Nordens praktizierte Regel: Fahrlicht zu allen Tageszeiten einschalten! Auf Schotter- und Staubabschnitten bei Gegenverkehr abbremsen und das Fahrzeug soweit wie möglich an den rechten Fahrbahnrand ziehen. Die Windschutzscheibe wird es danken.

Tanken und Service: Im Durchschnitt sind ca. alle 50 Kilometer Tankstellen zu finden. Der längste Abschnitt ohne Versorgung beträgt 160 Kilometer (Whitehorse–Haines Junction). Außerhalb der Sommersaison sind einige Tank- und Servicestellen geschlossen.

Unterkünfte, Campgrounds, Restaurants: sind in ausreichender Zahl auf der gesamten Strecke vorhanden.

Mietwagen und Camper: Dürfen nach den Bedingungen der meisten Mietwagenfirmen auf dem Alaska Highway und anderen Nordlandrouten nur gegen Zahlung eines Aufschlags gefahren werden. Rechtzeitig vor Buchung Informationen einholen.

Empfehlung: Um sich bei einem großen Westkanada-Alaska-Rundkurs eine Fahrstrecke zu ersparen, wird die Kombination »Anfahrt über Alaska-Highway und Rückfahrt per Fähre von Haines/Skagway nach Prince Rupert B. C.« angeregt. Siehe dazu das Kapitel »Inside Passage« (S. 73).

Der ganz heiße Tip: An drei Stellen befinden sich am bzw. in der Nähe des Alaska Highways *hot springs*, heiße Quellen, die zu jeder Jahreszeit zum Entspannen einladen.

Kilometer 768 des Alaska Highways: Liard Hot Springs. In typisch nordischer Landschaft gelegene natürliche heiße Pools. Campingmöglichkeit.

27 Kilometer nördlich von Whitehorse sind die Takhini Hot Springs. Ausgebauter Pool. Nicht ganz so heiß wie vorgenannte Quellen. Sehr schön gelegener Campground dicht daneben.

Chena Hot Springs, 98 Kilometer nordöstlich von Fairbanks. Ausgebauter *hot pool.* Campingmöglichkeit.

Literatur: Das in Nordamerika erhältliche Buch *The Milepost* bietet für den Alaska Highway und andere Nordlandstraßen eine Fülle knapper und aktueller Informationen über die Unterkünfte, Camping, Tankmöglichkeiten, technischen Service, Sehenswürdigkeiten und Karten. Weitere Informationen dazu im Anhang.

[i] »Alaska Highway Interpretative Centre« in Watson Lake (täglich geöffnet von Juni bis Mitte September).

Das Informationszentrum »Kluane National Park« in Haines Junction zeigt eine sehr beeindruckende kostenlose Multimedia-Diashow über die grandiose Bergwelt.

Nationalparkinfo in Whitehorse unmittelbar neben dem alten Schaufelraddampfer »Klondike II«. Interessante kostenlose Schiffsführungen, historische Filme.

Alaska-Informationen: »Tok Information Center«. Kreuzung Alaska Highway und Glenn Highway (Tok Cutoff).

Anschriften der Touristenbüros von British Columbia, Yukon Territory und Alaska siehe Anhang »Nützliche Anschriften« (S. 169).

Wo Erdöl die Richtung bestimmt
Dalton Highway

Ein Hamburger kostet vier *bucks*, unter 1200 Dollar Monatsmiete ist kein Apartment zu haben. Der Run hat eingesetzt. Kein Wunder – wo das reguläre Gehalt eines Lkw-Fahrers bei stattlichen 6000 Dollar im Monat liegt. 22 000 Männer zieht es bei solchen Aussichten in den Norden.

Man schreibt nicht das Jahr 1898. Schauplatz ist nicht der Klondike – trotz mancher Parallelen. Den Schrei »Gold« hat der nach Erdöl ersetzt. Es ist das Jahr 1974, und der Ort des Geschehens ist Fairbanks, gut eine Tagesreise nordwestlich von Dawson City. Hier läßt man auf einmal die Puppen tanzen, und die Burschen dieses bislang unbeachteten und vernachlässigten Anhängsels der USA buchen plötzlich Wochenendurlaube auf Hawaii und am Roulettisch in Las Vegas. Wer den Pipeline-Job *North of 60* (nördlich des 60. Breitengrades) hat, besitzt Geld. Denn hier gibt es Öl, Abermillionen Barrel Erdöl, die am Rand der Beaufortsee nur darauf warten, endlich aus der Erde geholt zu werden.

Männer und Frauen zu Tausenden schweißen, schleppen, fahren, prüfen, hämmern, frieren, fluchen. 5000 Bohrungen für Bodenproben werden vorgenommen, pro Loch mit einem Kostenaufwand von 10 000 Dollar. Mehr als 74 000 gut zwölf Meter tiefe Löcher in den jahrein, jahraus steinhart gefrorenen Boden getrieben, nur um die Pfosten jener Pipeline setzen zu können, die schon im Stadium ihres Entstehens legendäre Züge trägt. Endgültig vergessen sind die lächerlichen 7,2 Millionen Dollar, die es einst gekostet hatte, diese bespöttelte »Sewarts Icebox« dem Zaren mit den leeren Kassen im fernen St. Petersburg abzukaufen. Auch die Überschrift der *New York World* aus den sechziger Jahren des letzten Jahrhunderts »Rußland hat uns eine ausgelutschte Orange verkauft…« ist Lügen gestraft.

Die Alaska-Pipeline zieht sich auf Stelzen durch die Landschaft

Am Straßenrand kann man auf interessante Typen stoßen

Das Städtchen Fairbanks rückt über Nacht in den Blickpunkt, wird Nabel der ölhungrigen Welt.

Ein Vierteljahrhundert ist seitdem vergangen. Der Alltag hat das Ölgeschäft eingeholt. Die wilden Jahre sind vorbei – wieder einmal, denn was Fairbanks in der Spanne eines Menschenalters erlebte, ist selbst für eine Pionierstadt bemerkenswert. Es war 1901, als der dubiose Abenteurer Ebenezer T. Barnette hier am Chena River einen Handelsposten gründete. Auch das nur, weil sein Schiff auf Grund gelaufen war. Zu der Zufälligkeit kam eine weitere: In der Nähe fand man Gold. Die Niederlassung wuchs zum Ort, Barnette wurde Bürgermeister und Bankier. Einen Namen lieferte er auch: den des Senators Fairbanks von Indiana.

So konnte die Entwicklung der zweitgrößten Stadt Alaskas ihren Lauf nehmen. Sie tat es mit manchem Auf und Ab – letzteres gilt auch für den Macher und Stadtvater, der gut ein Jahrzehnt nach dem Zusammenbruch seiner Bank Fairbanks auf Nimmerwiedersehen verließ. Niemand hat ihm eine Träne nachgeweint.

Gold, Straßenbau, Eisenbahn und Pipeline haben Fairbanks groß gemacht, eine amerikanische Stadt, wie sie eigentlich auch 3000 Kilometer weiter südlich stehen könnte. Bis auf die Wandmalereien mit Themen des Nordens sind wenige Unterschiede erkennbar. Das ändert sich allerdings, wenn im Winter Durchschnittstemperaturen von minus 20 bis 30 Grad Celsius die Geräusche dämpfen und allein die überall installierten elektrischen Anschlüsse für Motorwärmer das Anspringen von Autos garantieren.

Durch seine zentrale Lage wurde Fairbanks auch ein wichtiger touristischer Knotenpunkt Alaskas: Nur zwei bis drei Stunden Fahrzeit (194 Kilometer) sind es bis zum Denali National Park, an einem Vormittag ist über den Stese Highway Circle am Yukon River (260 Kilometer) erreicht. Und wer will, kann auf dem Richardson Highway auch der Alaska-Pipeline bis Valdez (592 Kilometer) folgen.

In Fairbanks beginnt die Reise zu den Erdölfeldern an der Prudhoe Bay, immer dicht entlang dem glänzenden Leib der Alaska Pipeline. Zunächst auf dem Elliott Highway, bis dieser bei Meile 73 (km 117) nach Westen Richtung Manley Hot Springs abknickt. Die restliche Strecke bis zum Rand der Beaufortsee heißt die Straße Dalton Highway. Er ist der »Jüngling« unter den Highways Alaskas. Gut 660 Kilometer lang, ist er 1974 in nur 154 Tagen erbaut worden. Bis vor wenigen Jahren galt er als verboten für alle, die nichts mit dem Ölgeschäft zu tun hatten. Errichtet unter dem Namen »North Slope Haul Road« war er allein den großen Versorgungs-Lkw zugänglich.

Touristen wollte man nicht, fürchtete Störungen des Pipeline-Betriebs. Das hat sich seit 1991 geändert, seit Gouverneur Hickel den allgemeinen Zugang bis Deadhorse an der Prudhoe Bay durchsetzte.

Gäste am Lagerfeuer

Entlang der Alaska-Pipeline

Ausdrucksvolle Abendstimmung liegt über dem Dalton Highway. Heftige Winde jagen letzte Regenwolken fort. Kalt glänzt der an den Fahrbahnrand geschmiegte schlanke Leib der Trans-Alaska-Pipeline. Wie ein langer Strich zieht sie sich von der Beaufortsee zum eisfreien Pazifikhafen Valdez im Süden. Sie mag als tiefer Schnitt in die Natur bezeichnet werden – gewiß aber ist ihr Bild nicht ohne Reiz: Wie sie gleich einem Lindwurm über Berge und Tundren kriecht, sich hier und da an den Boden drückt, um erst viele Kilometer später ihren Verlauf auf den Stelzen fortzusetzen. Geisterhaft ist die Untermalungsmusik, wenn sich der Abendwind in den Kühlrippen der Pipeline-Pfosten in dumpfes Heulen verwandelt.

Knapp 90 Kilometer nach dem Start auf dem Dalton Highway beginnt die Abfahrt ins Tal des Yukon River. Der Strom ist träger geworden seit seinen ersten wilden Sprüngen im kanadischen Yukon Territory. Für ihn ist Halbzeit auf seinem langen Weg zum Beringmeer. Längst vergangen sind die Zeiten, da man Fahrzeuge abenteuerlich auf Pontons übersetzte: Seit 1975 überspannt die rund 700 Meter lange Yukon River Bridge den Strom. Ihre Baukosten: 25 Millionen Dollar. Unmittelbar nach der Brücke erreichen wir die erste von zwei Tankstellen auf der gesamten Strecke. Froh, überhaupt Sprit zu kriegen, zahlen wir den geforderten Preis – fast doppelt soviel wie in Fairbanks.

Die Fahrt auf dem Dalton Highway ist eine fortwährende Begegnung mit einer der kühnsten Ingenieurleistungen dieses Jahrhunderts, deren Krönung kam, als am 1. August 1977 das erste Barrel Erdöl nach einer Überlandreise von 1288 Kilometern den Verschiffungshafen Valdez erreichte. Begonnen hatte dieses wichtige Kapitel der Geschichte Alaskas mit Ölfunden auf der Kenai-Halbinsel im Jahre 1957. Schon bald liefen Vorbereitungen, den erwarteten Jackpot an der »North Slope« zu knacken: Ein als »Susie« bezeichnetes und mit einem Aufwand von mehr als vier Millionen Dollar rund 4,5 Kilometer tief gebohrtes Loch erwies sich als Niete – nicht jedoch der nächste Versuch in Prudhoe Bay. Doch die Absicht, eine Pipeline mit parallel verlaufender Versorgungsstraße quer durch Alaska zu bauen, traf damals auf den Widerstand der Naturschützer. Unter anderem auch wegen der zu erwartenden Störung des Wanderverhaltens der großen Karibuherden. Eines der Zugeständnisse an die Gesetze der Natur war daher, die Pipeline-Rohre stellenweise höher zu legen als üblich, damit die Tiere ungehindert passieren können. Erst Ende 1973 gab der amerikanische Kongreß grünes Licht für das gigantische Projekt. Die Arbeiten begannen. 350 Flüsse, darunter der Yukon, waren zu überqueren, das höchstgelegene Hindernis für Straße und Pipeline war mit 1463 Metern der Atigun-Paß in der Brooks Range. Im Frühjahr 1974 wurden 33700 Tonnen Baumaterialien ins Zentraldepot am Yukon River gebracht. Frost war eine der größten Herausforderungen an Mannschaften und Material. Da das durch 1,22 Meter dicke Rohre fließende Öl den ganzjährig gefrorenen Boden erwärmt und die gesamte Konstruktion zum Einsturz gebracht hätte, verlegte man die Pipeline über lange Distanzen auf Stelzen.

Heute ist es still geworden, wo noch vor etwas mehr als einem Jahrzehnt Tausende ameisengleiche Betriebsamkeit entfalteten. Männer mit vereisten Bärten, dick vermummt den arktischen Temperaturen trotzend … aber auch Typen mit tätowierten Armen in überheizten Behelfskneipen, riesige Mengen Coors- und Budweiser-Bier vor sich auf den Tischen. Sie sind alle wieder fort, das Zeugnis ihrer gemeinsamen Anstrengung blieb: die Pipeline.

Nach den Ausläufern der White Mountains nördlich von Fairbanks und den anschließenden Wäldern der Yukon Flats erreichen wir bei Caribou Mountain die schon leicht rötliche Tundra. Bei Kilometer 185 überqueren wir den »Arctic Circle«, ein Toast auf den Polarkreis, und schon geht's weiter nach Norden. Prospect Camp (Meile 135) nimmt für sich in Anspruch, Alaskas »cold spot«, der kälteste Punkt des Staates, zu sein. Am 23. Januar 1971 betrug die Temperatur hier –62 °C. Rund 30 Meilen weiter nördlich er-

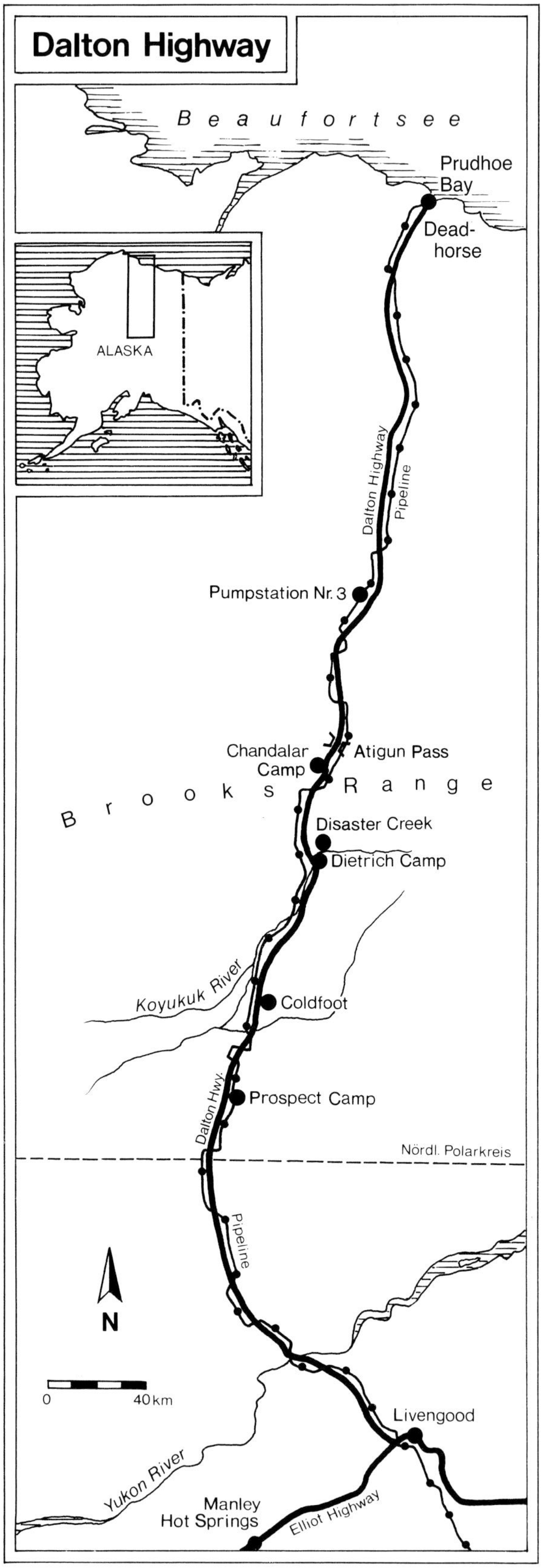

Auf dem Dalton Highway

reicht man den Südarm des Koyukuk River. Der immer mächtiger werdende Fluß streift auf seiner langen Reise die Siedlungen Bettles, Allakaket, Hughes und Huslia, bevor er nahe der Siedlung Koyukuk in den Yukon River mündet.

Die Niederlassung Coldfoot passieren wir später. Um 1900 drangen Goldsucher bis hierher vor. Dann bekamen sie »kalte Füße«. Coldfoot rühmt sich, *the world's farthest north truck stop* zu sein. Wer will, kriegt hier 'nen Hamburger, Sprit und kann die Reifen flicken lassen.

Landschaftlich wird es von nun an immer spektakulärer: Erst *barren land,* karge Hochlandtundra, danach die Berge der Brooks Range. Bei Meile 235 passiert man die letzte Fichte – zwischen hier und dem Nordpol gibt es keinen einzigen Baum mehr. Am Atigun Pass klettert der Dalton Highway über die Brooks Range und damit über die kontinentale Wasserscheide (Continental Divide). 414 Meilen nach Verlassen des Elliott Highway wird der den »Oil Companies« gehörende Ort Deadhorse (2500 Einw.) erreicht. Ende der Nordlandreise. Ohne spezielle Tourarrangements ist die Beaufortsee nicht zu erreichen. Auch das restliche Straßenstück ist Eigentum der großen Ölgesellschaften.

Zwei Tage später sitzen wir wieder am Yukon, lassen die Erinnerungen Revue passieren und vergleichen mit der anderen »nördlichsten Straße« beim Nachbarn Kanada. Gewiß, die Landschaft ist auch hier großartig, wenngleich nicht ganz so dramatisch und abwechslungsreich wie dort. Zudem erinnern Pipeline und Trucks unablässig daran, daß hier hart gearbeitet wird. Und während wir plaudern, steht plötzlich hinter uns, wie aus dem Boden gewachsen, ein bärtiger Bursche.

Ob er sich mit ans Feuer setzen dürfe? Er sieht aus wie ein *sourdough,* einer jener Männer von damals, die, wenn auch kein Gold, so doch immer ein Stückchen »Sauerteig« für frisches Brot in der Tasche hatten. David heißt er und ist ein moderner Aussteiger. Den gutbezahlten Job in der Computerbranche hat er zugunsten eines lauschigen Blockhauses am Yukon an den Nagel gehängt. Wir sollen ihn unbedingt besuchen. Und während wir im Gespräch die Zeit vergessen, geistert Nordlich über den Himmel.

Informationen: Dalton Highway

Beste Reisezeit: Die gut ausgebaute Schotterstraße ist das ganze Jahr über befahrbar; klimatisch ist es zwischen Mai und September am angenehmsten. Danach wird es frostig. Am Prospect Creek (Kilometer 218) befindet sich der kälteste Punkt Alaskas. 1971 sind hier minus 62 Grad Celsius gemessen worden.

Zur Straße: Von Fairbanks zunächst 117 Kilometer dem Elliott Highway (Nr. 2) bis hinter Livengood und anschließend der ausgeschilderten Abzweigung nach Norden folgen.

Tanken und Service: Bei Kilometer 90, Yukon River Bridge und bei Kilometer 281 (Coldfoot).

Camping: Es gibt mehrere kostenlose Buschcamping-Möglichkeiten am Highway, u. a. unmittelbar nördlich der Yukon River Bridge rechts.

Fahrverhalten: Da dieses in erster Linie eine *haul road,* Transportstraße, ist, neigen manche Lkw-Fahrer dazu, sie auch als die ihre zu betrachten. Es empfiehlt sich daher, wegen auffliegender Steine (Achtung, Windschutzscheibe!) bei Gegenverkehr die eigene Geschwindigkeit zu drosseln und, soweit es geht, auszuweichen.

Licht während der Fahrt immer angeschaltet lassen.

[i] Anschrift des Touristenbüros von Alaska siehe Anhang »Nützliche Anschriften« (S. 170).

Organisierte Touren von Deadhorse nach Prudhoe Bay: Northern Alaska Tour Company, P. O. Box 82991, Fairbanks Ak 99708, Tel.: (907) 4748600.

Im Land des weißen Riesen Denali National Park

Ein Besuch Alaskas ohne Mt. McKinley, das ist wie Wien ohne Prater oder München ohne Hofbräuhaus ... So machten wir uns von Fairbanks kommend auf den Weg.

Nicht lange ist es her, daß der einzige Zugang in die Wildnis zu Füßen des höchsten Berges Alaskas nur per Eisenbahn möglich war. Erst 1957 entstand der Denali Highway, und es dauerte dann noch weitere vierzehn Jahre, bis mit dem George Parks Higway die wichtige Achse Fairbanks–Anchorage geschaffen war. An ihrer westlichen Flanke liegt eine der größten und beeindruckendsten geschützten Wildnisse unserer Erde: der Denali National Park.

Ein Gebiet, das sich kaum verändert hat, seit der englische Forscher Captain Vancouver 1794 diesen »erstaunlichen schneebedeckten Berg« sichtete. Gut hundert Jahre später verpaßte man dem sturmgepeitschten Riesen den Namen eines Präsidentschaftskandidaten namens McKinley aus Ohio, der diesen Berg nie gesehen hatte. Die Bezeichnung erschien auf den Landkarten, und 1917 setzte sie sich auch für den Nationalpark durch. Der indianische Name »Denali« lebte jedoch bei vielen »Alaskans« fort, und 1980, in der Siegesstunde amerikanischer Naturfreunde, als große Areale Alaskas unter den Schutz der Bundesregierung in Washington kamen, wurde aus dem Mt. McKinley National Monument der Denali National Park. Mag der Name McKinley für den 6194 Meter hohen Berg auch noch offiziell sein, es bleibt zu hoffen, daß sich der Name der früheren Herren dieses Landes, »Denali«, wieder durchsetzt. Denali National Park, das Aushängeschild für »Freiheit und Weite Alaskas«, bietet eine Vielzahl von Wandermöglichkeiten und Abenteuern. Naturfreunde, Tierfotografen oder solche, die schlichtweg in grandiosen Landschaftsbildern schwelgen wollen, kommen voll auf ihre Kosten. Das hat sich herumgesprochen, die Besucherzahlen steigen. Besonders, seit Straßen den Zugang erleichtern und der internationale Flughafen von Anchorage seine Position als *air crossroads of the world* festigte und von Fluggesellschaften aus aller Welt direkt angeflogen wird.

Hauptattraktion hier ist Natur. Mögen sich die Tiere auch ein wenig von der Parkstraße ins Hinterland zurückgezogen haben – mit etwas Glück sieht jeder »seinen« Elch. Zumeist in Rekordgröße – Denali bietet alles eine Nummer gewaltiger. Das gilt auch für die Parkgrenzen selbst, vor allem seit Präsident Carter 1980 den »Alaska National Interest Lands Conservation Act« durchsetzen konnte, mit dem – gegen die wirtschaftlichen Interessen vieler Bewohner – riesige Gebiete zu Nationalparks und Wildreservaten erklärt wurden. Der Denali National Park profitierte von diesem historischen Federstrich und wuchs auf fast 25000 Quadratkilometer an. Nicht nur Grizzlies, Elche, Rotfüchse, Karibus, Luchse, Dallschafe oder die im Sommer unüberhörbaren arktischen Backenhörnchen wissen es zu schätzen. Auch das touristische Interesse an dem »Großen«, so die Übersetzung des Wortes »Denali«, nimmt zu.

Bighorn Schaf

Es ist früher Morgen, als wir uns am »Visitor Center« anstellen, um Karten für eine der reizvollsten und außergewöhnlichsten Busfahrten zu erhalten. Schon bald nach dem Bau der Zufahrt-Highways hatte man nämlich erkannt, daß die schmale Parkstraße nicht ausreicht, den Strom der Autos zu verkraften. Außerdem – wie würden die Tiere auf die ungewohnten Blechlawinen reagieren? Kurzerhand bot man Besuchern während der Sommermonate einen Buspendeldienst bis zum Wonder Lake an.

»Welcome, folks«, sagt unser Fahrer, und schon setzt sich das einfache Gefährt vom Typ der überall in den USA anzutreffenden Schulbusse in Bewegung. 136 Kilometer lang ist die Fahrt zum Wonder Lake; zehn Stunden sind für Hin- und Rückfahrt einzuplanen. Wer möchte, kann hier und da aussteigen, wandern oder – was die meisten tun – fotografieren. Verloren geht niemand – der nächste Bus mit freiem Sitz wird halten. »Hab' den Mt. McKinley in dieser Saison erst sechsmal völlig klar und wolkenfrei gesehen«, sagt Richard, der schwarze Fahrer aus Detroit. Nach dem Dienst in der Army blieb er in Alaska hängen. Wie so viele. Wir passieren Teklanika River und Igloo Creek Campground. »Guter Platz, um Grizzlies und Elche zu beobachten«, sagt er. Augenblicke später kommt unser Bus zum Stehen. Aufregung, Normal- und Weitwinkel- werden gegen Teleobjektive ausgetauscht. Friedlich äsen zwei Elche am Fahrbahnrand. Dann ein Grizzly, doch nur klein und in der Ferne. Richard stoppt den Bus: »Unsere Grizzlies sind um ein Drittel kleiner als ihre Vettern an der Küste. Das liegt am Futterangebot. Während sich dort Braunbären die Bäuche mit Lachsen vollschlagen, beschränkt sich die Grizzly-Kost hier auf Pflanzen und Beeren, ein gelegentliches Erdhörnchen oder ein staksiges Karibukalb.«

Gordon Ohlson, dem Chef des 15köpfigen Naturkundlerteams, liegt das Wohl seiner vielen Tausend Schützlinge seit eineinhalb Jahrzehnten am Herzen. »Unser Job ist es, die Wildbestände zu erfassen, zu beobachten, Gletscherbewegungen zu dokumentieren und die Qualität von Luft und Wasser zu erforschen.« Doch nicht immer läßt sich die Natur in die Karten schauen:

»In den 30er Jahren gab es noch 20 000 Karibus im Park. Mitte der 70er Jahre stürzte die Population dramatisch auf tausend ab. Erst Anfang 1990 hatte sie die 3700-Köpfe-Marke erreicht«, berichtet Gordon Ohlson. Der Grund dafür war trotz zehnjähriger Recherche nicht herauszufinden. Fest steht, daß zur selben Zeit auch andere Karibuherden dramatische Verluste aufwiesen, obwohl sie – wie in Denali – gesund waren.

150 Wölfe und 2 000 Elche leben im Park. Nur bei der Frage nach der Grizzly-Population zuckt Gordon die Achseln: »Karibus, Elche und Wölfe zählen wir im Winter aus der Luft, wenn sich die Tiere deutlich gegen den weißen Untergrund abheben. Dann allerdings liegen Grizzlies auf der Bärenhaut.«

Kurz bevor wir das »Eielson Visitor Center«, die Tribüne für den Superblick auf den großen Berg, erreichen, zeigt sich das erste Karibu des Tages. Seine Hoheit, König der Berge Alaskas, aber läßt sich vergeblich bitten, hüllt sich in dezentes Grau und verweigert die Audienz.

Doch der Sommer ist noch jung, und wir beschließen wiederzukommen – im Herbst, wenn es nach der Saison ruhig wird.

Anfang September. Die Mitteilung des Denali Park Rangers ist ernüchternd: »Seit einer Woche Regen!« Dann fällt über Nacht auch noch Schnee. Am Morgen des 7. September blicken wir auf eine weiße Winterlandschaft. Es könnte kaum besser kommen, nachmittags scheint die Sonne. Zwei Tage später ist der Schnee getaut. Wie durch fein aufeinander abgestimmte Rot- und Brauntöne eines kostbaren Perserteppichs rollen wir jetzt mit eigenem Camper über die Parkstraße, beobachten Bisamratten in Teichen, den herbstlich wohlgenährten Grizzly als pral-

Parkplatz für Wasserflugzeuge

Mt. Denali (McKinley), mit 6194 Metern höchster Gipfel Nordamerikas

len braunen Punkt im Rot der Tundra. Aus dem Wonder Lake, auf dessen nahegelegenem Campground wir unser Lager errichten, ziehe ich innerhalb einer Stunde zwei Forellen. Und immer wieder überwältigt der Blick auf die glasklare Kette schneeblinkender Berge um den trutzigen, alles dominierenden Mt. McKinley. Doch frostige Nächte und kalte Tage signalisieren den Beginn des Winters, schon längst sind die Zugvögel gen Süden geflogen. Es wird Zeit, ihnen zu folgen.

Eine Stadt namens »Ankerplatz«

Auf dem George Parks Highway fahren wir Richtung Anchorage, das sich aufgrund des Golfstroms rühmt, im Sommer mild wie San Francisco und im Winter nicht kälter als Denver in Colorado zu sein. »Ankerplatz« heißt die Stadt, die sich seit 1915 von einer kleinen Zeltsiedlung zum Wirtschaftszentrum Alaskas mit rund der Hälfte seiner Bewohner mauserte. Mit Wolkenkratzern, Geschäftigkeit, und »Traumlagen«, die das Herz jeden Grundstücksmaklers höher schlagen lassen. Offerten wie »Haus am Meer mit überdachtem Parkplatz fürs Wasserflugzeug und Blick auf Berge, Gletscher und Lachse« sind durchaus nichts Ungewöhnliches.

Die ganz wilden Tage sind hier vorbei. Genaugenommen, seit Alaska 1959 Bundesstaat wurde. Der Selbstbedienungsladen für Landhungrige, die von den immensen Bodenreserven ihren Teil erhielten, wenn sie nur eine windschiefe Hütte draufbauten, funktioniert nicht mehr. Es hat sich einiges verändert, seit dem politischen und verkehrsmäßigen Anschluß an den Rest der USA, dem Zuzug von Menschen, Kapital und neuen Ideen. Ein Gutteil vom alten Stolz, jenseits der *last frontier* zu leben, aber besteht fort. Über Jahrhunderte hat sich diese »letzte Grenze Amerikas« immer weiter hinausgeschoben; vom Osten zur Mitte, dann quer durch den Kontinent nach Westen. Der begehrliche Blick nach Norden ließ

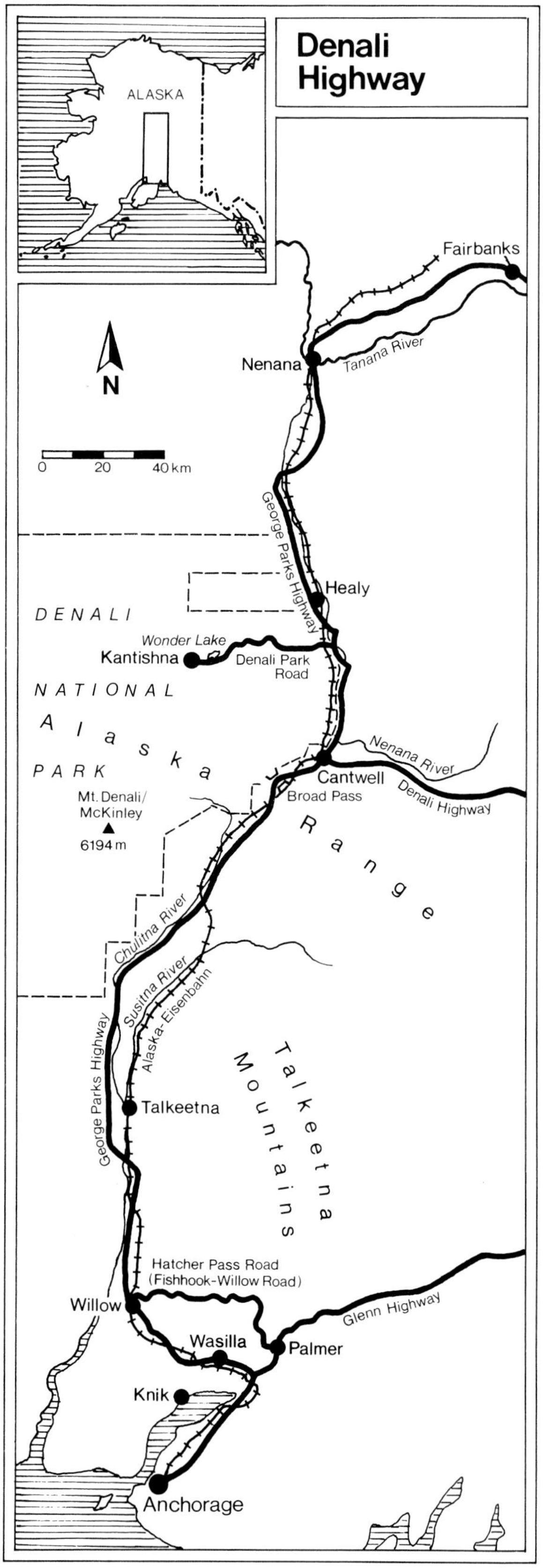

dabei erstaunlich lange auf sich warten. Doch mit der Routine jener, die erfolgreich über Generationen diesem gewaltigen Teilkontinent ein Stück nach dem anderen abgerungen haben, hat man sich auch im Norden recht komfortabel etabliert. Wundert's, daß diese Stadt, deren Bewohner in den seltensten Fällen »Anchorage« als Geburtsort in ihren Papieren stehen haben, anders sein will, als jene milde belächelten *down south* – unten im Süden? So schaffte sich der Emporkömmling sein eigenes Image. Natürlich alaskaspezifisch: zum Beispiel als Startplatz des bedeutendsten Hundeschlittenrennens unserer Tage, des »Iditarod«. Jedes Jahr Anfang März jagen *dog teams* von hier zur knapp 1900 Kilometer entfernten und einst wilden Goldstadt Nome. Oder in Form des »Anchorage Fur Rendezvous« im Februar, des »Trapper's Ball« – einem Wett-

Grizzly in der herbstlichen Tundra

streit um den verrücktesten und üppigsten *Sourdough*-Bart – oder der Weltmeisterschaft im Hundeschlittenrennen.

Das allerdings ist nur ein Aspekt von vielen aus der Angebotspalette dieser Stadt. Sie ist auch Sprungbrett in die abwechslungsreichsten Landschaften unmittelbar vor der Haustür. Prince William Sound heißt eine – mit Fjorden, Regenwäldern, Gletschern. Oder Kenai Peninsula – Paradies der Kanuten.

Als wir durch das Matanuska-Tal, das dank des milden Klimas und heller Sommernächte mit sechzigpfündigen Kohlköpfen werben kann, zum Alaska Highway zurückrollen, ist meine Wunschliste statt kürzer länger geworden.

Man müßte noch durch den langgestreckten »Wurmfortsatz« der sturmgepeitschten Aleuten fahren, der Stunde Null unserer Schöpfung im »Valley of Ten Thousand Smokes« im Katmai National Park nahe sein, Braunbären auf Kodiak Island beim Lachsfischen beobachten und per Schiff zu den unzähligen Inseln der »Inside Passage« reisen. Der »49. Staat« fordert Zeit. Zwar ist hier alles möglich – schließlich ist man in den USA –, doch wenn man das Wesen Alaskas außerhalb der vielbegangenen Wege erleben will, überschreitet man die Grenzen zur Wildnis, und von da an geht es langsamer voran. Sie ist unberechenbar, der Rhythmus des Lebens und ihre Gesetze wie vor Jahrhunderten. Gerade das aber macht ihren Reiz aus.

Für den Urlauber ist hier »weniger« oft »mehr«: Zeit zu haben für Wanderungen und Tierbeobachtungen, abends am Lagerfeuer zu sitzen, selbstgefangene Lachse zu grillen oder wie ein alter *sourdough* Brot in der Pfanne zu backen. Sicher – man kann in vier oder acht Wochen Alaska bereisen, bequem sogar, doch kennenlernen? Vermutlich benötigt man mehr als ein Leben dazu.

Im Denali National Park

Informationen: Denali National Park

Beste Reisezeit: Der Nationalpark (NP), für den eine Eintrittsgebühr verlangt wird, ist ganzjährig geöffnet, am stärksten besucht ist er jedoch von Juni bis Mitte September (täglich bis zu 18 Stunden Tageslicht). Während dieser Saison verkehren im Park die *shuttle busses*. Um Mt. Denali (Mt. McKinley) zu sehen, gehört ein Quentchen Glück. Etwa Dreiviertel der Sommerzeit verbirgt er sich hinter den Wolken.

Aktivitäten: Wandern, Camping, Tierbeobachtung, Fotografieren. Die Besteigung des Denali-Gipfels ist erfahrenen und gut ausgerüsteten Bergsteigern (immerhin pro Jahr einige Hundert) vorbehalten. Außerhalb des Denali NP besteht die Möglichkeit zu Schlauchboottouren (Nenana River) und *wilderness* (zumeist Angel-) *safaris* sowie Rundflügen (*scenic flights*) auf die Gletscher des Mt. Denali.

Wer im April/Mai von Fairbanks Richtung Denali NP nach Süden fährt, sollte sich vorher erkundigen, welches Stadium das »Nenana Ice Classic« im Ort Nenana erreicht hat. Es geht dabei um das Erraten des richtigen Moments des Eisaufbruchs auf dem Tanana River. Tausende versuchen ihr Glück, dem Sieger winken hohe Preisgelder. Damit das Ereignis niemand verschläft, steht ab ca. Februar ein Dreibein auf der Eisdecke des Flusses, das beim Aufbruch wegsackt und per Schnur eine Stoppuhr betätigt.

Eisenbahn: Die Alaska Railroad bietet tägliche Verbindungen zwischen Anchorage und Fairbanks mit Stopp an der Denali Park Station. Alaska Railroad Corporatives, Passenger Services, P. O. Box 107500, Anchorage, AK 99510-7500, Tel.: (907) 265-2494.

Shuttlebus: Privatfahrzeuge dürfen auf der Parkstraße nur bis Meile 14,8 am Savage River fahren, danach ist die Strecke für den Individualverkehr gesperrt (Rangerkontrolle). Die Parkverwaltung stellt deshalb Besuchern einen Buspendeldienst zur Verfügung. Die Busse fahren alle halbe Stunde ab 6 Uhr morgens bis zum Nachmittag. Der Rundtrip bis Wonder Lake und zurück dauert ca. 12 Stunden. Man kann die Fahrt durch Umsteigen auf einen zurückfahrenden Bus verkürzen. Wer nach einem Spaziergang wieder einem Bus zusteigen möchte, braucht dem Fahrer nur ein Zeichen zu geben. Zu den Stoßzeiten (nachmittags) ist allerdings mit Wartezeiten zu rechnen.
Reservierung: Ein Drittel der Busplätze kann im voraus telefonisch reserviert werden: Tel.: (907) 272-7275, Montag bis Freitag zwischen 7 und 16 Uhr, sowie samstags zwischen 10 und 16 Uhr (es gilt die lokale Alaskazeit!). Beim Anrufen von Europa aus die internationale Vorwahl nicht vergessen (von Deutschland: 001).

Die restlichen Busplätze können persönlich bis zu zwei Tage im voraus beim Denali Visitor Center reserviert werden. Busse, die Camper zu den Zeltplätzen Sanctuary, Teklanika, Igloo und Wonder Lake bringen, haben ausreichend Platz für Ausrüstung. Die Anmeldung hierfür sollte schon bei der Registrierung vorgenommen werden.

Camping: Die wenigen *campsites* im NP sind in der Saison zumeist sehr schnell – gegen Gebühr – vergeben. Hier haben nur beharrliche Frühaufsteher Chancen, jedoch besteht außerhalb der Parkgrenze hinreichend Campingmöglichkeit. Kein Kraftstoff für Autos innerhalb der Parkgrenzen! Tankstelle jedoch nahe dem Eingang.

[i] Information Center (nahe dem Parkeingang George Parks Highway) bietet auch informative Abendprogramme und gute Hundeschlitten-Demonstrationen.

Auskunft gibt ferner: »Denali National Park and Preserve«, P. O. Box 9, Denali Park, AK 99755, Tel.: (907) 683-2294.

Anschrift des Touristenbüros von Alaska siehe Anhang »Nützliche Anschriften« (S. 170).

Nicht enttäuscht sein …

Denali erfreut sich weltweit größter Beliebtheit. Die Folge ist, daß die Besucherzahlen von Jahr zu Jahr mächtig steigen. Eine Zwickmühle für die NP-Bediensteten: Erhalt des Wildnischarakters und Schutz der Tierwelt stehen dem Interesse der Besucher gegenüber, die Schönheit Denalis nicht nur auf einem Videofilm im neuen Visitor Center zu bewundern. Vor allem für die von außerhalb Alaskas angereisten Gäste bedeutet das, sich während der Urlaubsspitzenzeiten (Juli/August) in Geduld zu üben, wenn es um Plätze in den *shuttle busses* und auf Campingplätzen geht.

Tip: Weichen Sie aus; großartige Landschaften bietet z. B. der Denali Highway zwischen Cantwell und Paxon. Lohnend, wenn auch nicht ganz einfach zu erreichen, der Wrangell St. Elias Nationalpark (s. hierzu S. 164). Da jedoch mit Ausnahme Denalis fast in allen alaskanischen NPs die Jagd zugelassen ist, hat das Wild sich dort oft weit ins Hinterland zurückgezogen.

Auf der ungewöhnlichsten Straße des Nordens Canol Road

Geographisch ist sie der »Rechtsaußen« unter den Highways Nordwestkanadas. Touristisch allerdings steht sie im Abseits. Dabei hätte sie mehr Aufmerksamkeit verdient, die vergessene Straße.

Über 824 Kilometer zieht sich hin, was der Zahn der Zeit von der Canol Road übrigließ, vom Mackenzie River über Hochlandtundren, den Macmillan-Paß der Selwyn Mountains und weiter durch die Wälder des Yukon Territory zum Alaska Highway. Ein Stück östlich von Whitehorse begegnen sich die beiden »Kriegsveteranen«. Doch während sich der berühmte Bruder vom Militärpfad zur Schlagader des Nordens mauserte, verkümmerte die Canol Road. Ihr Name geriet in Vergessenheit wie die abenteuerliche Geschichte ihres Baus. Nur wenige nutzen die »Canol« heute, außer Karibus und Elchen.

Johnson's Crossing, Kilometer 1345 des Alaska Highways. Ich ziehe unseren VW-Synchro-Camper nach rechts. Vorbei an dem Schild mit der Aufschrift »The Canol Road, Highway Number 6«. Neben mir sitzt Juliana und hinten, fröhlich vor sich hin plappernd, Töchterchen Bettina. Mit sieben Monaten dürfte sie eine der jüngsten Reisenden auf der Canol Road sein.

Wir waren von Yellowknife gekommen, über Mackenzie, Liard und Alaska Highway. Auf eigene Faust und problemlos soweit. Daß auf der Canol Road vieles anders sein würde als auf den meisten Nordlandstraßen, wußte ich. Wir hatten uns darauf eingestellt.

Die ersten 230 Kilometer der South Canol Road bis Ross River sind gut ausgebaut. Unsere erste Nacht verbringen wir am Quiet Lake. Schwerfällig wie flüssiges Silber schwappen kleine Wellen, Enten latschen plattfüßig und geräuschvoll am Ufer herum. Rauch entfernter Lagerfeuer liegt in der Luft. So mag es auch damals gewesen sein, bevor der Lärm der Canol-Bautrupps die Wildnis durchdrang und Tausende von Männern kamen, um Straße und Pipeline zu bauen. Sie wußten, daß es kein Honigschlecken werden würde. Schon der Aufruf hatte keine Zweifel aufkommen lassen: »Dies ist kein Picknick ... Sie werden sich durch Sümpfe zu kämpfen haben, durch Flüsse, bei Eis und Kälte ... wenn Sie nicht bereit sind, unter diesen Bedingungen zu arbeiten, stellen Sie keinen Antrag.« Sie kamen trotzdem.

Ross River, ein typisches Nordlanddorf, halb Indianersiedlung, halb Verwaltungssitz, erreichen wir tags darauf. Kein Ort, der besonderer Erwähnung bedürfte, wären da nicht ein paar Tankstellen und Läden. Ich bunkere Sprit. Zwischen hier und dem Mackenzie River gibt es keinerlei Versorgung. Beim anschließenden Proviantierungsbummel durch den kleinen Supermarkt lese ich am Schwarzen Brett zwischen Angebotszetteln für Schneemobile und *Pick-up trucks* einen amtlichen Hinweis: »Der Zahnarzt kommt am 25. August.« Das ist in zwölf Tagen.

Am frühen Nachmittag setzt uns eine kleine Fähre über den Ross River. Der landschaftlich großartigste Abschnitt der Straße beginnt.

Es ist bereits dämmrig, als wir gegen 22 Uhr links der Fahrbahn elf alte Militär-Lkw sehen. Säuberlich aufgereiht, und doch wirken sie, als habe ein Riese mit ihnen Pingpong gespielt. Pflanzen kriechen aus Kühlerhauben, die wie zahnlose tote Münder wirken, Vögel nisten in verbeulten Fahrerkabinen. An einer Tür, die schief in den Angeln hängt, lese ich: »Canol«. Klar und deutlich und ohne Rost. Als sei die Zeit hier stehengeblieben. Es ist das erste Mal, daß ich die »Canol Story« zum Anfassen erlebe, eine der merkwürdigsten Begebenheiten des Zweiten Weltkrieges.

Auch ihr Anfang liegt im weit entfernten Pearl Harbour des Jahres 1941. Wie der Alaska Highway ist sie ein Kind des Krieges, dessen Geschichte mit der hektischen Absicherung des amerikanischen Nordwestens beginnt.

Mit Verknappung der Treibstoffe besinnt man sich auf die Ölfelder bei Norman Wells am Mackenzie River, rund 150 Kilometer südlich des Polarkreises. Im Sommer 1942 landet die »Task Force 2600« weit unten im Süden am Athabasca River. 70 000 Tonnen Ausrüstung werden von dort 1800 Kilometer in den Norden transportiert. Noch heute erinnern Dutzende gesunkener Lkw und Raupenfahrzeuge auf dem Grund des Großen Sklavensees an die gewaltigen logistischen Probleme. In Spitzenzeiten sind 10000 Männer gleichzeitig am damals größten Pipeline-Projekt der Welt beschäftigt. Insgesamt werden 2560 Kilometer Rohre mit einem Durchmesser von rund zehn Zentimetern verlegt.

Für Bau und Unterhalt der Pipeline wird die Canol Road gebaut. Ihr Name steht für »Canadian Oil«. Mehr Straßenkilometer werden durch Wald und Tundren geschlagen, mehr Busch-Airports gebaut als beim Bau des Alaska Highway. Doch der Rausch der Aktivität ist kurz. Zwar fließt im Frühjahr 1944 das erste Öl, aber nur mäßig. In Geschichtsbüchern wird später die Anmerkung zu finden sein: »Miserable technische Ausführung«. Das endgültige Aus für die Canol Road fällt bereits zum 30. Juni 1945. Aufwand und Material für 300 Millionen Dollar blieben zurück in der Einsamkeit. Manches wie die Pipeline wurde weitgehend demontiert, einiges demoliert. Erosion tat ein übriges. Heute ist die Canol Road den meisten unbekannt, reserviert für Abenteurer, Jäger, Trapper, Prospektoren und ... Wanderer.

Überreste aus der Entstehungszeit der »Canol«

Ab Macmillan-Paß erinnert die Straße stellenweise an einen ausgewaschenen Pfad. Trotz der hervorragenden Geländeeigenschaften unseres Wagens muß ich mich sehr aufs Fahren konzentrieren. Linker Hand entdecke ich die Einfahrt zu der geisterhaften »Jason Mine«. Nur ein Wachmann lebt dort. Sinkende Rohstoffpreise haben den Abbau von Blei und Zink unwirtschaftlich gemacht. Wie das wohl sein mag, so ganz allein hier zu wohnen? Besonders im Winter. Nur alle paar Wochen kommt ein Versorgungsflugzeug mit Verpflegung, Zeitungen und Videos. Doch vermutlich ist es nur eine Frage der Zeit, bis wieder Leben in die Selwyn Mountains kommt. Irgendwann werden die Preise für Bodenschätze wieder steigen. Achtzehn Kilometer weiter liegt die »Mac Tung Site«, die als größtes Wolframvorkommen der Erde bezeichnet wird.

232 Kilometer nach Verlassen von Ross River erreichen wir die Grenze der Northwest Territories. Die Weiterfahrt von hier an geschieht auf eigenes Risiko. Manchmal passieren wir vor fast einem halben Jahrhundert steckengebliebene Militär-Lkw. Ihre Originalfarbe ist überraschenderweise erhalten geblieben. Einer dient, heute wie damals, als Brückenbefestigung.

Es ist kühl geworden auf der Canol Road. Bereits Mitte August entdecke ich im Moos die ersten Farbtupfer des Herbstes. Die Zeit der verschwenderischen Blaubeerfülle beginnt – und die der Farben. In den nächsten Wochen werden sie sich zu einer Symphonie von Rot und Gelb steigern.

Die zerborstene Brücke über den Tsichu River läßt keinen Zweifel aufkommen: Der mit Autos ohne Allrad befahrbare Teil der Straße endet hier, gut 450 Kilometer nach Verlassen des Alaska Highway. Alle weiteren Brücken bis zum Mackenzie River wurden durch Hochwasser in den vergangenen Jahren zerstört. Für eine Instandsetzung und Unterhaltung der Straße hat sich niemand interessiert. So wurde dieser Teil der Canol Road zum heißen Tip unter Wanderern, ein 372 Kilometer langer *wilderness trail* durch die Mackenzie Mountains.

Ich bin überrascht, hier auf John zu treffen. Er lebt in einer Hütte neben den Resten des alten Canol-Camp 222. Während der Jagdsaison erfaßt und kontrolliert der pensionierte Polizist für die Regierung Wildabschüsse.

Wir beschließen, die Fahrt erst am nächsten Tag fortzusetzen. Abends kommt Art zu Besuch, ein rüstiger Indianer, dem man seine einundsiebzig Jahre nicht anmerkt. Während dünner Kaffee vor uns dampft, lauschen wir den Stories der beiden. Art ist ein Unikum und voller Geschichten. Solange er denken kann, ist er Trapper. Nur zwei Jahre lang, damals vor fast fünfzig Jahren, hat er als Pfadfinder für die Canol Road gearbeitet. »1943 war es«, Art kratzt in den Stoppeln seines Nackens, »als ich plötzlich zwei dunklen Gestalten gegenüberstand.« Das muß am Öl und Dreck der Pipeline liegen, sagte er sich. Als dann der Koch im Camp auch schwarz war, wurde er doch sehr nachdenklich. Es war seine erste Begegnung mit farbigen US-Soldaten.

Im klirrenden Winter 1942/43 setzten sie ihn mit zwei Kameraden per Flugzeug in der Wildnis ab. Daß die Streichhölzer, ihre Lebensversicherung, im Flugzeug liegengeblieben waren, bemerkten sie erst, als die Maschine nicht mehr zu sehen war. Zum Glück entdeckte einer von ihnen ein Heftchen Zündhölzer in der Hosentasche. Wo immer sie fortan hingingen, nahmen sie ein glimmendes Holzstück mit. Drei lange Monate... Nordland-Stories dieser Art gibt es unzählige. In manchen geht es um Leben und Tod, wie in jener, wo bei eisiger Kälte die Einmotorige nicht mehr ansprang. Zwei Tage brauchten sie, um mit Schweißbrennern das Flugzeug aufzutauen, den Erfrierungstod vor Augen.

Es ist mucksmäuschenstill im Raum. Der alte Art sei prima, sagt John. Aber seine Söhne, 16 an

Auf der Canol Road

der Zahl, »alles *trouble maker* und Säufer – keine Lust mehr zur Knochenarbeit im Busch.« Art nickt dazu. So zieht es den Alten Winter für Winter allein in die weiße Einsamkeit. Seine *trapline* (Fallenstellerbezirk) gehört dem Stamm. Für 30 000 Dollar Pelze holt er im Winter raus, hauptsächlich Luchs.

Was denn eine gute *trapline* koste, will der mit glänzenden Augen wissen, der aus der deutschen Enge kommt. Und ich denke an Lederstrumpfgeschichten, die plötzlich greifbar in der Luft zu schweben scheinen.

»Über 50 000 Dollar. Aber du mußt verdammt lange suchen, bis du einen alten Trapper findest, der sie dir verkauft.«

Am Morgen drauf, begleitet vom *good luck* unserer neuen Bekannten, mahlen wir uns mit dem »Synchro« durch den Tsichu River. Am Nachmittag erreichen wir Kanadas »Dach der Welt«. Unwillkürlich geht mir diese Bezeichnung für das mit moosiger Tundra bedeckte Hochplateau durch den Kopf.

Auf die Begegnung mit einem der ungewöhnlichsten Hotels bin ich vorbereitet: Die »Oldsquaw Lodge«, eine Blockhaus-Herberge mit separaten *cabins*, Hütten für Gäste, steht als einer der letzten Posten der Zivilisation in Kanadas entlegenster Wildnis. Sam Miller, ein knorriger Wildbiologe, ist Hausherr. Seine Besucher kommen hauptsächlich aus Nordamerika. Was ist das für ein Typ, der an einem Ort wohnt, den überhaupt erreicht zu haben, sich andere schon als Abenteurer beglückwünschen? Eine Art Aussteiger, der seinen gutbezahlten Job als Wildbiologe satt hatte? Ein Idealist? Wir gehen rein und setzen uns an einen großen Tisch, dessen dicke Bretter einst Brückenbohlen waren, über die 1943 schwere Laster rollten.

1979 hat Sam Miller zu bauen begonnen. Drei Sommer Arbeit stecken in der Lodge: Demontage von Brücken und zerfallenen Bau-Camps, Zurechtsägen der Bohlen, mühsame Transporte mit dem kleinen *Pick-up truck* durch Schlamm und Moos. Alles im Alleingang. Sam ist der Typ dafür. Ein Weltfremder, hatte mir einer in Ross River gesagt, sei er, ein Eigenbrötler. Gewiß muß einer, der den sicheren Job im Staatsdienst an den Nagel hängte, nur um hier mit Grizzly, Karibu und Elch zu leben, vielen unbegreiflich bleiben. »Karibus finden auf diesem Plateau die gleichen Bedingungen wie sonst nur viel weiter im Norden.« Sam plaudert am liebsten über seine Tiere. »Sie machen das Hochland einmalig.« Und dann sind da Falken, Adler und natürlich Oldsquaw-Gänse, die der Lodge den Namen gaben. Ich frage, ob er die Brücken einfach demontieren durfte – für Bauholz? Sam, der sonst ernst wirkt, lacht: *»Never ask the government too much.«* Und dann sitzen wir, schlürfen heißen Kaffee und lauschen seinen Geschichten: Von den Grizzlies der Mackenzie-Berge, über deren Leben er nach drei Forschungsjahren ein Buch geschrieben hat. Nie schließt er seine Lodge ab. Nie wurde etwas gestohlen. Und wenn eines Tages doch? Sam lächelt. Dann würde es Zeit für ihn, noch tiefer in die Einsamkeit zu ziehen.

Als ich abends durchs hohe Moos bummele, stupst mich plötzlich ein junges Karibu an die Schulter und läuft ungelenk neben mir her. Hier scheint die Welt noch in Ordnung. Sam Miller wählte den richtigen Platz.

Auf dem Weg zurück ins Blockhaus höre ich aus dem Obergeschoß Klänge des »Bolero« von Ravel. Sam ruft mich nach oben. Große Aussichtsfenster geben den Blick über das Plateau frei, das wie der Boden eines riesigen Kraters wirkt, die Berge, zwanzig Kilometer weit entfernt, wie die Kraterwände. Sam Miller kennt die Mackenzie-Berge wie seine Westentasche. Hier sei es am schönsten, sagt er. Ich glaube es ihm. Noch lange bleibe ich im Zwielicht des späten Sommerabends vor unserer *cabin* sitzen und schreibe Tagebuch. Ich möchte diesen Moment für immer festhalten.

Die alte Canol Road wacht langsam auf aus ihrem Dornröschenschlaf, fängt zögernd an, sich zum heißen Tip für all die zu entwickeln, denen es am Rande der bekannten Nordlandstraßen schon zu voll geworden ist. Die Verwaltung der Northwest Territories trägt dazu bei. Vor wenigen Jahren wurde der Abschnitt zwischen Macmillan-Paß und Mackenzie River zum »Heritage Trail« deklariert, zum historischen Pfad. An einen Ausbau der Wanderstrecke ist schon gedacht. Das größte Problem für *hiker* aber dürfte bestehenbleiben: Die Lebensmittelversorgung. Wer bereit ist, dafür zu zahlen, kann sich Verpflegung zu vorher festgelegten Punkten der Wanderstrecke fliegen lassen. Die anderen müssen alles auf dem Rücken schleppen.

Wie ein dünner Wurm kriecht die Straße unterhalb von Sams Lodge dahin, windet sich gen Osten am Godlin River entlang, über die »Plains of Abraham« bis zum größten Strom Kanadas, dem Mackenzie.

So weit die Füße tragen

Ich packe meinen Rucksack. Die nächsten Tage werde ich dem Canol Trail folgen. Allein. Sam lacht, als er meine Flinte sieht. Der Grizzlies wegen, sage ich. Er tragt nie eine Waffe. Auch bei mir wird sie überflüssig sein. Zum Glück. Als ich losmarschiere, winken Juliana und Bettina hinter mir her. Ich bin jetzt ganz allein. Mir ist merkwürdig zumute.

Dort, wo das Plateau gen Osten abfällt, stoße ich auf Camp 208. Das Gebäude der alten Ölpumpstation haben Jagdausrüster zum Pferdestall umfunktioniert. Aufgeregte Backenhörnchen tanzen wie Springbälle über den Boden und verschwinden unter zerbrochenen Dielen. Andere schimpfen aus Ölfässern und Resten der Pipeline auf mich ein. Unnatürlich dumpf klingt das Gezeter aus den Rohren.

Das Bild der Landschaft ändert sich. Die Berge sind jetzt ganz nah. Die alte Straße ist hier relativ gut erhalten, wenngleich die Ränder üppig zugewachsen sind. Sie wirkt wie ein Pfad durch einen gepflegten Park. Mein Rucksack beginnt zu drükken: 30 Kilo sind sehr viel, aber ich liebe es nun mal, auch im Busch zünftig zu leben. Nicht gefriergetrocknetes Essen, statt dessen Spaghetti, Reis – und Mehl zum Brotbacken. Proviant, wie ihn bereits Abenteurer, Forscher und Prospektoren vor hundert Jahren in ihren Packtaschen hatten.

Das Backenhörnchen fühlt sich im Pipeline-Rohr wie zu Hause

Es ist schon spät, als ich den Intga River erreiche. Wie Wattetupfen hängen Wolken an Felswänden. Feuchtigkeit liegt in der Luft. Sam hatte mir angeboten, seine kleine Hütte am Fluß zu benutzen. Kalter Rauch von Jahrzehnten hängt in den dicken Bohlen, durch deren Ritzen ich ins Freie sehen kann. Die Einrichtung ist spartanisch, aber zweckmäßig. Zwanzig Minuten später bullert der Ofen gemütlich. Und da ist noch etwas, was zu einem gemütlichen Abend beiträgt: Sams große Bratpfanne, aus der bald köstliche Pfannkuchendüfte durch die Mackenzie-Berge streichen.

Ende August, es wird schon kalt auf dem Trail. Als ich am nächsten Morgen fröstelnd aus dem Fenster schaue, sehe ich eine Ente auf der raschen Strömung des Intga River vorbeitreiben. »Der Fluß hat's in sich«, notiere ich später im Tagebuch. Über Nacht ist das Wasser einen halben Meter gestiegen. Nur mühsam gelingt es mir später, gegen die Fluten anzukommen. Alles in allem hält der »Canol Road Heritage Trail« mehr

Ein Karibugeweih – als Souvenir zu sperrig

als ein Dutzend Flußdurchquerungen parat. Die schwierigsten zweifellos am Twitya, Little Keele und Carcajou River. Gegen Nachmittag entdecke ich neben dem Pfad einen schon verwitterten Kugelschreiber mit der Aufschrift: »Apotheke Dr. Hammer«. Stammt der von den beiden Landsleuten, die hier entlangmarschierten, ohne Zeit zu haben, nach rechts oder links zu sehen? Sam hatte mir davon erzählt. Mit einem Nachsatz hatte er schmunzelnd geendet: *»Germans seem to be always in a hurry* – die Deutschen scheinen es immer eilig zu haben.«

Es geht schon auf den Abend zu, als ich das Seitental finde, dessen Besuch Sam mir so sehr ans Herz gelegt hatte – der reichen Tiervorkommen wegen. Schon nach den ersten paar Metern entdecke ich die Schaufel eines Elchgeweihs. Als Blumenschüssel fürs Wohnzimmer, geht es mir durch den Kopf. Aber ganz kurz nur. Das Ding wiegt gut fünf Kilo. Ich folge einem tief ausgetretenen Tierpfad mit Karibulosung und deutlich erkennbaren Bärenfährten. Nach einer Stunde erreiche ich das Hochtal, saftig grün, doch noch mit Schneeflecken des letzten Winters.

Viele Tage folge ich dem Trail. Die Geschichte der Canol Road ist dabei allgegenwärtig: In Form von Telefonmasten, die in bizarrer Verrenkung versuchen, im Tundraboden Halt zu finden, oder Hütten, die von Frühjahrshochwassern Hunderte von Metern fortgetragen wurden. Reste jenes in der Tundra modernden Millionenaufwands. Welch eine Verschwendung an Material und menschlicher Energie! Die damals für dieses glücklose Projekt warben, hatten Recht behalten: Es war kein Picknick gewesen für die Tausende, die hier schufteten, schwitzten und froren.

Es ist Mitte September, der Winter steht bevor in den Mackenzie Mountains. Für mich wird's Zeit für den Rückweg. Die Tundra ist regennaß und vollgesogen wie ein Schwamm. Hier und da fliegen Schneehühner auf. Karibus zockeln mit staksendem Gang neben mir her. Ich gehe wie auf einem Wasserbett. Was hatte Sam gesagt? »Wenn darunter nicht Permafrost wäre, würdest du in diesem Sumpf elendig versacken.«

Großes Hallo bei meiner Rückkehr in der »Oldsquaw Lodge«. In der Sauna glüht schon der Ofen. Erma, Sams rechte Hand und *most unusual grandmother* – die ungewöhnlichste Großmutter –, wie sie sich selbst bezeichnet, sorgt fürs Abendessen. Eine unglaubliche Frau, diese schmächtige Erma, mit über sechzig Lenzen auf dem Rücken. Das letzte Jahr verbrachte die dreifache Oma auf der *trapline*. Jetzt lebt sie aus dem Pappkarton. Ihre Kinder haben studiert, sind wohlauf, sie aber zieht es in den Norden, Jahr für Jahr aufs neue. Wirklich, eine ungewöhnliche Großmutter. Die Mackenzie Mountains sind für sie Kanadas großartigste Wildnis und die Canol Road einer der Schlüssel dazu. Erma blinzelt unserem jüngsten Globetrotter zu. Und wie um das Siegel der Verschwiegenheit zu wahren, steckt sich Baby Bettina den Nuckel in den Mund. Canol Road ... das ist noch immer ein Geheimtip unter ganz wenigen.

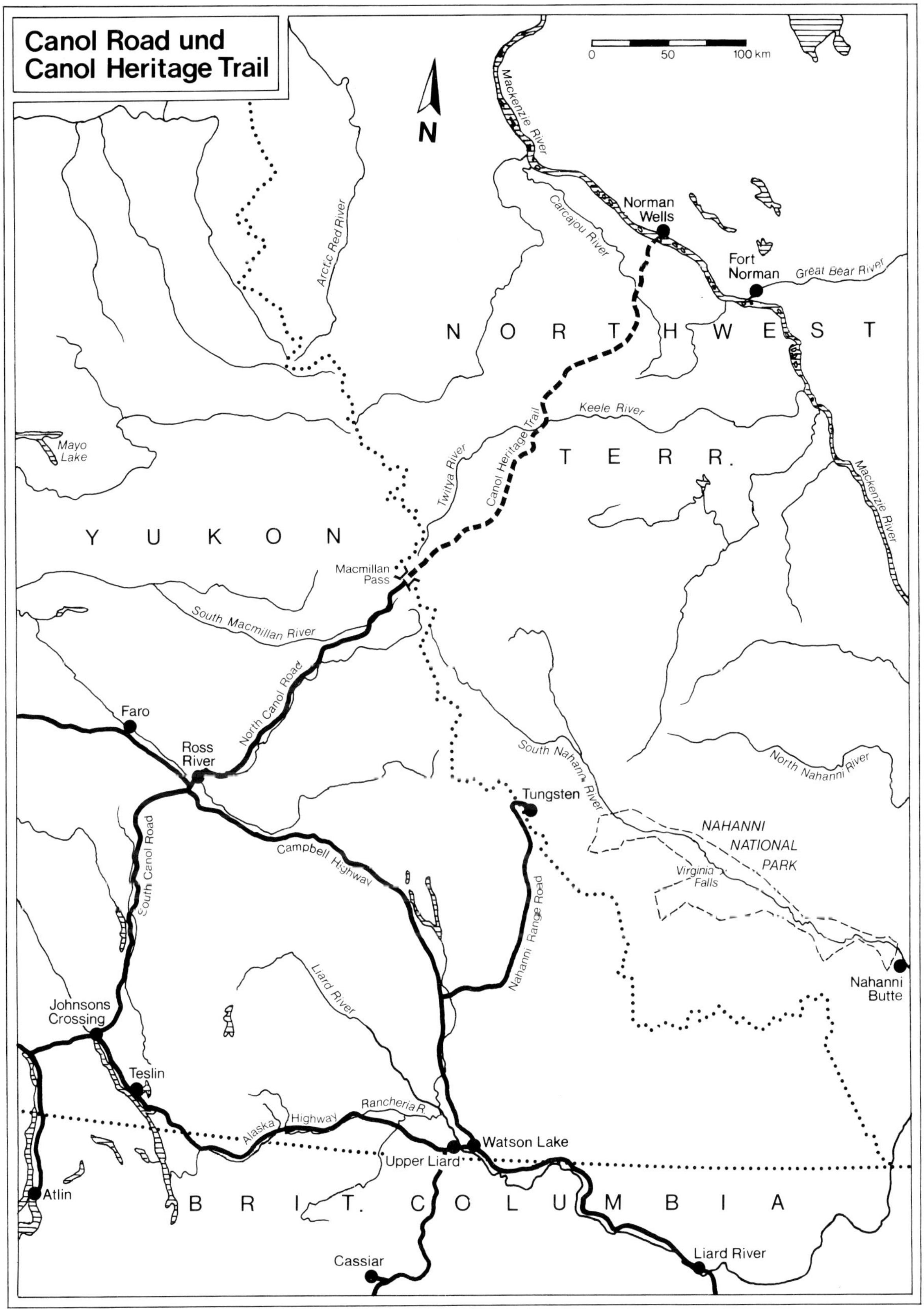

Canol Road und Canol Heritage Trail
N
0 50 100 km
Mackenzie River
Norman Wells
Fort Norman
Great Bear River
Carcajou River
Arctic Red River
N O R T H W E S T
T E R R.
Keele River
Twitya River
Canol Heritage Trail
Mayo Lake
Y U K O N
Macmillan Pass
South Macmillan River
North Canol Road
Faro
Ross River
South Nahanni River
North Nahanni River
Tungsten
NAHANNI NATIONAL PARK
Virginia Falls
Nahanni Butte
South Canol Road
Campbell Highway
Nahanni Range Road
Liard River
Johnsons Crossing
Teslin
Rancheria R.
Alaska Highway
Watson Lake
Upper Liard
Atlin
B R I T. C O L U M B I A
Liard River
Cassiar

Informationen: Canol Road

Beste Reisezeit: Juni bis Mitte September. Davor und danach ist mit Schnee in den Mackenzie Mountains zu rechnen.

Zur Straße: Es wird zwischen der South und North Canol Road unterschieden. Beide Straßen sind unbefestigt und im Winter geschlossen.

Der Abschnitt South Canol Road beginnt bei Johnson's Crossing am Alaska Highway und führt über 230 Kilometer zum Ort Ross River. U. a. gute Camping- und Angelmöglichkeiten am Quiet Lake. Alternativ dazu für den von Süden Kommenden: Auf Campbell Highway von Watson Lake nach Ross River (unbefestigt, aber in gutem Zustand). Neben der Ersparnis von 185 Kilometern gegenüber der Fahrt auf Alaska Highway und South Canol Road bietet diese interessante Strecke viel Wildnis und kaum Verkehr. Die Route ist auch für jene interessant, die vorhaben, von Ross River über Carmacks nach Dawson City weiterzufahren.

Die North Canol Road führt über 232 Kilometer als schmale, gewundene Route durch eine landschaftlich überaus reizvolle Region mit ausgezeichneten Wildcampingmöglichkeiten. Beginn in Ross River mit (kostenloser) Fährfahrt über den Ross River. Ende der unterhaltenen Straße ist am Macmillan-Paß (Grenze Yukon/N. W. T.). Mit Vorsicht kann von dort den Überbleibseln der alten Canol Road (Achtung, manche Brücken sind baufällig und nicht mehr verkehrssicher!) noch einige Kilometer bis zum Tsichu River (dort altes Canol-Camp, heute Pferdeställe von Wildnis-*Outfittern*) gefolgt werden. Von da an ist der erste Abschnitt des »Canol Heritage Trail« allenfalls noch mit guten und nicht zu schwer beladenen Geländewagen zu befahren.

Um Ansammlungen verlassener Armee-Laster des Zweiten Weltkrieges zu besichtigen, ist allerdings kein Allradantrieb erforderlich. Bereits bei Kilometer 151 der North Canol Road liegen die ersten herum. Ein weiterer lohnender »Friedhof der Geschichte« befindet sich bei Kilometer 208 am Fuß des Macmillan-Passes. Obwohl die Straßenbauverwaltung die North Canol Road auf 232 Kilometer unterhält, wird davon abgeraten, sie mit großen und schweren Campmobilen zu befahren. Bei Regen wird die Oberfläche glatt wie Schmierseife. Ich habe im Sommer abgerutschte geländegängige amerikanische *Pick-up trucks* mit grobstolligen Winterreifen am Fahrbahnrand liegen sehen. Hilfe in solchem Fall wird es nur in Ross River geben – und die kann wegen großer Entfernungen teuer werden!

Tanken und Service: Nördlich von Ross River keinerlei Möglichkeiten. Es muß bei einer Fahrt zum Macmillan-Paß neben Bordwerkzeug Treibstoff für knapp 500 Kilometer mitgeführt werden. Erhöhten Verbrauch wegen des Auf und Ab der Straße einkalkulieren.

Unterkunft: Wer von der einmaligen Gelegenheit Gebrauch machen möchte, unter Sam Millers fachkundiger Anleitung Fauna und Flora der Northwest Territories kennenzulernen (auch geführte Wanderungen auf dem Canol Heritage Trail) sowie in seiner Lodge zu wohnen, wendet sich an: »Old Squaw Lodge«, Bag Service 2711, Whitehorse, Yukon, Y1A4K8, Tel.: (867) 668-6732, Fax: 667-4769.

[i] Anschriften von »Tourism Yukon« und »Government of the Northwest Territories« siehe Anhang »Nützliche Anschriften« (S. 169).

Traumstraße der Arktis
Dempster Highway

Die Notiz über ihn im Lexikon ist nüchtern: *... benannt nach Polizeikorporal W. J. D. Dempster... führt er von Dawson City quer durchs Yukon Territory nach Inuvik im Mackenzie-Delta der Northwest Territories. Begonnen 1959, war er die erste der »Roads to Resources« (Straßen zu den Bodenschätzen) der Regierung von John Diefenbaker. 1979 mit einem Kostenaufwand von 100 Millionen Dollar fertiggestellt, durchzieht der Dempster Highway eine der grandiosesten Landschaften Nordamerikas.*

Mehr wußten wir nicht, als wir nach langer Kanufahrt quer durch Kanada das Delta des Mackenzie River erreichten und überlegten, wie wir jemanden finden könnten, der uns und unser Boot über den Dempster Highway wieder in Richtung Süden transportierte. »Geht zu den Rundfunkleuten«, wurde uns geraten, »die helfen bestimmt.« Bald darauf hörten wir unser Anliegen in der Nachrichtensendung von »Radio Inuvik« über den Äther gehen. Neben »besten Wünschen für Grizzly-Sam mit seinem Boot auf dem Weg nach Tuktoyaktuk« und Grüßen von Martha an Steve in Arctic Red River mit dem warnenden Hinweis »vergiß nicht, das vereinbarte Haushaltsgeld vorbeizubringen«, ging die Kunde durchs Delta: »Ehepaar sucht Mitfahrgelegenheit auf Dempster und Klondike Highway Richtung Whitehorse.«

Wir hatten Glück, noch am selben Tag lernten wir Nick kennen. Von diesem Moment an ging alles so schnell, daß wir nicht einmal Zeit hatten, unseren Reiseproviant zusammenzustellen.

»In dreißig Minuten ist Aufbruch, sonst erreichen wir heute nicht mehr die Fähren über Mackenzie und Peel River.«

In aller Eile verstauten wir unsere Ausrüstung zwischen Baumaschinen auf dem Anhänger sei-

Unbefestigt, staubig, bei Regen breiig: das ist der Dempster Highway

nes schweren Trucks, und schon befanden wir uns auf dem Weg gen Süden, hinein in die selbst Anfang September noch relativ helle Nordlandnacht. Ich sah rote Tundren vorbeifliegen, erinnere mich an einen Stopp an der Grenze von Northwest Territories und Yukon. Es war schon spät, doch ein düsteres, fast unheimliches Licht lag über den Bergen. Eisige Winde fegten durch die Richardson Mountains. Die Begrenzungspfosten am Fahrbahnrand waren mit gut zehn Zentimeter dicken Eiskrusten bedeckt. Nick hatte in diesem Moment alles andere als Augen für Stimmungen der Natur; mit einem Hammer schlug er auf die Reifen, prüfte den Luftdruck, zog mit klammen Fingern eisige Befestigungsketten nach.

»Kalt...!« Ich kroch tiefer in meinen alten Armeemantel.

Nick lachte. »Warte erst, bis der Winter kommt!« Und schon saßen wir wieder in seiner »Arctic Queen«. Der schwere Dieselmotor hämmerte auf Hochtouren. Nick war konzentriert, während er ständig schaltend diesen Koloß bändigte, bis wir mit 100 Stundenkilometern über die grobe Piste brausten.

»He, Pinscher, geh auf die Seite!« Ein kurzer Druck auf die dröhnende Hupe – und der Camper vor uns machte förmlich einen Satz an den Fahrbahnrand.

Während wir in die Nacht hineinfuhren, erzählte Nick vom Norden, vom bald beginnenden Winter, wenn die Straße ihm und den anderen Burschen hinter den Steuern der mächtigen Kenworth-, Mac- und White-Trucks allein gehörte und der Dempster abschnittsweise ganz anderen Strecken folgte als im Sommer. Wenn zugefrorene Flüsse als »Eisbrücken« dienten und Karibus zu Zehntausenden die Fahrspur kreuzten.

Zwanzig Stunden nach dem Start waren wir in Whitehorse. Die Eindrücke dieser Fahrt hatten mich noch lange bewegt. Vorbeihuschende Bilder eines unendlich weiten Landes, die alles Gesehene auf den stärker befahrenen übrigen Highways in den Schatten stellten, von Tundren, Flüssen, dem scharfgezackten Tombstone Mountain. Während der Fahrt war in mir der Entschluß gereift: »Wir kommen zurück.«

»Dempster – wo ist das eigentlich?« war ich oft gefragt worden. Ganz einfach, man braucht nur drei Highways von Edmonton kommend zu folgen: Zunächst der Straße nach Dawson Creek, anschließend dem Alaska und Klondike Highway. Biegt man nach 2563 Kilometern rechts ab, ist man bereits auf der Zielgeraden nach Inuvik.

Kanadas nördlichster Highway

Jetzt ist es soweit. Wir rollen gen Norden. Ich will meine schöne Erinnerung auf ihre Zuverlässigkeit hin abklopfen. Kilometerstein 485 des Klondike Highway, kaum mehr als eine halbe Stunde Fahrzeit von Dawson City entfernt: Kreuzung zweier Highways, Tankstelle, Truck Stop, im Leerlauf brummende Lkw. Zwei Anhalter strekken gelegentlich den Daumen vor. Vergeblich. Wer hier abzweigt, hat sein Auto voll: mit Benzin, Ausrüstung, Campingutensilien. Ein Camper kommt von Norden. Strahlende Gesichter hinter den Scheiben. Man hat »ihn« geschafft! Jemand winkt. Dann verklingen die Motorengeräusche. Kein aufregender Ort soweit. Die Straße Richtung Nordpol beginnt, wo Bär und Elch sich gute Nacht sagen.

Der Dempster Highway ist die nördlichste öffentliche und von jedermann befahrbare Straße des amerikanischen Kontinents und neben Alaskas »Dalton« der einzige, der sich über die Linie des Polarkreises hinauswagt. Ein »Neuling« unter den Straßen Nordamerikas – und ein 741 Kilometer langes Kontrastprogramm zum Alaska Highway. Unbefestigt. Staubig. Bei Regen breiig. Doch so gut, daß auch große Campmobile ihn befahren können. Die richtige Mischung für all jene, die abseits der ausgefahrenen Spuren reisen wollen. Als kleinen Nervenkitzel bietet er die erste Tankstelle erst 364 Kilometer nach dem Start und nur zwei Werkstätten auf der vergleichbaren Strecke Hamburg–Frankfurt. Er ist eine Sackgasse für

Endlos zieht sich die Straße durch die Tundra

den, der mit dem Auto kommt – das muß bedacht werden, bevor man sich auf dieses Straßenabenteuer einläßt. Doch wer es wohlbehalten abgeschlossen hat, rühmt die Fahrt als das stärkste Landschaftserlebnis, das eine Straße Nordamerikas zu bieten hat.

Der Dempster ist ein Kind des wirtschaftlich erwachenden Nordens, dessen Anfänge im erdölschwangeren Optimismus der späten fünfziger und sechziger Jahre lagen, einer Zeit, als Ölfunde beim Nachbarn Alaska für Schlagzeilen sorgten. Doch nur langsam ging es hier voran – mit dem Erdöl ebenso wie mit der Straße. Genau zwanzig Jahre nach dem ersten Spatenstich wurde sie der Öffentlichkeit zugänglich gemacht. Die ursprüngliche *road to resources* des Jahres 1959 entwickelte sich aber unter ganz anderem Aspekt zu einer wichtigen Wirtschaftshilfe für die *western arctic* der Northwest Territories, wurde Hauptzubringer des Tourismus. Viele nennen sie heute »Traumstraße der Arktis«.

Was unterscheidet den Dempster von den anderen Highways? Er ist breiter und besser ausgebaut als zum Beispiel die North Canol Road. Anders als diese weiter südlich gelegene Straße bietet er Fahrten durch weite Tundren – und hat an seinem Ende ein lockendes Ziel: das riesige Delta des Mackenzie mit Ausflügen zu Sehenswürdigkeiten an der Beaufortsee. Last not least den Ort Inuvik selbst – neuer Dreh- und Angelpunkt der westkanadischen Arktis.

Eine Sache für Abenteurer? Gewiß nicht. Etwa einmal pro Stunde sieht man ein anderes Auto. Recht beruhigend für den Fall einer Panne. »Motorraumklappe aufstellen, das signalisiert, daß man Hilfe braucht«, war mir ans Herz gelegt worden. Unser VW-Syncro hat uns zum Glück nicht im Stich gelassen. Doch auch ohne den Schwatz bei solchen Zwangspausen haben wir erstaunliche Kontakte gehabt.

Es war in der ersten Nacht, als ich durch erregtes Schnaufen geweckt wurde. Mein Blick

Der »Dempster« folgt den alten Hundeschlitten-Pfaden

tastete sich ans Fenster unseres Campers – geradewegs in das Gesicht eines Schwarzbären. Dreißig Zentimeter trennten mich von Meister Petz, zwischen uns nur Fliegengitter, so dünn, daß es beim Atmen des Bären vibrierte! Zum Glück war der Schrecken auf beiden Seiten. Polternd verschwand »Blacky« im Unterholz.

Und dann war da Jeff, Mitte Vierzig, hager, geflickte Jeans, kariertes Hemd, der beim Goldwaschen am Klondike seinen letzten Cent investiert und verloren hatte. Ein durchgerosteter, rumpelnder Truck war alles, was ihm geblieben war. Die Hoffnung auf einen Job in den Bohrfeldern trieb ihn vorwärts. Tage später trafen wir auf zwei schwer bepackte Radfahrer. Natürlich stoppten wir. Unsere Überraschung war um so größer, als sich die beiden als Landsleute entpuppten. »Das ist Urlaub«, behaupteten sie und strahlten. Ein Trip ganz im Sinne von Polizeikorporal Dempster, jenes Mannes, dessen Name die Straße trägt.

Niemand kannte diesen entlegenen Winkel Kanadas besser als er. Sein Transportmittel damals: kläffende Huskies und ein Schlitten. Es war die Zeit, die dem Norden durch immer wieder aufflackernde Gerüchte von Gold mehr und mehr Menschen bescherte und die »Royal Northwest Mounted Police«, die *Mounties*, vor die schwere

Aufgabe stellte, in diesem Riesenterritorium für Recht und Ordnung zu sorgen. In jenen Tagen festigte sich auch der legendäre Ruf der *Mounties* als eine der besten Polizeitruppen der Welt. Zu ihren Aufgaben gehörten regelmäßige Schlittenpatrouillen, bei denen auch Post befördert wurde. Was romantisch klingt, waren in Wirklichkeit wochen- und monatelange Abenteuer voller Entbehrung und Härte: Ein Rundkurs von 2000 Kilometern zwischen Dawson City, Fort McPherson und der Walfangstation Herschel Island unmittelbar vor der Grenze Alaskas.

Die Tragödie der »Lost Patrol« ist in die Geschichte des Nordens eingegangen – wie der Name des zähen Korporal Dempster, der sich auf den Weg machte, um seine vermißten Kameraden zu suchen. Kein anderer, so heißt es, bereiste die Strecke Dawson–Fort McPherson häufiger mit Schlittenhunden als er.

Es ist der 21. Dezember 1910. Das Disaster, aufs engste mit der Geschichte dieses Highway verknüpft, nimmt seinen Anfang. Vier Polizisten mit fünfzehn Schlittenhunden brechen von Fort McPherson Richtung Dawson City auf. Unter ihnen Polizeiinspektor Fitzgerald, Leiter der Außenstelle Herschel Island. Sein Spezialauftrag lautet: Teilnahme an den Krönungsfeierlichkeiten von Georg V. in London. Ein langer Weg, der vor ihm liegt. Knapp einen Monat haben die Männer für die erste 700-Kilometer-Etappe bis Dawson City eingeplant. Es ist kein Abenteuer, auf das sie sich einlassen, vielmehr Routine. Doch der Winter hat seinen Höhepunkt erreicht; Minustemperaturen von 50 bis 60 Grad machen den erfahrenen Polizisten zu schaffen. Die Katastrophe nimmt ihren Lauf, als sie den verschneiten Trail über die Ogilvie Mountains nicht finden können. Verbittert treten sie die Rückreise an – werden ihren Ausgangspunkt jedoch nie erreichen. Nach fast acht Wochen unvorstellbarer Entbehrungen finden sie den Tod – nur 40 Kilometer vom rettenden Fort McPherson entfernt. Zu diesem Zeitpunkt ist *Mountie* Dempster bereits zu einer Suchaktion aufgebrochen. Zwar gelingt es ihm, die Vermißten zu finden, doch er kommt zu spät...

Ein knappes Jahrhundert später: In vier Fahrtagen, sagt man, sei das Delta des Mackenzie River bequem zu erreichen.

Fast geradlinig führt der moderne Highway durch Wälder in die Ogilvie Mountains, überquert ein letztes Mal den Klondike River, dann den North-Fork-Paß und bietet nach 75 Kilometern den ersten grandiosen Blick: ein sanft geschwungenes, ausladendes Tal, in dem nur vereinzelt Bäume wie dunkle Kleckse die Hochlandtundra bedecken. An seinem Ende dominiert Tombstone Mountain, einst wichtiger Orientierungspunkt für Goldsucher, Trapper und Polizeipatrouillen. Der unverwechselbare Gipfel hat Assoziationen geweckt und trug ihm seinen Namen ein: »Grabsteinberg«. Ganz in der Nähe war es, wo die »Lost Patrol« verzweifelt den rettenden Pfad über die Berge gesucht hatte. An einem warmen Spätsommertag bedarf es viel Phantasie, sich vorzustellen, wie hier vier verzweifelte Männer mit keuchenden Schlittenhunden im Dunkel eines bitterkalten Nordlandwintertages herumirrten.

Der Dempster verläßt jetzt den Ogilvie River und erklimmt die kontinentale Wasserscheide. Großartige Möglichkeiten für Kanuten bieten sich hier: entweder auf dem Blackstone Richtung Osten zum Mackenzie River oder nach Westen, bis sich die jungen Wasser von Rat, Eagle und Porcupine River mit denen des Yukon mischen, um träge dem Beringmeer entgegenzuströmen. Vereinzelt erkenne ich »seismische Linien«, wie dünne Fäden in den Horizont ragende Kahlschläge. Erinnerungen an die Öl- und Erdgasforschungen der sechziger Jahre, als man entlang dieser Schneisen Sprengkörper zündete, deren Echos aus dem Erdinnern den Seismographen anzeigten, ob hier die begehrten Schätze lagern. Offenbar nicht – so kehrte das Land zur alten Ruhe zurück.

Man weiß es, hat sich schon lange darauf eingestellt und ist doch überrascht, als es unvermittelt auftaucht: »Eagle Plains Hotel«, Tankstelle, Werkstatt, Restaurant – und Halbzeit. »Kilometer 364« lautet nüchtern der Hinweis am Rand der

Fahrbahn. Daneben ein angenageltes Schild: *Road closed* – Straßensperrung? Ein Tankwart, der mit vierrädrigem *all terrain vehicle* durch breiigen Schlamm zur Zapfsäule jagt, um uns den Tank zu füllen, klärt uns auf. Treibende Baumstämme haben nach schweren Regenfällen die Fähre über den 181 Kilometer entfernten Peel River beschädigt. Wir warten. Wie Trucker Mac aus Alberta, mit dem wir ins Plaudern kommen. Auch er erzählt vom Winter hier: »... wenn bei Temperaturen, bei denen dir der Nasentropfen vereist, der Motor rund um die Uhr laufen muß, weil er sonst morgens nicht mehr anspringt.« Er zeigt uns sein *survival kit:* dicker Daunenschlafsack, tragbare Heizung, Lebensmittelkiste und ein Telefon. Mac schmunzelt. »Um bei vierzig Grad minus von meiner Freundin auf Hawaii Trost zugesprochen zu bekommen.«

»Eagle Plains Hotel« nimmt stattliche Preise. Trotzdem wird es zur Oase für den, der sich nach einem Bett, der lange entbehrten heißen Dusche, einer warmen Mahlzeit oder einem kühlen Blonden sehnt. Also gehen wir hinein, das heißt, stolpern erst einmal über einen Stapel schmutziger Stiefel im Vorraum. Schuhe vor der Tür auszuziehen, ist im Busch Kanadas mehr als nur eine freundliche Geste. Wir stellen unsere dazu und laufen auf Socken durchs Hotel, ein Farbfernseher plärrt derweil unbeachtet vor sich hin.

Der Dempster ist innerhalb weniger Jahre zur nicht mehr wegzudenkenden Lebensader geworden. Für jene, die im Mackenzie-Delta leben, für Touristen, aber auch für Buschpiloten, die sich an ihm orientieren. Nur einen Steinwurf vom Hotel entfernt parkt eine Cessna am Fahrbahnrand. Schwer klatscht Schlamm unter die Kotflügel unseres Campers, als ich an ihr vorbei zum Highway zurückfahre. Unser Entschluß steht fest: Wir wollen trotz »Straßensperrung« weiter.

Bizarr geformte Wolkenfetzen jagen über den nach schweren Schauern jetzt blaugrauen Himmel. Schnurgerade, wie mit einem Lineal gezogen, zieht sich das Band der Straße durch wildes, ungezähmtes Land, über dem sich Regenbogen in selten erlebter Intensität wölben. Eine Stimmung, wie sie nicht effektvoller inszenziert sein könnte für das Aufleben der Erinnerung an die längste und verbissenste Verbrecherjagd in der Geschichte der »Royal Northwest Mountain Police«. Die Hauptrolle des Dramas von 1931 spielte ein Fallensteller namens Albert Johnson, der zwei *Mounties* verletzt und einen getötet hatte. Als »Mad Trapper of the Rat River« füllte er Bücher... Doch da war Johnson bereits tot; nach Monaten zäher Verfolgung durch Eis und Schnee ganz in der Nähe des heutigen »Eagle Plains Hotel« gestellt und erschossen.

Am Polarkreis

Die Nacht verbringen wir am Polarkreis. Noch lange ist es hell. Ab 21. Juni geht die Sonne hier für einige Zeit nicht mehr unter, genauso, wie sie am 22. Dezember das Land für Wochen in arktische Finsternis versinken läßt. Regen trommelt am anderen Morgen aufs Camperdach. Düstere Wolken jagen über die Tundra, die auf Distanz an einen unendlich weiten, gepflegten Rasen erinnert.

Nach der Grenze zwischen Yukon und Northwest Territories beginnt das optische Finale der Hochlandbilder mit der Überquerung der Richardson Mountains. Von nun an geht's durch weites, flaches, von Flüssen und Seen durchsetztes Land. Groß ist unsere Freude, als wir hören, daß die Peel-River-Fähre ihren Betrieb wieder aufgenommen hat. Wir lassen uns über den nach Regengüssen der letzten Zeit angeschwollenen und turbulenten Fluß setzen und besuchen Fort McPherson. Die einstige Pelzhandelsniederlassung ist heute Heimat der Loucheux-Indianer. Ein heruntergekommenes Nest, wie sie häufig im Norden anzutreffen sind. Die Dorfstraße ist schlammig, die Bewohner rutschen über Bohlenwege, in denen vereinzelt Balken fehlen. Schmucklose Bretterhäuser säumen die Straße, dann und wann auch Blockhütten. Auf einer Nebenstraße holpert unser Wagen zum Friedhof mit dem Grab der »Lost Patrol«. Daß der Norden seine eigenen Regeln hat, ist auch hier unübersehbar: Mit Brechstange und Spitzhacke mühen

Die Kirche in Inuvik ist in Form eines Iglus gebaut

sich zwei Männer ab, ein frisches Grab in den jahrein, jahraus vereisten Boden zu schlagen.

Nach 741 Kilometern »Wildnis pur« erreichen wir Inuvik. »Platz des Menschen« bedeutet das Wort in der Sprache der Inuit (Eskimo). Ein Ort, dessen Existenz mit der Namensgebung im Jahre 1958 begann, dann erst kamen die Baumaschinen und Arbeiter. Geplant als Basislager für die Bediensteten der Gas- und Erdölforschungsprojekte, gedieh er in gut dreißig Jahren zum Zentrum der westlichen Arktis und zählt heute mehr als 3000 Einwohner. Der »Platz des Menschen« bietet alles, was es im Süden auch gibt, und noch einiges mehr: An keiner anderen Stelle im Norden sah ich so viele rot, weiß, grün und blau leuchtende Wohnhäuser wie hier. Es ist allerdings das Gotteshaus, das sich am tiefsten in die Erinnerung einhakt. Wo sonst gibt es eine Kirche in Igluform?

Doch bis auf diese Besonderheiten und seine Lage am Mackenzie ist Inuvik austauschbar, eine der vielen großflächig geplanten und ruckzuck in die Wildnis gesetzten Siedlungen aus der Retorte, mit einem Zentrum ohne Schick, vielen klapprigen Autos und Hamburger-Kultur. Die Frage, ob man hier leben möchte, wird sich kaum stellen. Doch Ziel unserer Reise war ja die »Erfahrung« des Highways und das Erlebnis des gut 15000 Quadratkilometer großen, durch unzählige Seen und Wasserarme bizarr verschnörkelten Flußdeltas. Hier, wo alle Straßen enden, beginnt die Welt der Wassersportler: mit Ausflugsmöglichkeiten nach Tuktoyaktuk – das jeder nur »Tuk« nennt –, wo einem am Ufer der Beaufortsee frische Winde vom Nordpol um die Ohren pfeifen. Oder nach Aklavik, das für ein halbes Jahrhundert wirtschaftlicher Mittelpunkt des Deltas war, bis die Weisen des Ölgeschäfts anders beschlossen. Doch eines blieb Aklavik: das Grab des »Mad Trapper of the Rat River«.

Ob man nun will oder nicht – der Moment des Abschieds vom Endpunkt einer Reise kommt. Im Falle Inuvik ist er uns gleichzeitig Neubeginn: Der Rückfahrt auf dem Dempster Highway sehen wir mit Spannung entgegen. Wieder rollen wir Stunden, Tage, und endlich erblicken wir die langersehnte Grizzly-Mutter mit Jungem beim Blaubeerschlemmen am Fahrbahnrand, den Elch, wie er gemächlich das Bett des Eagle River kreuzt, und Berge, die mit jedem Lichtblitz durch dahinfliegende Wolken andere Gestalt anzunehmen scheinen.

Es ist der letzte Tag auf dem Highway, nahe Tombstone Mountain. Ich lenke unseren Camper an den Straßenrand und kurbele das Fenster herunter. Das Bild dieses weitläufigen Tales mit kargen Bergen, die es wie einen Rahmen begrenzen, hatte ich jahrelang vor Augen gehabt.

»Weißt du«, ich wende mich Juliana zu, »die Realität des Dempster Highway ist noch großartiger als die schönsten Bilder meiner Erinnerung von der Fahrt mit Nicks ›Arctic Queen‹.«

Sie sieht mich prüfend an: »Nun sag schon, wann kommen wir zurück?«

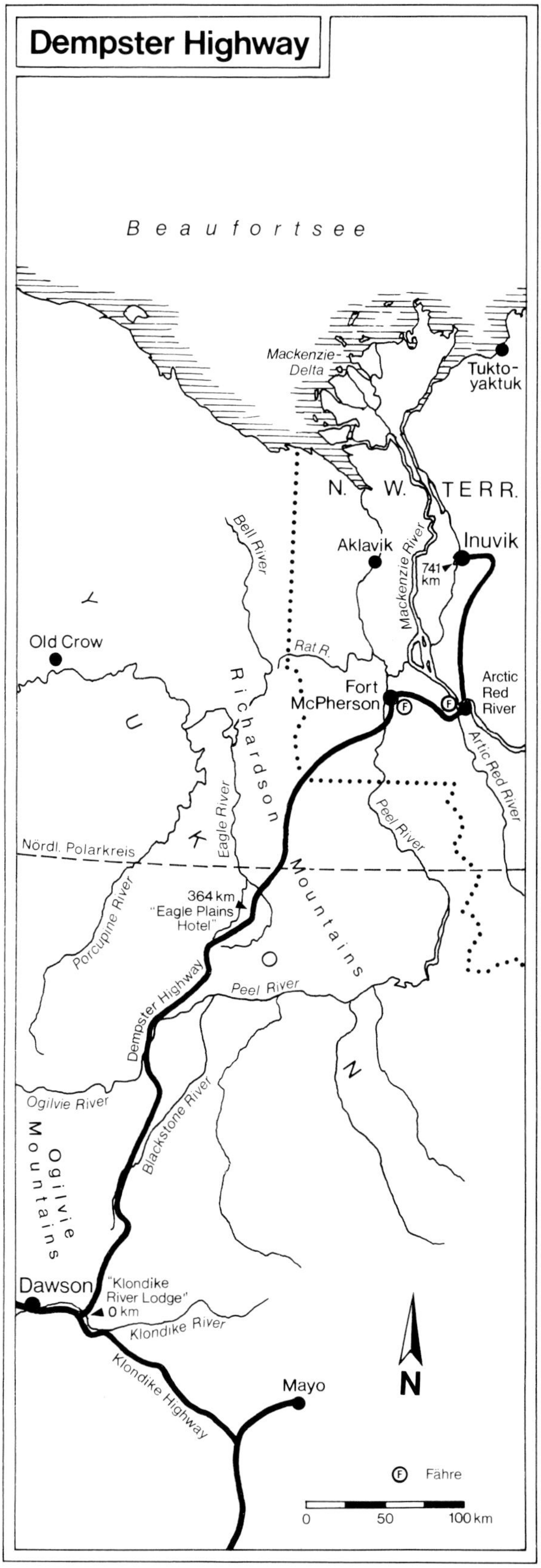

Informationen: Dempster Highway

Beste Reisezeit: Juni bis September. Kostenlose Fähren über Peel und Mackenzie River bei Kilometer 545 bzw. 615 verkehren zwischen Anfang Juni und Ende Oktober. Der Ort Arctic Red River befindet sich etwas abseits der Hauptfährroute, wird auf Wunsch aber kostenlos angelaufen. Während der Wochen des Zufrierens und Auftauens der Ströme kann Inuvik nicht auf dem Landwege erreicht werden. Sobald sich das Eis hinreichend gefestigt hat, werden beide Flüsse als *ice bridges* (Eisbrücken) benutzt und von der Straßenverwaltung befahrbar gehalten.

Zur Straße: 741 Kilometer lange, regelmäßig unterhaltene Schotter- bzw. erdige, auch im Winter geöffnete Allwetterstraße. Bei Regen sollte wegen abschnittsweise rutschiger Oberfläche mit gedrosselter Geschwindigkeit gefahren werden.

Zum Auto: Wie bei allen Nordlandfahrten sollte es in gutem Zustand sein. Abschleppseil, Reservetreibstoff, Ersatzkeilriemen und vorher auf Funktionsfähigkeit geprüfter Reservereifen sind das Minimum. Winterfahrten erfordern Spezialausrüstung.

Fahrverhalten: Immer das Fahrlicht einschalten. Bei Gegenverkehr Geschwindigkeit reduzieren. Zum Überholen gibt es extra staubfreie und als solche gekennzeichnete Abschnitte.

Tierbeobachtung: Eines der großen Naturwunder am Dempster ist die 135 000 Kopf starke Porcupine-Caribou-Herde, die ihr Winterquartier zwischen Ogilvie und Richardson Mountains hat. Ab März, April wandern die Karibus bis in die Küstengebiete Alaskas, kommen jedoch im Oktober zurück. Dann bieten sich gute Beobachtungschancen zwischen Kilometer 122 und 132. Weißkopfseeadler (*bald eagle*) sind entlang der gesamten Strecke zu sehen. Zwischen Kilometer 230 und 240 lockt im August ein reiches Früchteangebot Grizzlies an den Ogilvie River.

Tanken und Service: Kilometer 0 – »Klondike River Lodge«: Benzin, Mechaniker etc. Kilometer 364: »Eagle Plains Hotel«: Tankstelle, Unterkünfte, Campground. Kilometer 557 – Fort McPherson: Tankstelle etc. Kilometer 733 – Inuvik Esso: Tankstelle. Kilometer 741 – Inuvik: Tanken und alle Serviceleistungen.

Campingmöglichkeiten: Bei Kilometer 73, 194, 364, 447 und 547. Gebührenpflichtig, Erlaubnisscheine (*camp permits*) können beim Kontrollpersonal erworben werden.

[i] »Tourism Yukon« und »Travel Arctic« (siehe Anhang »Nützliche Adressen«, S. 169). Für kommerziell durchgeführte organisierte Touren (Flüge, Angelsafaris etc.) ins Mackenzie-Delta und andere Gebiete der N. W. T kann bei »Government of the Northwest Territories« der sehr informative und aktuelle *Explorer's Guide* angefordert werden. Er ist kostenlos.

Information über Straßenzustand und Eisbrükken sind gebührenfrei unter Tel.-Nr. 1-800-661-0788 zu erhalten.

Zwischen zwei Welten
Kanadische Indianer, Eskimo und Méti

Krieger mit fliegendem Federschmuck auf zähen Pferden, ledergekleidete Cree-Indianer im Birkenrindenkanu auf dem Weg zu traditionellen Fischgründen, Medizinmänner zwischen kunstvoll geschnitzten Totempfählen – ihr Platz ist auf vergilbten Fotografien in verstaubten Archiven. In der Realität würden sie sich nicht zurechtfinden. Eine der größten Metzeleien der Geschichte vernichtete die Bisons, ihre Existenzgrundlage. Pelzhandel veränderte jahrtausendealte Lebensformen, brachte Alkohol und Abhängigkeit. Zeugnisse alter Kulturen an der Westküste wie jene der Haida auf Queen Charlotte Island sind verschwunden.

Romantische Bilder bestehen nur noch in Hollywood fort.

Skizzen aus der Gegenwart: angetrunkene Indianer, die in Fort Simpson mit halbvollen Bierdosen Zielwerfen nach Moskitos veranstalten. Zwei kräftige Männer mit indianischen Gesichtszügen im alten *Pick-up* am Rand des Alaska Highways. Gekonnt verbergen sie Bierdosen in braunen Papiertüten. Sind das die Nachkommen der einstmals stolzen und freien Bewohner des Landes?

Schwarzfuß-Indianer-Häuptling »Duck Chief«

Bei Ankunft der Weißen lag die Gesamtzahl der in viele Sprachgruppen und noch mehr Stämme aufgeteilten Ureinwohner – heute nennt man sie zusammenfassend *native people* – bei ca. 350 000. Bereits in den sechziger Jahren des 19. Jahrhunderts war sie durch Krankheiten, Not und Kriege auf 100 000 Indianer, 2000 Inuit (Eskimo) und 10 000 Méti (Mischlinge) gesunken.

Seit 1920 steigen die Geburtenraten, prozentual sogar weit mehr als jene der übrigen Bevölkerung. Die offizielle kanadische Statistik vermerkt 1986 331 000 Indianer, 27 000 Inuit und 398 000 Méti. Insgesamt also gut eine Dreiviertel Million *natives*, das sind rund drei Prozent aller Kanadier. Wobei die regionalen Schwerpunkte ihrer Lebensräume höchst unterschiedlich sind: Während sie im Osten nur ein bis zwei, in British Columbia und Alberta jeweils fünf Prozent der Gesamtbevölkerung ausmachen, stellen sie im Yukon 21 und in den N. W. T. 59 Prozent.

Eingebunden in tiefverwurzelte Traditionen und Lebensformen, die in einer modernen Gesellschaft kaum Daseinsberechtigung finden, ihrer Jagd- und Fischgründe beraubt und äußerlich das Leben von Weißen lebend, gleichen viele Wanderern zwischen zwei Welten. Hohe Arbeitslosigkeit ist die Folge. Die Straffälligkeit unter

Indianische Mythologie: Geburt aus der Muschel (Wandmalerei) in Juneau
Der Totempfahl zeigt einen Missionar mit Gewehr und Kreuz über Indianerköpfen (rechts)

den *natives* ist siebenmal so hoch wie bei Weißen, wobei mehr als die Hälfte aller Delikte auf Alkoholeinfluß zurückzuführen ist.

Doch die Rückbesinnung auf alte Werte und Traditionen verstärkt sich. Zum einen in Kunst und Kultur, zum anderen in einem neuen Selbstbewußtsein, das die Wiederherstellung früherer Rechte fordert – insbesondere jene an Grund und Boden.

Die *natives* der Northwest Territories, die mehr als die Hälfte der dortigen Gesamtbevölkerung ausmachen, haben bereits mehrfach erfolgreich auf sich aufmerksam gemacht. Unter anderem durch Gründung der nationalen Inuit-Organisation, die seit ihrer Konstituierung 1971 erhebliche Mitbestimmungsansprüche durchsetzen konnte. Das gilt auch für die »Dene Nation«, eine politische Organisation der Dene-Abkömmlinge der zur Athabasca-Sprachgruppe gehörenden Indianer.

Ich hatte während meiner Reisen durch den Norden viele Kontakte zu Indianern und Méti. Sie waren zunächst von zurückhaltender, beobachtender, nicht sehr überschwenglicher, später aber oft herzlicher Art. Einer von ihnen, ein Schwarzfuß-Indianer, gab mir, wie er es bezeichnete, seinen Namen und nannte mich »Bruder«. Seitdem könnte ich mich »gefleckter Adler« nennen.

Es war an einem kalten Frühlingsabend in den Ausläufern der Rocky Mountains. Wir saßen mit

»Weasel Tail« – ein Blood-Indianer

seinen Freunden in einem alten verbeulten Acht-Zylinder. Irgendwann hatte er begonnen, auf die Autopolster zu trommeln und zu singen. Bald fielen die anderen ein. »Lieder aus der alten Zeit«, sagten sie, »als unsere Prärien noch voller Büffel waren.« Und sie sangen bis in die Nacht hinein. Es waren traurige Lieder von den Prärien, die zu endlosen Weizenfeldern des weißen Mannes wurden, von den unendlichen Jagdgründen des Nordwestens, die zu Reservaten verkümmerten, und von den umgestürzten Totems der Haida, aus denen Gras wuchs.

Und während er sang, fielen aus den Augen meines »Bruders« Tränen.

Auf dem Icefield Parkway zu den Wundern der Nationalparks Banff und Jasper

Für mich ist sie eine der malerischsten Straßen der Erde. Die Rede ist vom Icefield Parkway, dem Bindeglied zwischen Kanadas beliebtesten Nationalparks Banff und Jasper, der atemberaubenden Strecke über das Dach der Rocky Mountains, gesäumt von Flüssen mit berühmten Namen, schroffen Bergen und riesigen Eisfeldern.

Herbstfahrt durch die Kananaskis

Mehrere Wege führen dorthin, wählt man den richtigen, wird schon die Anfahrt zum Naturgenuß. »Highway Number One«, der Trans Canada Highway, ist für den von Südosten kommenden Autofahrer der schnellste. Doch wir haben Zeit, und so wählen wir die Abzweigung »Highway 40« Richtung Kananaskis. Es ist Anfang September, die Zeit, wenn die Nächte kalt werden und die Färbung der Blätter ihren Höhepunkt erreicht. Wie flüssiges, die steilen Berghänge herabtropfendes Gold glänzt das Laub. Nirgendwo sonst in den Rocky Mountains habe ich den Herbst intensiver und leuchtender erlebt als hier. Die Anfahrt durch diese als »Kananaskis Country« bezeichnete Bergwelt ist zweifellos ein Umweg, doch die beste Einstimmung auf das, was später kommt. Vorbei an klaren Seen geht es auf dem schottrigen »Smith Dorrien/Spray Trail« zum verträumt gelegenen Spray Lake. Kurz darauf ist nach steiler Abfahrt bei Canmore der Trans Canada Highway wieder erreicht. Abstecher und Einstimmung sind beendet, jetzt kann es zum Banff Nationalpark gehen.

Er ist Besucher-Favorit und Sprungbrett in die grandiosesten Hochgebirgslandschaften der Rockies. Seine Geschichte begann, als zwei Eisenbahnarbeiter 1883 hier heiße Quellen entdeckten. Vier Jahre später schlug mit der Gründung des »Rocky Mountain Park« die Geburtsstunde der kanadischen Nationalparks. Später in »Banff« umbenannt, war er der erste von mittlerweile 33 landesweit. Die Note »Eins« gebührt ihm auch für seine Beliebtheit, sowohl bei Zwei- wie auch bei Vierbeinern. Es ist kurz vor dem Ortszentrum, wo – ohne die wartenden Autofahrer auch nur eines Blickes zu würdigen – zwei junge Wapitihirsche mit aufeinanderkrachenden Geweihen ihre Rivalitäten austragen. Trotz Ausdehnung der Stadt Banff, Anstiegs ihrer Einwohnerzahl auf fast 6000 und ein Vielfaches an Besuchern aus aller Welt, beginnt wenige Meter neben der Ortsgrenze Wildnis. Kaum anderswo in den Rockies sind Wapitis, Elche, Bergziegen, Schafe und Kojoten zutraulicher und in größerer Zahl anzutreffen als hier. Nationalparkbedienstete verteilen Broschüren: »Dieses ist das Reich der Tiere, verhalte dich

Manche Tiere haben die Scheu vor dem Menschen abgelegt

entsprechend.« Tafeln am Straßenrand bitten: *Do not feed the animals* – Tiere bitte nicht füttern. Schon am ersten Tag nähert sich uns ein Hirsch zutraulich und leckt mit rauher Zunge unsere Hände.

Die brillanten, scharfgezackten Formen der Berge faszinieren Besucher seit den ersten Tagen des NP. »Da wir nicht die Landschaft exportieren können, müssen wir Besucher importieren«, stellte Eisenbahn-Generalmanager van Horne in den achtziger Jahren des letzten Jahrhunderts fest, nachdem der Ost-West-Schienenstrang die Rockies erreicht hatte. So begann hier der Tourismus. Wo Fotos von 1884 noch eine Reihe wackliger Bretterbuden rechts und links eines schlammigen Pfades zeigen, kehrte schon bald komfortables touristisches Leben ein. Banff heute: Ein klimatisierter Touristenbus mit Japanern hält vor einem Souvenirladen, Motorhomes schieben sich durch die vom mächtigen Cascade Mountain dominierte Banff Avenue, von der nach »Urein-

Das »Banff Springs Hotel« war schon immer ein Anziehungspunkt

wohnern« benannte Straßen wie *Caribou, Wolf, Moose* (Elch) und *Antelope* abzweigen. Wir selbst entspannen uns am Ende dieses Tages in den 40 Grad heißen »Upper Hot Springs«.

Zwischen Banff und Jasper ohne die Unabhängigkeit eines eigenen Autos zu reisen, hieße, auf viele spontane Stopps und Begegnungen am Rande der Straße zu verzichten: zum Beispiel bei den geschäftigen Bibern an den Vermilion Lakes oder beim pummeligen Schwarzbären am Lake Minnewanka. Doch besonders gilt das für die Fahrt über den Icefield Parkway.

Von Banff kommend folgen wir zunächst dem stark frequentierten Trans Canada Highway und erreichen über eine Stichstraße die vielgerühmte Perle der Rocky Mountains: Lake Louise. An einem klaren Morgen wie diesem versteht man leicht, was den touristischen Ruf der Hochgebirgswelt um diesen See ausmacht. Kanada *en miniature* sei dies, sagt man. Hier habe der Herrgott am Schöpfungstag den reizvollsten Gegenden dieses Landes ein Stück entnommen und Eisfelder, senkrecht abfallende Felswände, Wälder und Wasser zu einem Puzzle wilder Schönheit zusammengefügt. Am eindrucksvollsten ist der glasklare, grünblaue See selbst. Auf einer gewundenen, zwölf Kilometer langen Nebenstraße fahren wir von dort zum Moraine Lake. Nur ein kurzer Aufstieg ist es jetzt noch über den »Moraine Lake Rockpile Trail«, und schon stehen wir über dem mit wechselndem Stand der Sonne die Farbe ändernden See und blicken auf das »Valley of Ten Peaks«. Wie Wächter, die das Tal beschützen, wirken die zehn von der Natur Seite an Seite gesetzten Gipfel. Eine mächtige Wand, imposant, unzugänglich, doch in solcher Harmonie mit dem sich an sie schmiegenden Moraine Lake, daß mich dieser Blick nachhaltiger beeindruckt als die »Postkartenansicht« des Lake Louise. Doch es kommt an diesem Tag noch besser.

Dort, wo der Trans Canada Highway nach Westen abknickt, beginnt der 230 Kilometer

Columbia Icefield

lange Icefield Parkway. Es ist Mittag, als wir den höchsten Punkt dieser Gebirgsstraße erreichen: das Columbia Icefield. 325 Quadratkilometer bis zu 900 Meter dicken Eises bedecken hier das Hochland am Mt. Columbia. Wie Zungen schieben sich die Gletscher der größten Eismasse der Rockies über Berghänge in die Täler. Ihre Wasser strömen in drei Meere: Über den Athabasca nach Norden zur Beaufortsee, nach Osten zieht der Saskatchewan River Richtung Hudson Bay, und der Columbia schlängelt sich zum Pazifik. Das Columbia Icefield markiert auch die Grenze zwischen Banff und Jasper und ist das Tor zu dem mit gut 10000 Quadratkilometern größten Nationalpark der Rockies. Doch was kümmern sich Tiere um Grenzen und die Regeln der Menschen... Für immer neue Fahrtunterbrechungen sorgen sie jetzt: Bergziegen, die wie Artisten in senkrechten Felswänden klettern und Bighorn-Schafe, die wie die Herren der Berge in ganzen Herden mitten auf der Straße stehen und den Verkehr lahmlegen. Schon bald kommt der nächste Halt an den Sunwapta-Fällen. Gurgelnd pressen sich die Wasser des gleichnamigen Flusses durch eine tiefe Schlucht, bevor sie zusammen mit denen des Chaba und Whirlpool River unter dem Namen »Athabasca« die Athabasca-Fälle hinunterschießen. Gegen Abend erreichen wir Jasper Town, das Zentrum des Nationalparks. Für eine Handvoll Dollars lassen wir uns in Ortsnähe auf dem Wapiti Campground nieder, wo sich Besucher aus aller Welt mit Campmobilen und Zelten mit den wie selbstverständlich dazwischen herumlaufenden Wapitis ein Stelldichein geben. Ich mag das kleine, touristisch nicht so stark frequentierte Jasper, das seine Anfänge in der Pelzhändlerzeit hatte, als ein Jasper Hawes hier einen Handelsposten gründete. Seine Niederlassung »Jasper House« gibt es schon lange nicht mehr, doch der Name überlebte. Eins der vielen natürlichen

Die Helmcken Falls im Wells Gray Provincial Park

Die Sunwapta-Fälle im Jasper National Park

Angebote im NP ist noch immer der junge und malerische Athabasca River, der zu Bootstouren einlädt. Wer das feuchte Vergnügen gern heißer hat, kommt in den am östlichen Parkrand befindlichen »Miette Hot Springs« auf seine Kosten.

Wir paddeln bereits am Tag nach unserer Ankunft mit einem Mietkanu über den Pyramid Lake. Dann machen wir uns zum Maligne Lake auf, Jaspers von schneebedeckten Bergen gesäumtem Schatz. Außer Lake Louise wird kein Punkt der Rockies so häufig fotografiert wie die verträumte Insel Spirit Island am Ende dieses Sees. Schon die Anfahrt entlang dem Maligne Canyon ist ein unvergeßliches Naturerlebnis. Fünfzig Meter tief eingeschnitten ist die Schlucht und so eng, daß Eichhörnchen sie überspringen können.

Mehr als tausend Kilometer guter *hiking trails* machen Jasper zu einem Eldorado für Hochgebirgswanderer und jene, die in der Wildwest-Kulisse des Tonquin Valley das Glück dieser Erde auf dem Rücken der Pferde suchen. Doch den Besuch der Rockies auf Banff, Jasper und Icefield Parkway zu beschränken hieße, vom Angebot der Berge nur genascht zu haben. Vier weitere große Nationalparks locken hier: Yoho mit dem höch-

Lake Louise

sten Wasserfall Kanadas, Glacier mit gewaltigen Eisfeldern, der Aussichtsberg Mt. Revelstoke sowie Kootenay mit seinen heißen Quellen. Daneben bietet der Mt. Robson mit 3954 Metern den höchsten Gipfel der kanadischen Rockies. Das allein könnte für ein volles Urlaubsprogramm reichen. Doch nur eine Tagesreise entfernt locken Wells Grays riesige Wasserfälle und Bowron Lake Provincial Parks Seenkette zum Kanufahren. »Highway 40 north« lautet ein anderer Tip für Leute, die auf den Nordlandgeschmack gekommen sind, ein zuverlässiges Auto und etwas mehr Abenteuerblut in den Adern haben. Anfangs noch gut ausgebaut, ist er später eine Schotterstraße, die durch weite Wälder gen Norden Richtung Grande Prairie führt. In zwei weiteren Stunden Fahrzeit ist von dort Dawson Creek und »Meile Null« des Alaska Highway erreicht.

Nur noch 1500 Kilometer wären es jetzt bis zu den nördlichen Ausläufern der Rockies im Yukon. Und schon beginnt das Pläneschmieden aufs neue...

Hochgebirgsritt zum Mt. Assiniboine (Banff NP)

Von Banff und Jasper erreichbare Nationalparks

Yoho (Highway 1, 95 Kilometer von Banff): Mehrere schöne Wasserfälle, u. a. die 254 Meter hohen Takakkaw-Fälle. Emerald und Lake O'Hara sind sehr sehenswert. Mit den »Burgess Shale Fossil Beds« befinden sich hier bedeutende fossile Ablagerungen.

i Yoho NP, P. O. Box 99, Field B. C. VOA 1 GO, Tel.: (250) 343-6783.

Kootenay (Highway 93, 134 Kilometer von Banff): Hauptattraktion sind die heißen Quellen von Radium Hot Springs.

Lohnend sind auch Wanderungen zum tief eingeschnittenen Marble Canyon und den »Paint Pots«, von wo sich einst die Indianer die Farben zur Kriegsbemalung holten

i Kootenay NP, P. O. Box 220, Radium Hot Springs, B. C., VOA 1 MO, Tel.: (250) 347-9615.

Glacier (Highway 1, 214 Kilometer von Banff): Der Park mit mehr als 400 Gletschern liegt außerhalb der Rockies in den Columbia Mountains. Sehr schöne Gletscher-Tagestouren. Informatives Besucherzentrum am Rogers-Paß.

Moraine Lake – einer der schönsten Seen der Kanadischen Rockies

Mt. Revelstoke (Highway 1, 283 Kilometer von Banff): 26 Kilometer Anfahrt auf der »Summit Road« zum Gipfel (1938 Meter). Schöne Ausblicke, Wandermöglichkeiten. Am Fuß des Berges kann ein kurzer Spaziergang auf dem »Giant Cedars Trail« mit bis zu tausend Jahre alten Zedern gemacht werden.

i Für beide Nationalparks (Mt. Revelstoke und Glacier): P.O. Box 350, Revelstoke, B.C., VOA 2 SO, Tel.: (250) 837-7500.

Wenn es auch kein Nationalpark ist, so lohnt doch das an Banff angrenzende »Kananaskis Country« (4250 Quadratkilometer) einen Besuch.

i »Kananaskis Country«, P.O. Box 280, Canmore, AB TOL OMO, Tel.: (403) 678-5508 oder 678-3985.

Informationen: Icefield Parkway

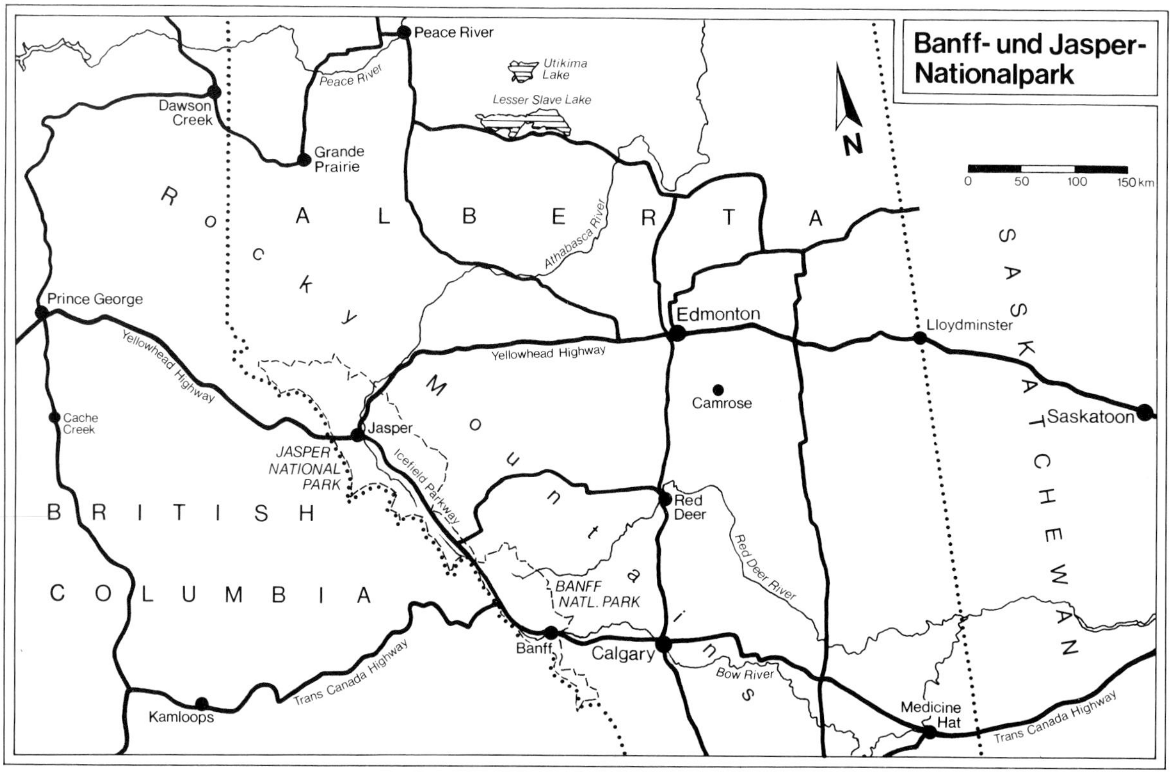

Beste Reisezeit: Mai bis Mitte Oktober. Während der Saison im Juli/August kann es Engpässe auf den Campingplätzen geben. Ende September ist wegen geringerer Besucherzahlen, phantastischer Laubfärbung und vieler Tiere, die es von den Bergen in die Niederungen zieht, eine sehr empfehlenswerte Reisezeit.

Anfahrt: Banff ist 138 Kilometer auf dem Trans Canada Highway von Calgary entfernt. Die Distanz Edmonton–Jasper via Yellowhead Highway beträgt 362 Kilometer, die Entfernung Banff–Jasper 285 Kilometer.

Lohnende Unternehmungen:
Banff: »Cafe & Basin Centennial Centre«: ausgezeichnetes Info-Zentrum an der Geburtsstätte der kanadischen Nationalparks mit im Sommer geöffnetem warmem Pool. »Upper Hot Springs«: In 1600 Metern Höhe gelegen, ist dieses die heißeste Badequelle Banffs (ganzjährig geöffnet). Seilbahn auf den Sulphur Mountain. Vermilion Lakes Drive: Sehr schöne Seen- und Gebirgsszenerie mit guten Tierbeobachtungsmöglichkeiten. Fahrt auf Mt. Norquay: Herrlicher Blick auf Banff, gute Chance, Bighornschafe, Hirsche und Wapitis zu sehen. Sehr reizvoll sind auch Wanderungen am Lake Minnewanka.

Jasper: Schlauchboottouren auf dem Athabasca River, Kanufahren auf dem Pyramid Lake, Bootsausflug auf dem Maligne Lake zu Spirit Island, Fahrt zum Mt. Edith Cavell. Pferderitte und mindestens ein Bad in den »Miette Hot Springs« sind zu empfehlen.

[i] Jasper National Park, P.O. Box 10, Jasper, Alta. T0E 1E0, Tel.: (403) 852-6161.
[i] Banff National Park, P.O. Box 900, Banff, Alta. T0L 0C0, Tel.: (403) 762-1550.

Way up North
Kreuzfahrt durch die »Inside Passage«

Zwischen Vancouver Island und Prince Rupert

Sechs Uhr morgens. Adler kehren vom Fang zu ihrem Horst zurück. Nebel heben sich. Ein neuer Tag in Port Hardy am Nordende von Vancouver Island beginnt.

Amerikaner, ein paar Kanadier, vor allem jedoch Europäer rüsten sich derweil für eine der beliebtesten Touren Kanadas, die Fährfahrt durch die »Inside Passage« nach Prince Rupert. Für mich ist dieses die erste Etappe einer langen Schiffsreise mit dem Ziel Skagway (Alaska). In eineinhalb Wochen will ich dort sein; das bedeutet sechsmal umsteigen und die Benutzung von fünf verschiedenen Schiffen.

Die Flagge mit dem kanadischen Ahornblatt knattert im Morgenwind. Noch ist es kalt, ein paar abgehärtete Passagiere auf dem Sonnendeck verkriechen sich in ihre warmen Jacken. Dann tuten Schiffshörner. Leichtes Vibrieren durchzieht die »Queen of the North«, und Port Hardy, benannt nach einem Vizeadmiral, der einst den sterbenden Lord Nelson nach der Schlacht von Trafalgar in den Armen gehalten haben soll, bleibt zurück.

»Inside Passage« ist die Bezeichnung für eine zwischen Hunderten von kleinen und großen Inseln an der Westküste Nordamerikas eingebettete Wasserstraße, die bei Seattle im US-Staat Washington beginnt und hoch oben im Norden am Ende des alaskanischen »Pfannenstiels«, des *Panhandle*, bei Skagway endet. Es ist eine der abwechslungsreichsten Schiffsrouten unserer Erde: Mal führt sie durch schmale Kanäle, dann wieder ist es wie die Fahrt über große mit Inseln gespickte Seen. Selten wird offenes Meer berührt. Es ist eine Reise durch das Land der weiten Wälder, der größten Weißkopfseeadlerkolonie, entlang schnee- und gletscherbedeckter Berge und durch die interessantesten Stätten der Geschichte Alaskas.

Ich überprüfe noch einmal meinen Zeitplan: Fünfzehn Stunden dauert die erste Etappe bis Prince Rupert, laut Fahrplan kommen weitere 39,7 Stunden Fahrzeit durch Alaska hinzu. Das sind nach Adam Riese 54,7 Stunden. Mit Landgängen und Übernachtungen in Ketchikan, Wrangell, Petersburg, Sitka, Juneau und Haines sollte ich die Reise in zehn Tagen schaffen. Ob es klappt? Falls es Verzögerungen geben sollte, macht's aber auch nichts; in der »Inside Passage« verkehren die Fähren so regelmäßig wie anderswo die Busse.

Die Geschichte der Seefahrt hier ist so alt wie die der Menschheit an der Nordwestküste Amerikas. Geschützt durch die vorgelagerten Inseln waren bereits vor mehr als zehntausend Jahren von Asien über Alaska gekommene Einwanderer in hölzernen Kanus nach Süden vorgedrungen. An den Ufern fischreicher Gewässer fanden sie ideale Lebensbedingungen und entwickelten die Küstenfischerkultur mit hochentwickelter Kunst. Zu den Nachfahren dieser als »Nordwestküsten-Indianer« bezeichneten Menschen zählen die Stämme der Haida, Tlingit, Kwakiutl, Tsimshian, Bella Coola, Nootka und Küsten-Salish. Als reichstes kulturelles Erbe gilt das der Haida, deren Lebensraum seit Jahrtausenden die westlich der »Inside Passage« gelegenen wilden und stellenweise noch heute schwer zugänglichen Queen Charlotte Islands sind. In ihren bis zu 25 Meter langen und von 50 Männern gepaddelten Kanus hatten sie die gefährlichen offenen Gewässer zwischen Festland und den Inseln – noch heute als »Route der Haidas« bezeichnet, überquert und dort ihre blühende Kultur entwickelt. Sie lebten in dörflichen Gemeinschaften, waren stolz, kräftig, geschickte Fischer, aber auch ebensolche Künstler, wenn es um das kunstvolle Schnitzen ihrer Totempfähle ging. Wie die meisten anderen indianischen Küstenvölker waren sie recht wohlhabend – und trugen das gern zur Schau. Am auffälligsten beim »Potlatch«, einem zeremoniellen Fest, bei dem die Gastgeber ihre Gäste bis zum eigenen Ruin mit Geschenken überhäuften. Als Ende des 18. Jahrhunderts mehr und mehr Europäer in diese Gebiete vordrangen, waren die indianischen Kulturen auf ihrem Höhepunkt. Doch schon bald nach den ersten Erkundungen Captain Cooks im Jahre 1778 und

George Vancouvers Kartierung der Küste begann die Veränderung. Der Schlag schwerer Äxte durchbrach die Stille der Westküste, und Ende des 19. Jahrhunderts fauchten und zischten die Maschinen der ersten großen Fischverarbeitungsfabriken. Vancouver hatte die Küstenurbewohner noch als »fröhliche und heitere Menschen« bezeichnet. »... sie leben in Harmonie und guter Kameradschaft miteinander.« Doch mit dem Zusammenhalt war es ein Jahrhundert später vorbei. Sie folgten den Spuren der Weißen, ihre stattlichen Ansiedlungen verfielen. Die Zahl der Nordwestküsten-Indianer reduzierte sich durch Krankheiten auf ein Drittel der des vorhergegangenen Jahrhunderts.

»Ladies and gentlemen ...«, die Stimme des Chefstewards im Bordlautsprecher schreckt mich aus meinen Gedanken auf. »Wir passieren die nach dem Stamm der Bil-Billa-Indianer benannte Siebenhundert-Einwohner-Siedlung Bella Bella.« Gut fünf Stunden sind wir bereits unterwegs. Die Sonne ist durchgebrochen, windstill und warm ist es. Jacken und Schlafsäcke, eben noch willkommene Wärmespender, werden beiseite gelegt. Bald danach erreichen wir die fjordähnliche Landschaft des Grenville Channel, der sich 70 Kilometer schnurgerade wie ein Kanal Richtung Prince Rupert zieht. »Feine Gegend«, sagt Ashley, mein Nachbar aus dem flachen Saskatschewan. Warren, ein anderer aus der Gegend von Vancouver, will sich hier Land kaufen, ein Häuschen bauen und den Rest seines Lebens angeln. Später, als die Dämmerung hereinbricht, werden die vor wenigen Stunden aus der Hand gelegten Jacken wieder übergezogen, und nach und nach begeben sich meine Nachbarn unter Deck. Die »Queen of the North«, 1969 in Bremerhaven gebaut und

Mit der »Queen of the North« durch die kanadische »Inside Passage«

Kurs auf Ketchikan

lange Jahre für die schwedische »Stena Line« im Einsatz gewesen, läuft in den Hafen von Prince Rupert ein. Ende des ersten Tages. Während sich die meisten Passagiere in Campmobile oder Pkw setzen, nehme ich mein Fahrrad und radle durch die Nacht zum nahe gelegenen Campingplatz. Im Schein der Taschenlampe sehe ich noch einmal auf den Fahrplan. Morgen früh um 9.15 Uhr werde ich bereits auf der Fähre nach Alaska sein.

Mit den »blauen Kanus« von Insel zu Insel

Im kleinen Fährbüro herscht Hochbetrieb. Endlich bin ich an der Reihe und schiebe 32 Dollar über den Tresen. »Erster Stopp in Ketchikan«, sage ich. Ein Kaffeeautomat verhilft danach zu innerer Wärme, die trotz der verzauberten Stimmung eines Spätsommermorgens nur langsam aufkommen will. Leichte Nebel lasten über dem Wasser, aus dem sich geisterhaft die Spitzen kleiner Inseln hervorheben. Doch noch ist keine Zeit für romantische Betrachtungen. Erst einmal warten Zoll- und Paßformalitäten für die Einreise nach Alaska – was sich glücklicherweise als unbürokratisch herausstellt. Die Beamtin wünscht: »*Have a nice trip*«, und schon radele ich die letzten Meter hinein in den Bauch des »blauen Kanus«, so jedenfalls lautet der Spitzname für die blauweiße Flotte der alaskanischen Fähren. Einiges ist hier anders als gestern. Während die »Queen of the North« Schick und das touristische Angebot eines Kreuzfahrtschiffes bietet, wirken die »Alaska State Ferries« eher wie das, was sie auch tatsächlich sind: »Nutzfahrzeuge«, die Menschen und Güter von A nach B befördern. Sechs große Fähren mit klingenden Namen sind im »Alaska Panhandle« unterwegs: »Aurora«, »Le Conte«, »Malaspina«, »Matanuska«, »Taku« und »Columbia«.

Der zweite Tag der Schiffsreise nach Alaska beginnt. Ich gehe in den Speisesaal. Amerikanisches Frühstück: Pfannkuchen mit Sirup, Spiegeleier, *hash browns*, eine Art Bratkartoffeln, und Toast. Kaffee gibt es, soviel man will. Beim zweiten Pfannkuchen knackt es im Lautsprecher: »Willkommen auf der 1652. Reise der ›Matanuska‹ nach Alaska.« 9.20 Uhr zeigt meine Uhr. Morgen abend um 17.30 Uhr wird dieses Schiff in Skagway anlegen, und in sechs Stunden werden wir an meinem heutigen Ziel, Ketchikan, sein. Zeit genug für ein ausgedehntes Frühstück. Beim dritten Pappbecher mit heißem und sehr dünnem Kaffee bekomme ich Gesellschaft. Über *nice day, isn't it* kommen wir ins Gespräch. Jennifer, gebürtig in Madrid, und Jan aus Polen, leben in Winnipeg. »Schön im Sommer, aber zu kalt im Winter«, meinen sie. Vielleicht werden sie nach Australien auswandern, der Sonne wegen, aber erst mal führt sie ihre Hochzeitsreise nach Alaska. Und während wir weltumspannende Gespräche führen, gleiten wir still und ohne es zu merken über die Grenze von Alaska. Als das Ereignis etwas später über Lautsprecher bekanntgegeben wird, erhebt sich jemand in der Cafeteria und klatscht.

Der »Alaska Panhandle« ist das Land schier unermeßlicher Wälder. Von weitem wirken sie wie unberührter Urwald. Seit 1902 kümmert sich der »US-Forest Service« um diese Waldregion, die den Namen der an ihrem südlichen Ende lebenden Tongass-Indianer trägt. Über 800 Kilometer Länge erstreckt sich der Tongass National Forest mit einer Fläche von fast 68000 Quadratkilometern sowohl auf dem Festland als auch auf den vorgelagerten Inseln. Er bietet 18000 Kilometer Ufer und Strände, verträumte und abweisende Buchten und mit Misty Fjords und Admiralty Island zwei große Naturschutzgebiete. Es ist die Welt der bis zu 60 Meter hohen Baumriesen, mächtiger Sitka-Fichten – Alaskas offiziellem »Staatsbaum« – und Zedern, deren Holz einst Verwendung bei Totempfählen fand.

Wie viele andere Abschnitte der Westküste gilt auch dieser als »Heimat des Regens«. Doch abends notiere ich erfreut im Tagebuch: »Zweiter Tag mit strahlendem Sonnenschein«. Dabei rühmt sich Ketchikan, mit fast vier Metern Niederschlag pro Jahr *rain capital* – »Regen-Hauptstadt« – zu sein. Mit Superlativen nicht gerade bescheiden, hat sich *Alaska's first city* – was natürlich nur Berechtigung hat, wenn man von Süden angereist kommt – noch einen anderen Beinamen zugelegt: *salmon capital of the world* – »Lachs-Hauptstadt der Welt«.

Ketchikan, die mit 14000 Einwohnern viertgrößte Stadt Alaskas, wirkt auf mich wie ein großes Straßendorf. Einfache, alte Holzhäuser säumen rechts und links die Fahrbahn. Hier und dort sitzen junge Leute auf Fensterbänken und genießen das ungewöhnlich warme, trockene Wetter. Am Fahrbahnrand parken rostige Autos Seite an Seite mit glänzenden Bussen, die Kreuzfahrtpassagiere zu Sehenswürdigkeiten bringen. Unmittelbar daneben ertönt in nur einminütigen Abständen das hämmernde Dröhnen startender und landender Wasserflugzeuge. Ein Sonnenhungriger – nur in Shorts – räkelt sich auf einem Picknicktisch. Am Hintereingang von Häusern schaukeln vertäute Flugzeuge auf den Wellen. Ein mächtiger Schleppkahn zieht bis zur Höhe dreistöckiger Wohnhäuser mit Containern beladene Pontons. All das spielt sich innerhalb weniger hundert Meter neben der Hauptstraße ab. Dahinter beginnt Wildnis.

Gut ein Jahrhundert ist es her, daß weiße Siedler herausfanden, was Indianer schon lange wußten: Ketchikan ist ein *fishermen's paradise*. Bereits 1883 wurde am Ketchikan Creek die erste Fischverarbeitungsanlage erbaut. Ein paar kräftige Tritte in die Pedale bringen mich gut hundert Jahre später an diesen Creek. Ich schaue ins Wasser und traue meinen Augen nicht: Tausend und mehr Lachse bewegen sich Leib an Leib das Bachbett aufwärts. Manche machen Luftsprünge, als freuten sie sich, am Ziel ihrer Reise angekommen zu sein. Von hier, wo sie selbst aus den Eiern schlüpften, wanderten sie ins Meer, und hierher kehren sie zurück, um sich fortzupflanzen.

Mittlerweile hat sich ein Angler am Ufer des kleinen Flusses eingestellt, doch kein Lachs zeigt Interesse für seinen Köder. Den Mann scheint das nicht zu stören, unbeirrt zieht er den Blinker zwischen den Leibern durch, bis sich das spitze Metall in einer Flosse oder einem Körper verhakt. Petri Heil! Nach zehn Minuten hat er auf diese Weise drei Lachse vor sich liegen.

Vorbei an Buchten, in denen Menschen in Holzhütten auf großen Flößen leben, radele ich am anderen Morgen zur »Totem Bight« mit seiner außergewöhnlichen Sammlung kunstvoller Totempfähle. Ende der dreißiger Jahre hatte der »US-Forest Service« begonnen, nach Vorbildern alter Totems verlassener Tlingit-Siedlungen Kopien anfertigen zu lassen. Am beeindruckendsten ist das reichverzierte Potlatch-Haus, das dreißig bis fünfzig Menschen Platz zum Leben bot. »Merkwürdig niedrig der Eingang«, denke ich. Der Führer einer Reisegruppe klärt mich auf: »Jeder, der eintrat, mußte so unwillkürlich den Kopf senken. War er unerwünscht, schlug man ihm in diesem Moment die Keule über den Schädel.«

Am Nachmittag um 15 Uhr schiebe ich mein Mountain Bike in den Rumpf der »Malaspina«. Nachdem sie abgelegt hat, suche ich das überdachte Sonnendeck auf, und mache es mir auf einem Liegestuhl bequem. Zwischendurch gönne ich mir die fällige Dusche. Ein Bursche aus Kalifornien singt später zur Gitarre. Es ist richtig gemütlich. Aufregung entsteht erst, als über Lautsprecher die Durchsage kommt: »Wale backbord!«

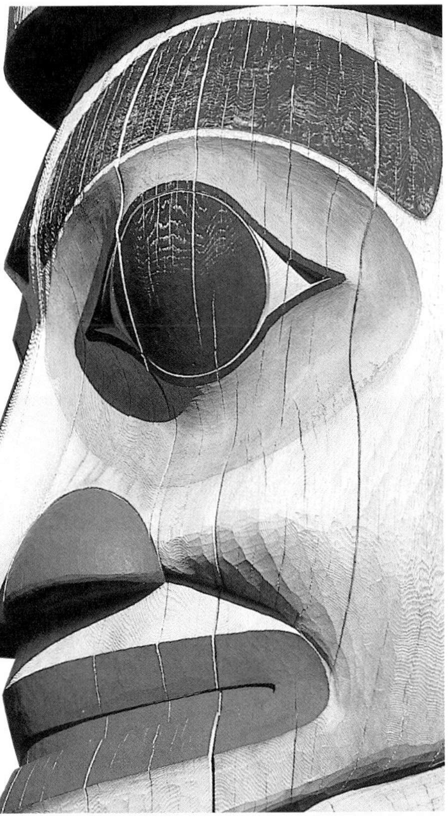

Teil eines Totempfahls in der Totem Bight bei Ketchikan

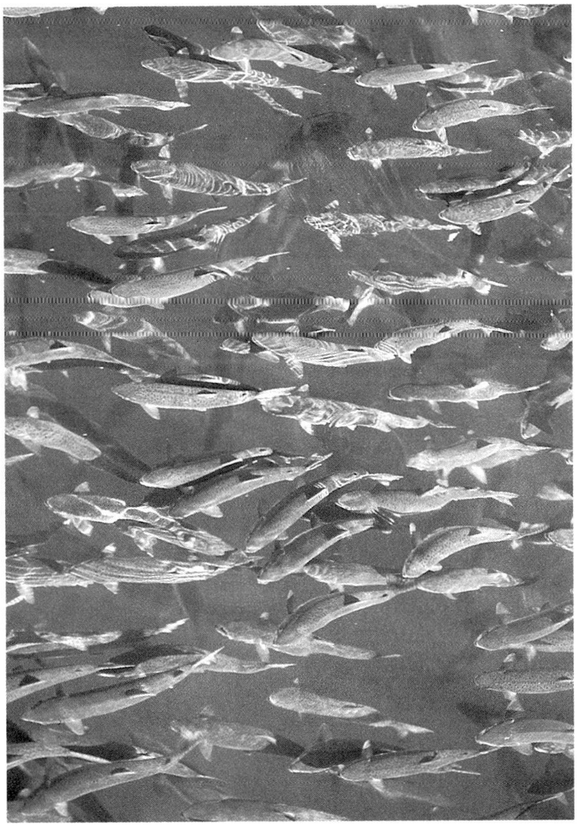

Lachse auf dem Weg zu ihren Laichplätzen

Dämmerlicht liegt bei unserer Ankunft über dem Zweitausend-Seelen-Nest Wrangell, das in seiner bewegten Geschichte die Flaggen dreier Nationen wehen sah. 1834 hatte die Russisch-Amerikanische Pelzhandelsgesellschaft hier an der Mündung des längsten Flusses im »Panhandle«, des Stikine River, Fort Saint Dionysius gegründet. Doch schon bald pachtete die Hudson's Bay Company dieses Gebiet und benannte den Posten in Fort Stikine um. Nach dem Kauf Alaskas durch die USA setzte sich der Name des Barons von Wrangel – eines ehemaligen Statthalters der Russisch-Amerikanischen Pelzhandelsgesellschaft – durch. Ketchikan und Wrangell unterscheiden sich wie Tag und Nacht. Lärm und Geschäftigkeit dort, Ruhe und Beschaulichkeit hier. Ein reizvoll gelegener Ort mit hübschen Kirchen, farbigen Holzhäusern und malerisch

Blick auf Petersburg

windschiefen Hütten. Ein Prachtexemplar von »Rostlaube« auf vier Rädern parkt vor einem Imbißstand. *»She is doin' well«*, erklärt mir der bärtige Fahrer auf meine Frage, ob das Vehikel überhaupt noch fährt. Er öffnet die Tür mit einem Holzpflock, verjagt seinen nicht mehr blütenweißen Pudel vom Fahrersitz, hält zwei Kabel aneinander – die Kiste springt tatsächlich an – und holpert davon.

Der melodische tiefe Ruf eines großen Raben, des mythischen Vogels der Küstenindianer, liegt über dem Ufer, als ich in der Ferne zwischen Inseln, Bergen und Wäldern die anwachsenden Konturen der Fähre »Columbia« ausmache. Vor mir durchpflügen kleine Motorboote mit erwartungsvollen Anglern den Hafen, ein Wasserskiläufer fällt mit einem Schwapp in die Fluten. Bald danach beginnt der vierte Tag meiner Schiffsreise.

Auf der »Columbia« herrscht Camping-Atmosphäre; mit Zelten auf dem Achterdeck und Reisenden, die sich, wie beim Wochenend-Picknick, mit Kühltaschen und Getränken breit gemacht haben. Über Rucksäcken hängt frischgewaschene Wäsche zum Trocknen. Gleich daneben kocht sich ein junger Bursche ein Süppchen. Der Trip auf der in Seattle gestarteten »Columbia« ist der längste mit den »blauen Kanus«.

»Einer der schönsten Abschnitte der ›Inside Passage‹ erwartet uns heute«, sagt Jim. Er ist Bediensteter der staatlichen Forstverwaltung und hält während der Schiffsfahrt naturkundliche Informationsprogramme ab. Während wir an der Reling nach Weißkopfseeadlern Ausschau halten, müht sich das große Fährschiff extrem langsam und vorsichtig im Zickzack durch die Wrangell Narrows, eine schmale, mit Felsen durchsetzte Wasserstraße zwischen Mitkof und Kupreanov Island. Auf letzterer liegt mein Tagesziel Petersburg. Die Nähe der Kleinstadt macht sich bereits

bemerkbar. Ich sehe Sportboote mit Anglern und am Ufer hübsche Wochenendhäuser im Blockhausstil. Kurz vor Sonnenuntergang läuft die große Fähre in den Hafen von Petersburg ein. Mir ist, als hätte sich die Schönheit der Landschaft von Kilometer zu Kilometer gesteigert. Im weichen Licht des milden Spätsommerabends ist die Gebirgskulisse um Petersburg einfach grandios.

Neben einem Haus mit aufgemaltem Wikingerschiff grüßt ein Schild: »Velkommen to Petersburg/Alaska.« Skandinavien auf der anderen Seite der Welt, das war es, was dem Norweger Peter Buschmann vorschwebte, als er in den späten achtziger Jahren des letzten Jahrhunderts diesen Platz am Ende der Wrangell Narrows sah und beschloß, hier eine Fischverarbeitungsindustrie zu begründen. Petersburg, nach seinem Gründer benannt, mit phantastischem Fischreichtum und dem nahe gelegenen Le-Conte-Gletscher, der Eis genug bot, die Fänge gekühlt nach Seattle zu

verschiffen, wurde Basis seiner Gesellschaft. Immer mehr Norweger folgten Buschmanns Spuren – so entstand *Litte Norway of Alaska*. Das skandinavische Element lebt fort in Architektur, hübschen Malereien an Fensterläden und im jährlichen *Little Norway Festival*. Angeln und Fischen sind gleichermaßen Hobby wie Lebensunterhalt des rund 3500 Einwohner zählenden Ortes in dem »der größte Lachs der Welt« ein 114pfündiges Exemplar, aus den Wassern gezogen worden ist. Und wenn die Heilbutt-Saison im späten August beginnt, besteht die Chance, einen dreihundertpfündigen Vertreter dieser Gattung an den Haken zu bekommen. Zwei davon pro Tag und Person ist das erlaubte Maximum!

Eine Frau indianischer Abstammung beschreibt mir den Weg zum einzigen für Zeltreisende zugänglichen Campground. »Tent City« ist ohne viel Luxus, aber mit hölzernen Plattformen für die Zelte über dem feuchten Moos. »Viele Saisonarbeiter der Fischfabrik wohnen dort«, sagt sie. Und dann kommt noch ein wichtiger Hinweis: »Achte auf Bären!«

Als ich ankomme, sitzen etwa zehn junge Leute auf zerfledderten Sofas und Sesseln um ein großes Lagerfeuer. Aus dem Hintergrund dröhnen nostalgisch die Beatles. »Wir sind Studenten aus dem Süden und wollen hier ein paar Dollars machen«, erklärt einer aus Kalifornien, der sich vor seinem Zelt mit einem Mexikaner Bohnen aus der Dose teilt. Der Verwalter des Campgrounds kommt zu uns rüber. »Diesmal kassiert ihr nicht schlecht, Jungs«, sagt er grinsend. Dann erzählt er mir, daß die Lachssaison seit Menschengedenken nicht so gut gewesen sei wie in diesem Jahr. »Sie gingen in solchen Massen in die Netze, daß die Gesellschaft die Leute buchstäblich von der Straße ›shanghait‹ hat, um genügend Arbeitskräfte in die Fischfabrik zu kriegen.« Als ich auf die Bären zu sprechen komme, beruhigt er mich. Es gäbe sie zwar auf dem Campground, doch sie würden nur die Reste an den großen Feuerstellen verputzen … An diesem Tag vermutlich nicht, denn es wird eine feuchtfröhliche, lange Nacht. Grund zum Feiern gibt's genug: In drei Tagen geht die Arbeit zu Ende. Zudem wartet aufgrund der phantastischen Fangquote auf jeden ein Bonus von rund 1000 Extra-Dollar.

Petersburgs kosmopolitische Komponente offenbart sich schnell bei einem Bummel durch den freundlichen Ort, der sich rühmt, keine Verkehrsampeln zu haben. Am reizvollsten ist sie jedoch am Hammer Slough, wo auf Stelzen über dem Wasser stehende bunte Holzhäuschen den verträumten Charme von gestern ausstrahlen. Dort erreicht mich nachmittags das neueste Gerücht: Die Fähre »Taku« habe in den Wrangell Narrows in dichtem Nebel Grundberührung gehabt. Die offizielle Bestätigung erfolgt in Form eines Anschlags am Fährhaus: »Die ›Taku‹ fällt die nächsten Wochen ersatzlos aus.« Ich hatte vorgehabt, mit ihr nach Sitka zu fahren, jetzt muß ich umplanen und erneut das Kursbuch studieren. Am Abend sitze ich dann bereits in der »Le Conte«. Zehn Stunden soll die Fahrt dauern. Bedingt durch einen zeitaufwendigen Zwischenaufenthalt des Schiffes in der Indianersiedlung Kake, werde ich erst morgen mittag am Ziel sein. Sitka liegt außerhalb der direkten Route nach Skagway, doch diesen Ort auszuklammern, hieße, nicht am Dreh- und Angelpunkt der Geschichte Alaskas gestanden zu haben.

Die Fahrt durch die Nordlandnacht an die äußere westliche Flanke der »Inside Passage« hält einen Paukenschlag parat: Es ist bereits dunkel, Nordwind pfeift über das Schiff, als aus dem Lautsprecher die Empfehlung kommt, die Schläfer sollten ihre Augen ruhig noch einmal öffnen ... Ich blicke aus dem Schlafsack in die kalte Nacht und werde durch ein tanzendes Lichtermeer am Himmel belohnt. Dann wieder scheint es, als wollten sich die schwebenden Geister ausruhen, doch schon beginnt der Reigen erneut, wobei die Farbe des Lichts von Weiß über Rosa zu leuchtendem Rot wechselt. Es ist das beeindruckendste Nordicht, das ich je sah.

1867 verkauft Rußland für 7,2 Millionen Dollar Alaska an die USA

Sitka mit der St.-Michael-Kathedrale

Wo 7,2 Millionen Dollar ihren Besitzer wechselten

Tags drauf erreichen wir Baranoff Island, ein Ort voller Geschichte und großer Ereignisse, die ihre Schatten vorauswarfen, als Vitus Bering 1742 im Auftrag des Zaren auf Forschungsreise ging und Alaska entdeckte. Gut vierzig Jahre später errichten russische Pelzhändler der Russisch-Amerikanischen Gesellschaft auf Kodiak Island eine permanente Niederlassung. 1799 beschließt ihr Chefmanager Alexander Baranoff, das Zentrum des Pelzhandels von Kodiak weiter nach Süden zu verlegen. Nach langer Reise mit zwei Schiffen ud tausend Aleuten-Männern in mehr als 500 Kajaks landet er rund zehn Kilometer vom heutigen Sitka entfernt und gründet Fort St. Michael. Bald kommt es zu schweren Zusammenstößen mit dort lebenden Indianern. 1802 greifen Tlingit den Handelsposten an und töten die meisten Pelzhändler. Baranoff aber gibt nicht auf. 1804 kehrt er mit einem Kanonenboot, drei Begleitschiffen und 1000 Mann zurück. Nach sechs Tagen Belagerung ist der Widerstand gebrochen, und 700 Tlingit flüchten im Schutze der Nacht in die Wälder. Wo zuvor ihre Siedlung Shee Atika gestanden hatte, entsteht Neu-Archangel, später in Sitka umbenannt. Baranoff, der »König von Alaska«, weitet von hier den Pelzhandel bis an die Grenzen von San Francisco aus und macht Sitka zu einem reichen und stolzen Ort. 1830, gut ein Jahrzehnt nach Baranoffs Tod, zählt seine Bevölkerung 1300 Menschen. Der feudale Stil des zaristischen Rußland prägt jetzt auch das Leben im fernen Südost-Alaska und führt zu der Bezeichnung »Paris des Pazifik«. Doch nicht mehr lange. Mitte des Jahrhunderts sind die kostbaren Pelztierbestände fast erschöpft, und damit erlahmt auch das Interesse der Russen. 1867 unterzeichnet der amerikanische Außenminister Sewart und der Beauftragte des Zaren, Baron von Stoeckl, den Kaufvertrag: Für 7,2 Millionen Dollar erwerben die USA Alaska. Das sind mehr als

1,5 Millionen Quadratkilometer Land für weniger als fünf Cent pro Hektar!

Rund eineinviertel Jahrhundert später: Gut elf Kilometer außerhalb des 8000-Einwohner-Städtchens Sitka legt die »Le Conte« an. Busse stehen bereit, um die Fahrgäste, die den dreistündigen Aufenthalt nutzen wollen, zum Sightseeing in die Stadt zu bringen. Ich trete statt dessen in die Pedale meines Drahtesels.

Sitka und seine Umgebung bieten eine Menge Sehenswertes. Unter anderem überwucherte russisch-orthodoxe Grabkreuze in den umliegenden dichten Wäldern und Castle Hill mit seinen alten Kanonen. Zwar ist Baranoffs Schloß längst verschwunden, doch der zauberhafte Blick über Buchten, Berge und Inseln erfreut heutige Besucher nicht minder als vermutlich den »König« vor fast zweihundert Jahren. Das Stadtbild von damals ist einem modernen gewichen, doch wie eh und je dominiert die nach einem Feuer von 1966 wiedererbaute St.-Michael-Kathedrale. Als ich abends entlang tiefer Buchten fahre, um zwischen großen Fichten in der Einsamkeit der Wälder einen Campingplatz für die Nacht zu finden, stelle ich mir vor, wie es sein muß, diese Wunderwelt von Inseln, gletscherbedeckten Bergen und schmalen, geschützten Wasserarmen mit dem Kajak zu erleben. Sicherlich wäre es das Abenteuer eines ganzen Sommers: Im Glacier Bay National Park Gletscher kalben zu sehen oder in einem der außergewöhnlichen Tierparadiese der nördlichen Hälfte unserer Erde zu verweilen: Admiralty Island. Auf dieser Insel gibt es die größte Konzentration nistender Weißkopfseeadler auf Erden, und rein statistisch wird jeder ihrer 1700 Quadratmeilen von einem Braunbären bewohnt.

In der Nacht darauf bringt mich die Fähre »Malaspina«, die seit meiner Fahrt von Ketchikan nach Wrangell bereits einen Rundkurs hinter sich hat, nach Juneau. 5.30 Uhr zeigt meine Uhr, als wir uns mit dem ersten Tageslicht der Hauptstadt Alaskas nähern. Für den Radler ist es ein weiter Weg bis in die City. Mehr als zwanzig Kilometer liegt der Fähranleger Auke Bay vom Zentrum entfernt. »Halb Dorf, halb Stadt« ist das 30000 Einwohner zählende Juneau skizziert, das während der letzten Jahrzehnte einige Initiativen überlebte, nach welchen der Regierungssitz in das zentralere Anchorage oder Fairbanks verlagert werden sollte. Die kleine Hauptstadt des großen Landes hat mehr als nur Politik zu bieten: Fast an der Ortsgrenze und über einen Highway schnell erreichbar, liegt der neunzehn Kilometer lange Mendenhall Glacier, eine Verästelung des 3800 Quadratkilometer großen Juneau-Eisfeldes.

Nach zwei Tagen Stadtexkursion und Gletscherwanderungen schiebe ich mein Fahrrad ein letztesmal aufs Schiff. Juneau–Haines: 4,4 Stunden, Haines–Skagway: 1 Stunde, überschlage ich den Zeitplan der letzten Etappe. In Haines bleibe ich an Bord. Für den Besuch des Chilkat Bald Eagle Preserve, in dem rund 3000 Weißkopfseeadler nisten, ist es von der Jahreszeit her noch zu früh. Außerdem – die Spannung auf das Ziel der Reise wächst.

Gegen 17 Uhr läuft die »Matanuska« im Hafen von Skagway, dem nördlichen Ende der »Inside Passage« ein. Das Sprungbrett zum Chilkoot Trail, Yukon River und nach Dawson City ist erreicht. Skagway, das kurz vor der Jahrhundertwende, als sich riesige Menschenmassen zum Gold am Klondike drängten, gegründet wurde, ist nach wie vor das wichtigste Tor zum Norden. Heute vor allem für Touristen.

Neun Tage lang bin ich zwischen Vancouver Island und Skagway unterwegs gewesen, habe Wale, Seeotter und Adler zu Dutzenden gesehen, habe echte »Typen« kennengelernt und ein wenig hinter die Fassade Südost-Alaskas geschaut. Besonders die Unabhängigkeit dieser Kreuzfahrt mit dem Kursbuch in der Hand war's, was ihren Reiz ausgemacht hat. Kurzfristig zu bestimmen, wohin es geht und wann das nächste Schiff bestiegen wird.

Bevor ich die »Matanuska« verlasse, blättere ich meine Tickets durch und addiere die Kosten: Weniger als 200 US-Dollar hat mich die Fahrt einschließlich Transportkosten meines Mountain-Bike gekostet. Für eine »Kreuzfahrt« von neun Tagen ein Preis, der sich sehen lassen kann.

Wale sind keine Seltenheit in der »Inside Passage«

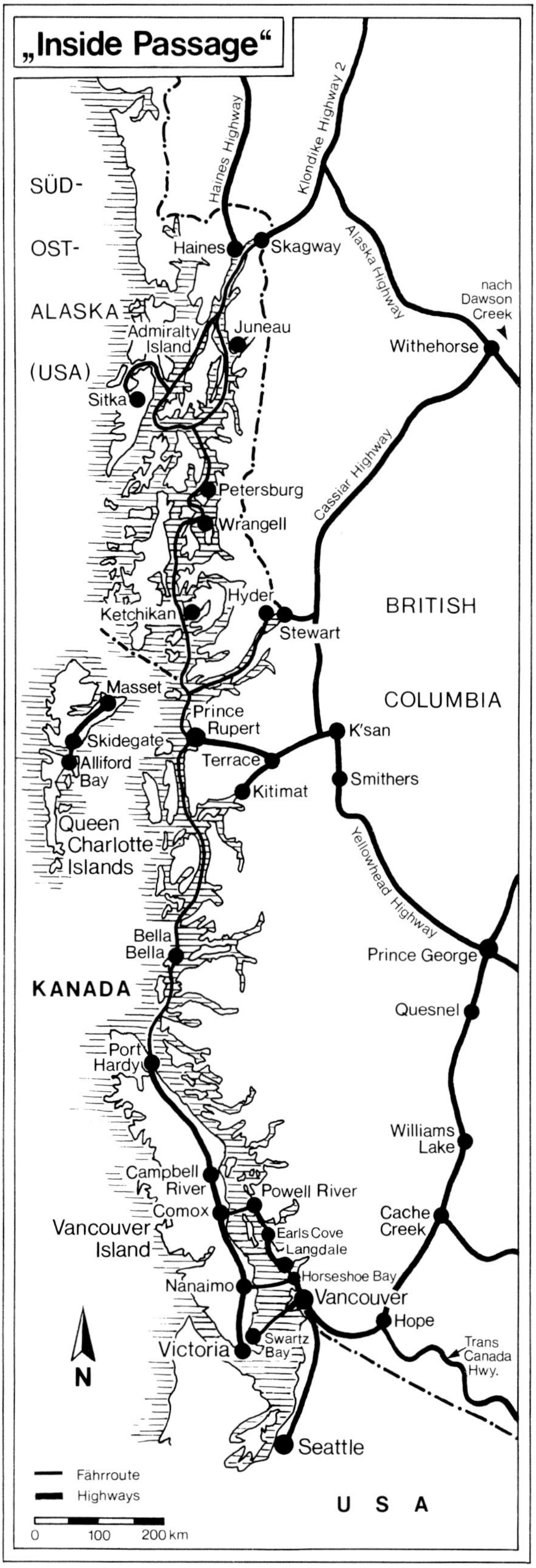

Informationen »Inside Passage«

Beste Reisezeit: Juni bis September.

Fähren in Kanada: Die »Queen of the North« verläßt Port Hardy auf Vancouver Island zwischen 1. Juni und 30. September jeden zweiten Tag. Entsprechendes gilt für Prince Rupert.

Wegen der großen Nachfrage sollten Reisende mit Auto oder Motorrad und solche, die eine Kabine wünschen, so früh wie möglich Reservierungen vornehmen. Ansonsten reicht kurzfristiger Kauf des Tickets am Tag zuvor. Die Entfernung Port Hardy –Prince Rupert beträgt 507 Kilometer. Fahrtdauer: fünfzehn Stunden.

Port Hardy ist wie folgt zu erreichen: Von Vancouver zunächst per Fähre vom etwa zwanzig Kilometer nordwestlich der Stadt gelegenen Horseshoe Bay Terminal nach Nanaimo auf Vancouver Island. Weiter auf Highway 19 bis Port Hardy. Die nördliche Anfahrt nach Prince Rupert erfolgt über Highway 16 (Yellowhead Highway).

Tip: Anfang Juni bis Ende September verkehrt an fünf Tagen der Woche die Fähre »Queen of Prince Rupert« zwischen Prince Rupert und dem Ort Skidegate auf den Queen Charlotte Islands. Diese in manchen Küstenabschnitten noch unberührte Insel wird gelegentlich als »kanadisches Galapagos« bezeichnet und lockt mit einer außergewöhnlichen Artenvielfalt der Meeresbewohner, Vogelreichtum sowie verlassenen Haida-Dörfern. Die entlegenen Gebiete sind jedoch schwer zu erreichen. Großartige Möglichkeiten bieten sich für Kajakfahrer. (Empfohlene Literatur: *Islands for Discovery* von D. H. Horwood und T. Parkin).

Fähren in Alaska: Die folgenden drei großen Schiffahrtsrouten Alaskas gelten offiziell als »Marine Highways«:

Südost-Route (»Inside Passage«). Beschriebene Fahrt, die sowohl in Bellingham bei Seattle (Washington) als auch Prince Rupert oder Stewart/ Hyder (mit Umsteigen in Ketchikan) angetreten werden kann.

Im Norden bestehen folgende Straßenanschlüsse: Von Haines über Highway 7 bis Haines Junction am Alaska Highway. Ferner von Skagway über Highway 2 zum Alaska Highway (nahe Whitehorse).

Südzentral-Route. Berührt die Orte Cordova, Valdez, Whittier, Seward, Homer, Seldovia, Kodiak, Port Lions.

Südwest-Route. Dieses ist die entlegenste und stürmischste Strecke. Sechs fahrplanmäßige Verbindungen zwischen Mai und Oktober führen bis nach Dutch Harbor/Unalaska (Aleuten). Die Fährfahrten beginnen in Homer; Stopps sind in Kodiak, Chignik, Sand Point, King Cove, Cold Bay und Dutch Harbor/Unalaska. Aus der Sicht des Touristen ist es bedauerlich, daß das Schiff in den genannten Häfen jeweils nur für wenige Stunden anlegt. Wer Zeit genug mitbringt, sollte in Erwägung ziehen, für die Rückfahrt die nächste Fähre in etwa einem Monat zu nehmen. Der Rückflug wäre eine Alternative dazu. Der Zielort, Dutch Harbor/Unalaska, gilt als »Wiege des Sturms«. In diesem Gebiet treffen warme Wasserströme Asiens auf die kalten Wasser des Beringmeers. Die daraus resultierenden Stürme beeinflussen das Wetter bis in weit entfernte Bereiche Nordamerikas. Unalaska war einst das Hauptquartier der Russisch-Amerikanischen Pelzhandelsgesellschaft und später einer der wichtigsten Anlegehäfen für Schiffe auf dem Weg zu den Goldfeldern von Nome. 1942 wurde das Gebiet während japanischer Angriffe bombardiert.

Für die beschriebenen Fährrouten Alaskas ist ein kostenloser Fahrplan (»Alaska Marine Highway Schedule«) mit Preisangaben erhältlich. Wenn auch in der Regel nicht so ausgebucht wie die kanadische Fähre zwischen Port Hardy und Prince Rupert, ist auch hier bei Fahrzeugtransporten rechtzeitige Reservierung angeraten.

[i] Anschriften der Fährschiffredereien sowie Touristenbüros von Alaska, British Columbia und Yukon Territory siehe Anhang »Nützliche Anschriften« (S. 169 ff.).

Die größte Weißkopfseeadler-Ansammlung der Erde

Adler soweit das Auge reicht...! Rund 4.000 Weißkopfseeadler (*bald eagles*) versammeln sich jährlich ab Oktober auf einem acht Kilometer langen Abschnitt des Chilkat River zwischen den Ortschaften Haines und Klukwan (Alaska).

Angelockt durch zum Laichen vom Meer kommende Lachse, zieht es Adler aus Alaska und weit entfernten Gebieten wie British Columbia und dem US-Staat Washington nach hier. Warme Strömungen am Grunde des Flusses halten Abschnitte des Chilkat River ganzjährig eisfrei – ideale Bedingungen für diese stattlichen Könige der Vogelwelt (ca. 2,40 Meter Flügelspannweite, Körpergewicht ca. 6 Kilogramm, Sturzfluggeschwindigkeit bis zu 160 km/h), die sich zwischen Oktober und Februar an den Lachsen gütlich tun. Die größte Konzentration ist in der Regel im November zu beobachten: Hunderte auf einem kurzen Uferstreifen, zwei Dutzend oder mehr in einem einzigen Baum. Das war nicht immer so. Ab 1917 sah man in Weißkopfseeadlern gefürchtete Konkurrenten für die Lachsfischer. Von jenem Jahr bis 1953 wurden durch Aussetzen von Abschußpramien 128000 Adler geschossen. Heute sind *bald eagles* ganzjährig geschützt.

Beste Beobachtungsmöglichkeiten zwischen Meile 18 und 22 des Haines Highway.

Haines ist sowohl über die Fähren der »Inside Passage« als auch über Alaska und Haines Highway zu erreichen.

[i] Informationen über das »Alaska Bald Eagle Reserve« erteilt: Southeast Regional Office, Div. of Parks and Outdoor Recreation, 400 Willoughby, Juneau, AK 99801, Tel.: (907) 465-4563.

Meister Petz beim Lachsfuttern belauscht – nicht alltägliche Beobachtungen in Alaska

Im Süden des »Alaska Panhandle«, nahe dem kanadischen Ort Stewart, befindet sich die kleine Siedlung Hyder. An einem Arm des Pazifik gelegen, zählt die Region zu den schneereichsten Nordamerikas. Ich war daher nicht überrascht, kurz vor Stewart den mächtigen Bear Glacier direkt neben der Straße kalben zu sehen. Vielleicht hätte ich schon bei seinem Namen hellhörig werden müssen: Bear Glacier – Bärengletscher.

Es fing bereits an zu dämmern, als ich unser Wohnmobil auf der einzigen Durchgangsstraße Hyders Richtung Fish Creek lenkte. Nach zwei Kilometern plötzlich der erste Schwarzbär auf der Straße. Momente später der zweite. Nahe einem hölzernen Beobachtungsstand parkten Autos. Besucher standen mit Kameras und Videogeräten aufgeregt und erwartungsvoll am Flußufer.

Nur zwanzig Meter vor uns tapste ein Grizzly langsam durch den Creek. Lachse flüchteten durchs flache Wasser, das knapp ihre Rückenflossen bedeckte. Plötzlich ein Sprung, ein Biß und Old Grizz hatte seine Beute. Gegen zwanzig Uhr »teilte« sich unser Grizzly den Flußabschnitt mit sechs Schwarzbären. Das heißt, wann immer ein Schwarzbär dichter als zwanzig Meter an den Grizzly herankam, brauchte dieser nur einen Schritt nach vorn zu machen, um Blacky in flotten Sätzen die Flucht ergreifen zu lassen.

Wir hatten ursprünglich vorgehabt, nur einen Tag in Hyder zu bleiben. Es wurden vier. Der Fish Creek ist ein besonderer Schatz, wie er in dieser Zugänglichkeit in Nordamerika einmalig ist. Am letzten Abend waren die Bären besonders zahlreich; in den Büschen hinter uns, zwei, drei Meter unterhalb unseres Beobachtungsstandes und natürlich im Fluß. Vorsichtshalber hatte ich den Camper direkt an der Aussichtsplattform geparkt. Hier kamen wir mit Jürgen und Yvonne aus Österreich ins Plaudern. Es war schon dunkel, als sich die beiden verabschiedeten, um zu ihrem Wagen zurückzugehen. Doch schon Minuten später waren sie wieder da. Große Aufregung: »Ein Bär, direkt an unserem Wagen ...!« Mit unserem Camper brachten wir sie wohlbehalten zurück – unter dem wachsamen Blick des Schwarzbären, der kaum mehr als dreißig Meter zur Seite gegangen war. Fast so, als wollte er sagen *»You are in bear country* – verhaltet euch entsprechend!«

Stewart und Hyder sind mit den Fähren von Ketchikan bzw. Prince Rupert zu erreichen. Straßenanschluß besteht vom Yellowhead Highway aus (Abzweigung Kitwanga) über den Cassiar Highway (158 Kilometer) und eine gut ausgebaute, 65 Kilometer lange Nebenstraße. Wer Bärenbilder ganz anderer Art erleben will, sollte kurz vor Stewart bei der Bear-River-Brücke zur Müllkippe (*garbage dump*) abbiegen. Auf einer Fläche von rund 40 Quadratkilometern habe ich dort gleichzeitig sechzehn Schwarzbären beobachtet, ein weiterer döste hoch oben in der Astgabel eines Baumes.

Folgt man von Hyder aus der am Fish Creek entlangführenden Erdstraße, erreicht man nach ca. 25 Kilometern den Salmon Glacier, dessen gewaltige Eismassen sich wie lange Zungen über die Berghänge herabschieben. Ein überwältigender Anblick!

Während es sich bei den Bären von Hyder und Stewart noch um einen Geheimtip handelt, sind die mächtigen lachsfressenden Braunbären an Alaskas McNeil River (bis zu zwanzig Tiere zur selben Zeit) schon seit vielen Jahren beliebter Anlaufpunkt für Naturfreunde und Tierfotografen aus aller Welt. Der Besucherandrang wurde jedoch so groß, daß heute pro Tag maximal zehn Besucher zugelassen werden. Man wird allerdings nur dann zu den Glücklichen dort gehören, wenn der eigene Name zuvor bei einer Teilnehmer-Lotterie ausgelost worden ist.

Das McNeil River State Game Sanctuary befindet sich rund 320 Kilometer südwestlich von Anchorage und 160 Kilometer westlich von Homer. Zugang per Charterflugzeug. Informationen erhältlich bei: Alaska Dept. of Fish and Game, 333 Rasberry Road Anchorage, AK 99518, Tel.: (907) 344-0541.

Literatur: Sehr interessant, unterhaltsam und spannend: *Tales of Alaska's Big Bears* von Jim Rearden.

Let's Go West!

Let's go west – ein Motto, das in Nordamerika seit eineinhalb Jahrhunderten Hoffnungen weckt und Schritte lenkt; sei es im sonnigen Goldland Kalifornien, im Klondike-Gebiet des Nordens oder im Südwesten Kanadas.

Zwei Straßen mit klingenden Namen, Trans Canada und Yellowhead Highway, sind die Hauptzubringer dorthin. Während der Trans Canada Highway bereits in Neufundland an der Ostküste beginnt, nimmt der Yellowhead in Manitoba seinen Anfang. Seite an Seite durchziehen sie von dort das Land: erst Prärien, dann die Rockies und Columbia Mountains, um schließlich auf weit voneinander entfernten Inseln vor der Westküste ihre Endpunkte zu finden. Beide Straßen sind gut ausgebaut, manchmal autobahnähnlich, und vom Schwerverkehr stark frequentiert. Entspannung, Muße und Unberührtheit wie sie der nach Natur lechzende Mitteleuropäer sucht, werden sie nur selten bieten. Doch als Mittel, die gewaltigen Distanzen Kanadas zu überbrücken und die landschaftlichen Höhepunkte schnell zu erreichen, sind sie auch für den Touristen wichtig. Hier und da wird es auf der eigenen Kanada-Reise unvermeidlich sein, auf die beiden großen Durchgangsstraßen zu stoßen, zum Beispiel in Jasper auf den Yellowhead oder in Banff auf den Trans Canada Highway. Beide sind ähnlich wie der Alaska Highway im hohen Norden Verkehrsschlagadern, von denen über Nebenstraßen schnell die Wildnis erreicht wird, ob es sich nun um die Millionen Seen in Nord-Manitoba und -Saskatschewan oder um die einsamen Gebirgstäler der Rockies handelt.

Yellowhead Highway

Rund 2850 Kilometer durchzieht der Highway 16 mit dem Bild eines Blondschopfes im Straßenschild fast die Hälfte Kanadas; genauer gesagt: von Winnipeg aus die Provinzen Manitoba, Saskatchewan, Alberta, British Columbia bis zu den der Westküste vorgelagerten Queen Charlotte Islands.

Der Highway bietet auch eine Variante: Vom westlich der Rocky Mountains liegenden Ort Tête Jaune Cache zweigt ein gut 330 Kilometer langer »Ableger« mit der Nummer 5 über Clearwater nach Kamloops ab, dem man – etwas verwirrend zwar – ebenfalls die Bezeichnung Yellowhead Highway gegeben hat.

Sowohl Highway wie der westlich von Jasper liegende 1 120 Meter hohe Yellowhead-Paß wurden nach dem Irokesen-Trapper Pierre Bostonais benannt. Aufgrund seines außergewöhnlichen blonden Haares hatten ihm französische Voyageurs den Spitznamen *Tête Jaune*, Blondschopf, (engl. *yellow head*) gegeben. Wie viele andere auch war *Tête Jaune* mit dem sich Anfang des 19. Jahrhunderts ausweitenden Pelzhandel von Quebec in den Westen gekommen. Als Pfadfinder der North West und Hudson's Bay Companies benutzte er mehrfach den später nach ihm benannten Rocky-Mountain-Paß, an dessen Ende er ein Warendepot (Tête Jaune Cache) einrichtete. 1827 wurde Pierre Bostonais zusammen mit seinem Bruder sowie ihren Frauen und Kindern von Beaver-Indianern getötet. Sein Name aber überdauerte die Zeiten.

Lohnende Stopps entlang der Yellowhead-Route

Vegreville (Alberta): Berühmt ist das ukrainische »Pysanka«,ein riesiges, bemaltes Osterei. **Ukrainian Cultural Heritage Village:** Sehenswertes Dorf mit Häusern aus der Pionierzeit der ukrainischen Einwanderer. **Elk Island NP** (bei Edmonton): Beste Beobachtungsmöglichkeiten von Bisons, Wapitis, Bibern.

Einfahrt zum Mt. Robson Park

Edmonton: Fort Edmonton sowie das Provincial Museum mit Ausstellungen über indianische Kulturen und heimische Tiere lohnen einen Besuch. Ein Muß ist die West Edmonton Mall. Planen Sie für diesen größten überdachten Shopping- und Unterhaltungskomplex unserer Erde reichlich Zeit ein. Nicht nur der Bummel durch die Bourbon Street ist faszinierend.

Jasper NP (siehe dazu Kapitel »Icefield Parkway« S. 63) und **Mount Robson PP**: Mit dem 3954 Meter hohen Mt. Robson befindet sich hier der höchste Berg der kanadischen Rocky Mountains. Westlich davon lohnt unbedingt ein Abstecher in den **Wells Gray PP** mit den grandiosesten zugänglichen Wasserfällen Südwestkanadas, nach **Barkerville**, einem liebevoll restaurierten Goldgräberort sowie **Bowron Lake PP** mit seinem fabelhaften Kanurundkurs.

Nördlich von Smithers sind die nahe der Straße gelegenen **Moricetown Falls** einen Besuch wert. Dort wo sich der Bulkley River gischtend durch einen schmalen Kanal preßt, fangen Indianer seit Generationen Lachse mit Speeren. Interessant

Tanzende ukrainische Kanadierinnen vor der »Pysanka«

auch ein Stopp im **Ksan Indian Village** (nahe Hazelton) mit diversen Totempfählen und verzierten Holzhäusern im Stil der Westküsten-Indianer.

Literatur: Drei im Buchhandel erhältliche Hefte *Magnificent Yellowhead Highway* sind informativ und enthalten zahlreiche nette Hintergrundhistörchen.

Einem Grizzly sollte man lieber aus dem Weg gehen

Bären sind nicht zum Kuscheln da

»*You are in bear country*«, sagt die junge Frau mit dem flotten Parkranger-Hut und drückt mir ein informatives Heftchen über Bären »für alle Fälle« in die Hand. Aufregung, als wir Stunden später ins Camp zurückkommen. Geräuschvoll räumt ein Schwarzbär einen mit Frühstücksresten beladenen Campingtisch ab.

»Laß deinen Leichtsinn nicht der Grund für den Tod eines Bären sein«, warnen Parkverwaltungen und appellieren, niemals Speisen oder Abfälle offen herumliegen zu lassen. Auch Lebensmittel im Zelt sehen Bären als Einladung an.

Durch Fallen versucht man, der ganz besonders zudringlichen Gesellen Herr zu werden. So auch hier. Am anderen Morgen sitzt der Schwerenöter in einem soliden Käfig aus Holz und Stahl. Für viel Geld wird er noch am selben Tag in die Wildnis zurückgeflogen. Stellt er sich wieder ein, kann's sein Todesurteil bedeuten.

Bären auf Tuchfühlung sind zum Glück selten. Doch es gibt sie. Zumeist unverhofft – und darin liegt die Gefahr. Auf einer Wanderung zum Beispiel, wenn »er« hinter einer Wegbiegung plötzlich vor einem steht. »Red beruhigend auf ihn ein«, hatten mir Kenner gesagt, »und zieh dich langsam zurück.« Hastige Bewegungen sind zu vermeiden. »Beine in die Hand und nichts wie weg« nützt wenig bei Meister Petz, der mit 50 Stundenkilometern die Geschwindigkeit eines Rennpferdes erreicht. Und die Hoffnung auf den nächsten Baum mag vielleicht beim Grizzly, dem *ursus arctos horribilis*, Berechtigung haben, nicht aber bei den klettergewandten Schwarzbären. Doch sie sind selten aggressiv – anders als die unberechenbaren Grizzlies und Eisbären. Während zwischen 1900 und 1986 nur insgesamt 27 Menschen in Nordamerika von Schwarzbären getötet wurden, liegt die entsprechende Zahl bei Grizzlies weit höher.

Nicht, daß sie auf der Lauer lägen, um über ihr Opfer herzufallen. Unvermutete Begegnungen und Überschreiten des Sicherheitsabstandes sind häufigste Ursache für Konflikte. Oder Düfte von Lebensmitteln, die sie anlockten.

Wer sich seine Liebe für kuschelige Teddys bewahrt hat und ein knuddeliges Bärenjunges gern tätscheln möchte, sollte daran denken, daß sicher 500 Pfund Mama mißtrauisch hinter dem nächsten Baumstamm äugen. Zwischen Bärenmutter und Junges zu geraten, gilt als eine der größten Gefahren.

Kennt man jedoch ein paar Spielregeln für den Umgang miteinander, lassen sich Risiken reduzieren.

So ist es gut, mit dem Wind zu gehen. Bären weichen ihrem Feind »Mensch« in der Regel aus. Aus gleichem Grund gilt der Tip: »Geräusche machen«. Manche singen oder pfeifen laut, andere hängen sich Glöckchen ans Gepäck. Fotobegeisterte sollten auf jeden Fall auf das formatfüllende Bärenporträt verzichten.

Kochdüfte locken einen *ursus* über viele Kilometer an. Grundregel: Nie im oder am Zelt kochen. Lebensmittel sollten an einem Seil zwischen Bäumen hochgezogen werden. Auf vielen Campingplätzen gibt es Vorrichtungen dafür.

Die Liste der Vorsichtsmaßnahmen ließe sich noch fortsetzen. Gesunder Menschenverstand ist jedenfalls immer angebracht.

Und wenn es trotz allem passiert? Dann hilft nur eins: Ruhig Blut! Sich-Totstellen gilt als allerletzter, aber bewährter Tip; zusammengekauert auf den Boden legen, Gesicht, Nacken und Bauch schützen.

Das erfordert Courage – doch es ist erwiesen, daß Bären in diesen Fällen allenfalls leichte Verletzungen zufügen.

Wenn nur die Nerven mitspielen! Daran dachte ich auch, als mir Dad Newman, ein alter Indianer im Herzen Alaskas, folgenden Rat gab: »Warte ab, bis der Grizzly zwei bis drei Meter vor dir die letzte Drohgebärde macht, sich auf die Hinterbeine stellt und seinen Rachen aufreißt... Ziele genau und schieße direkt rein.«

Was bin ich froh, daß diese Situation nie eingetreten ist.

7821 Kilometer Trans Canada Highway

Seen, Wälder und Prärien

von Christian Pehlemann

A *mari usque ad mare* lautet der Wahlspruch des kanadischen Staatswappens. Was »von Küste zu Küste heißt«, vom Atlantik bis zum Pazifik. Die Verbindung zwischen beiden ist der Trans Canada Highway, mit fast 8000 (in Worten: achttausend) Kilometern die längste Nationalstraße des Globus. Unterwegs weite Wälder. Gewaltige Flüsse und Seen, zum Schauen und Fischen oder Kanu-Wandern. Hautnah erlebbare, greifbar junge Geschichte: von Trappern und Waldläufern, Indianern und Siedlern, Händlern und Eisenbahnbauern. Dann Ebenen, blaue, kaum berührte Berge der Rockies und der wilde »Stille« Ozean im Westen. Kontraste im Überfluß, per *outdoor life*, mit Zelt oder Motorhome, optimal auszukosten...

Straßenschilder weisen den richtigen Weg

Bestens gelaunt gab sich der Taxifahrer, der uns vom Toronto-Flughafen zum Hotel brachte. Story folgte auf Story. »... und dann die Tage nach unserer Einwanderung aus England. *A few miles north*, so unsere Nachbarn, sollte es wilde Urlandschaft und tolle Herbstfarben geben. Wir fuhren und fuhren, 60 bis 100 Meilen. Nichts, nur Städte, Dörfer und Agrarland! Beklagten uns hernach über den mißlichen Trip. Doch die lachten nur: ›Wir sagten doch: *a few miles*, keinen Steinwurf!‹ – Da hatten wir unsere erste Lektion in puncto Kanada-Maßstäbe gelernt.«

Großartig gibt sich Ontario, Kanadas zweitgrößte Provinz, tatsächlich schon *a few miles north*, ein bis zwei Tagesreisen gen Norden, am Rand der Georgian Bay etwa, dem Ostteil des Huronsees. Zwar sind hier die Buchten in bester Lage mit Landhäuschen zersiedelt, aber die Urlandschaft ist in Takt, besonders konserviert in einigen *Provincial Parks* mit dichten Wäldern, unberührten Stränden und den von Eiszeit-Gletschern rundgeschliffenen Granitrücken des »Kanadischen Schilds«.

Bald folgen wir auf dem Süd-Ast des Trans Canada Highway der *Voyageur-Route*: ursprünglich keine Touristenstraße, sondern ein Weg, der die Routen der ersten Forscher, Händler und Fallensteller zwangsläufig eher kreuzt als ihnen folgt. Unterbrochen wird die Natur allerdings durch rauchende Schlote: hohe Schornsteine diverser Minen blasen ihren Dreck fein verstreut ins weite Umland ab, so bei Sudbury (Ontarios Super-Nickel-Mine), ebenso bei Thompson oder Flin Flon in Nord-Manibota. Der welthöchste Schornstein ist laut Guiness-Rekordbuch der von Copper Cliff, 1970 fertiggestellt, knapp 380 Meter hoch und 20 Millionen Dollar teuer.

Urwüchsig wird die Zone um die Großen Seen erst nördlich von Sault Sainte Marie (meist zu *Soo* gekürzelt). Hier rauschen die Wasser des Lake Superior über rauhe Felsen hinab in den Huronsee. Seit wenigen Jahrzehnten ist der zuvor gefährlich wildwasserige St.-Marys-Fluß zwischen beiden Seen gezähmt: Schleusen und Kanäle öffneten den Weg auch für Übersee-Schiffe und machten den Erz- und Getreidehafen von Thunder Bay am Westufer des Lake Superior zum entferntesten Außenposten des *St. Lawrence Seaway*; rund 3000 Kilometer vom offenen Atlantik entfernt! Die Schleusen von *Soo* gehören zu den meistbefahrenen der Welt, sollen sogar Suez- oder Panamakanal in den Schatten stellen. Weniger im Schatten stehen die Camps der *Provincial Parks* im Norden. Schon im Frühsommer knallt dort die Sonne runter – bei Wassertemperaturen von (nachgemessen) 16 Grad am weichen Sandstrand!

Knapp nördlich von Sault Ste. Marie hat der Trans Canada Highway seinen *halfway point* erreicht (das geographische Zentrum des Landes, nach Längengraden gerechnet, folgt erst östlich von Winnipeg in Manitoba).

Diese mit 7821 Kilometer längste Nationalstraße des Globus (eröffnet 1962) erschloß Kanada von den Ost- zu den West-Provinzen, nachdem Bahnlinien wie die »Canadian Pacific Railways« Vorreiter-Rollen übernommen hatten. Der heutige Trans Canada Highway ist (soweit nicht ohnehin als vierspurige Autobahn angelegt) bestens trassiert; Hügelrücken wurden durchstoßen, tiefe Senken aufgefüllt. An wenigen Relikten läßt sich die erste Ausbaustufe deutlich ausmachen: nicht mehr als eine schmale Kurvenschneise durch den Wald...

Wir haben halbwegs Glück mit dem Wetter: Von ein paar Regen- und Hagelfahnen am Nordufer mal abgesehen, bricht am Oberen See immer wieder die Sonne durch die Wattewolken – oder knallt gar von makellosem Himmel. Solch rascher Wechsel ist typisch für diese Region. Die gefürchteten dichten Nebel am weltgrößten Süßwassersee bleiben aus. Vor allem im Frühling und Frühsommer steigen sie abrupt auf, wenn sich die Landmasse schneller erwärmt als das »gitchee goumee« – »großes Wasser« in der Ojibwa-Sprache.

Subarktisch oder gar arktisch erscheint die Natur rundum: wie sibirische Taiga mit niedrigen *Jackpine*-Fichtenwäldern, See-Augen und Sümpfen. Das Dörfchen White River, etwas östlich des Lake Superior, bezeichnet sich gar als kältester Ort Kanadas (– 58 Grad C). All das liegt erst rund um den 48. Breitengrad, vergleichbar mit Paris oder Stuttgart! Kaum vorstellbar, daß es hierzulande ohne den wärmenden Einfluß des Golfstroms, der Warmwasserheizung Europas, genauso grimmig aussehen und zugehen würde... Die

Kehrseite dieses kontinentalen Klimas sind heiße Sommer, in denen das Land unter der Hitze flimmert.

Thunder Bay (erst Anfang der siebziger Jahre aus Fort William und Port Arthur entstanden) reißt uns nicht gerade vom Hocker. Trotz der gewaltigsten Kornsilos der Welt. In 23 Speichern am Hafen können insgesamt 37,4 Millionen Hektoliter Getreide vor dem Abtransport gebunkert werden. Faszinierend hingegen die nahen Kakabeka Falls. Rund 40 Meter tosen teefarbene Wassermassen in die Tiefe, verbrämt mit einem Rührstück: Die Ojibwa-Häuptlingstochter Greenmantle wurde von feindlichen Sioux geraubt. Diese planten einen Angriff auf die Ojibwas und setzten Greenmantle dabei als Führerin ein. In Kamikaze-Art ließ sie sich über die hohen Felsen hinabschleudern, alle folgenden Sioux dem gleichen Todesschicksal ausliefernd. Bevor Ihnen die Tränen kommen: In anderer Happy-End-Version kann die Kanu-Squaw gerade noch die Kurve kratzen zum rettenden Ufer – die Sioux-Bösewichte schaffen's nicht mehr...

Wieder einmal gabelt sich der Trans Canada Highway nahe der Zeitzonengrenze von *Eastern* zu *Central Time* (der vierten von sechs Zonen auf dem langen Weg): Highway 17 steuert Kenora nahe der Manitoba-Grenze direkt an, der interessantere Highway 11 quert nahe der USA/Minnesota-Grenze zum Lake of the Woods, einer faszinierenden Seenplatte. Wasser steht wieder auf der Tagesordnung: mit Kanutouren und Fischen bei Sonnenuntergang. Wie so oft zappelt gleich beim ersten Wurf ein halbmeterlanger Hecht (hier *northern pike* oder kurz *Jack* genannt) am Haken. Dann Sendepause. Die Fische scheinen zu spüren, daß der Blinker immer wieder ins Wasser saust und durch ihr Revier gezogen wird.

Standpunktwechsel, danach geht's Schlag auf Schlag: ein *walleye* (Zander), das Feinste vom Feinen, gut 1,5 Kilo schwer. Ein Hecht folgte dem durchs Wasser torkelnden Fisch bis zur Uferzone, als deutlich erkennbarer grauer Schatten, so wie sich im Seegefecht Kriegschiffe beschatten. Wart nur, dich krieg' ich auch noch! Ab mit der fetten Beute zur *fish cleaning station*, dem Kommunikationszentrum jedes Campingplatzes. Da wird nicht nur ausgenommen, sondern auch Anglerlatein verzapft; gute Tips fallen nebenbei auch noch ab. Und eins wird wenig später am flackernden Feuer unter Beweis gestellt: Fangfrischer Fisch, gebraten, gekocht oder überm Camp-Feuer in Alufolie gegart, ist eine Köstlichkeit, die man so nirgends kaufen kann!

Westlich von Ontario/Manitoba-Grenze erfolgt der dramatische Wechsel von der Wald- und Seenlandschaft zu den Prärien. In den Straßenkarten erkennt man's nicht, zeigen sie doch nicht die Spur von Relief. Einziges Merkmal: Straßen und Bahnlinien verlaufen plötzlich geradliniger.

Der Trans Canada Highway, nun bis Victoria auf Vancouver Island mit der stolzen Nummer 1 im Schilde, nimmt Abschied von den Hügeln. Das breite Band zerschneidet schier endlose Ebenen. Punktuell überragt von den »Kathedralen der Prärien«, den typisch bunten Getreidespeichern.

Schlagartig hebt sich die Skyline von Winnipeg über den Horizont, die Stadt am »stinkenden« oder »schlammigen Wasser« (so die Indianersprache). Um die Metropole der Prärien, das »Tor zum Westen«, kommt der Trans-Canada-Tourist nicht herum. Einheimische loben Winnipegs ausgewogen-vermischte Bevölkerung (mit der größten französischen Gemeinde außerhalb von Quebec, was neuerdings in puncto Sprachengleichberechtigung Probleme bringt). Touristen werden sich wohl eher für Lower Fort Garry am Red River interessieren, einem der wichtigsten Stützpunkte der Hudson's Bay Company.

Abstecher nach Norden

Vom Trans Canada Highway aus wird man Kanada nicht gerecht. Bei allem Respekt vor dem renommierten Namen: Weitaus mehr als monotone Kilometerfresserei lohnen Abstecher, die wieder zum Highway zurückführen. Ideal ist da die Rundtour ins nördliche Saskatchewan: ein

Schroffe Felswand in den Rockies

Stück auf der Yellowhead-Route zum *Manitoba-Escarpment* und zu den Riding Mountains mit gleichnamigem Nationalpark, eine »Insel« hoch über den Ebenen. Wegen der Höhe und des unwirtlichen Klimas konnte sich der boreale nordische Wald erhalten. Daß es hier, rund 400 Meter über den sogenannten »Plains«, noch urwüchsig zugeht, zeigt die eindringliche Warnung: »Füttern Sie keine Bären – zu Ihrer eigenen Sicherheit!«

Nahe dem Lake Winnipegosis geht's weiter zum Red Deer River, bei dem bis 1912 die Nordgrenze von Manitoba(h) verlief. Der damals geringen Größe wegen kam der Name »Briefmarkenprovinz« auf. Wald, Wald, Wald! Dazu Seen, einige Wildflüsse. Das bleibt nun auf viele hundert Kilometer die Kulisse zu beiden Seiten der *Woods and Water Road*-Schneise.

Welcome to the North! Das Gebiet oberhalb des 53. Breitengrades ist erreicht: subarktisches *feeling* auf der Breite von Bremen! Beim kleinen Städtchen The Pas wird der Saskatchewan River gekreuzt, der der westlichen Nachbarprovinz den Namen gegeben hat. Die Grenze zwischen Manitoba und Saskatchewan befindet sich am Ortsrand von Flin Flon, dessen Bild von einem hohen Erzbergwerk-Schlot geprägt wird.

Die Zone um den 55. Breitengrad ist noch wenig besucht. Wohl vor allem, weil die *Hanson Lake Road*, die Querverbindung nach Prince Albert, nicht durchgehend geteert wurde. Folglich sind die vielen Seen hier oben wesentlich weniger überfischt als im Süden.

Gut gepflegt sind die Schotterabschnitte und stellen selbst fürs große Motorhome keine Probleme dar. Bei Trockenheit staubt's halt kräftig. Wenn's regnet, stört die dicke Dreckschicht an der Karosserie weniger als die erhöhte Rutschgefahr. Und bei Gegenverkehr fliegen schon mal Kiesel gegen die Verbundglasscheibe.

Das war's dann schon an nordischem »Pisten-Abenteuer«!

Von den blauen Bergen zum Pazifik

Im Süden von Saskatchewan Agrarland: Weizenfelder von Horizont zu Horizont, für uns Enge gewohnte Mitteleuropäer durchaus reizvoll. Stopps lohnen zudem der Qu'Appelle River, die konservierte Prärie des Saskatschewan Landing Provincial Park oder die Cypress Hills südlich des Trans Canada Highway. Eine Baum-Verwechslung brachte den Hügeln, den höchsten Erhebungen zwischen Labrador und Rocky Mountains, ihren Namen ein. Dann heißt der Kurs: Nordwesten – Calgary! Mal wieder Urbanität am langen Weg zu den Rockies. Die ehemalige *cow town* hat sich in den letzten Jahren zur Weltstadt gemausert – »schuld« daran waren die immensen Ölfunde Albertas, die weit über die Landesgrenze hinaus bekannte Calgary-Stampede und natürlich die Olympischen Winterspiele von 1988. An klaren Tagen zeichnen sich von hier aus die Konturen der Rockies zart am westlichen Horizont ab. Doch der Übergang vom Viehzuchtgebiet ins Felsengebirge ist recht schroff, ohne nennenswerte Übergangszone wie im Alpenland. Durch den Banff-Nationalpark hindurch führt der Trans Canada Highway über die kontinentale Wasserscheide hinweg in den Yoho-Nationalpark, in dem ein kurzer Abstecher zu den 254 Meter hohen Takakkaw Falls lohnt. Dann geht es hinab nach Field und Golden am Columbia River, der hier noch etwas irreführend in Nordrichtung strömt, bis er die Kurve nach Süden kriegt. Am Rogers-Paß, wo die letzte Zeitzone erreicht ist, erklimmt der Highway seinen höchsten Punkt: 1646 Meter. Hier, in den Selkirk Mountains mit dem Glacier-Nationalpark, spielt er noch einmal mächtig auf und führt durch eins der wildesten Gebiete von *super natural British Columbia.* Danach beginnt eine neue Vegetationszone: der sogenannte *Columbia Forest.* Regenwald mit Pazifik-Einfluß. Kein Wunder, daß die Holzindustrie unübersehbar ist! Vancouver ist jetzt nicht mehr weit, die Perle an der Strait of Georgia zwischen dem Festland und Vancouver Island. Es ist mit Sicherheit die attrak-

Riesige Trucks schaffen die Baumstämme zu den Sägewerken

tivste Stadt Kanadas mit ihrem Ambiente von Bergen und Wasser und der wirklich hübschen City.

Der Trans Canada Highway hat hier zwar den Pazifik erreicht, ist aber noch nicht zu Ende: die Fähre im Stundentakt zwischen der Horseshoe Bay und Nanaimo rechnet zur Fernstraße. Anderthalb Stunden Fahrtfahrt, dann hat man wieder Land unter den Füßen bzw. den Rädern. Noch mal Einsamkeit, unterbrochen von reizvollen kleinen Orten, bisweilen auch weites Panorama über fjordähnlichen Buchten. Nach letzten Wald- und Wiesen-Meilen ist Victoria erreicht, die altehrwürdig anmutende Hauptstadt British Columbias.

Old England in der Neuen Welt: besonders zu spüren am Binnenhafen mit dem »Empress Hotel«. Hold lächelnd schaut Queen Victoria vom Sockel vor den Regierungsgebäuden herab auf die Touristen. Wer sucht, der findet hier ein Stück Europa...

An der Juan de Fuca Strait, vor schneebedeckten Bergriesen des US-Bundesstaates Washington, ist Schluß mit dem Kanada-*crossing*: bei Meile 4850 gleich 7821 Kilometer.

Doch das sieht man in Victoria etwas anders: Hier endet nichts, hier geht's los, mit Meile Null! So behauptet jedenfalls ein Schild. In Saint Johns auf Neufundland ist man übrigens der gleichen Meinung... Lassen wir also der längsten Nationalstraße die Besonderheit, zwei Anfänge, aber kein Ende zu haben. Hauptsache: zwischen den beiden Startpunkten gibt's 'ne Unmenge zu sehen. Und zu erleben.

Informationen
Rund ums Motorhome

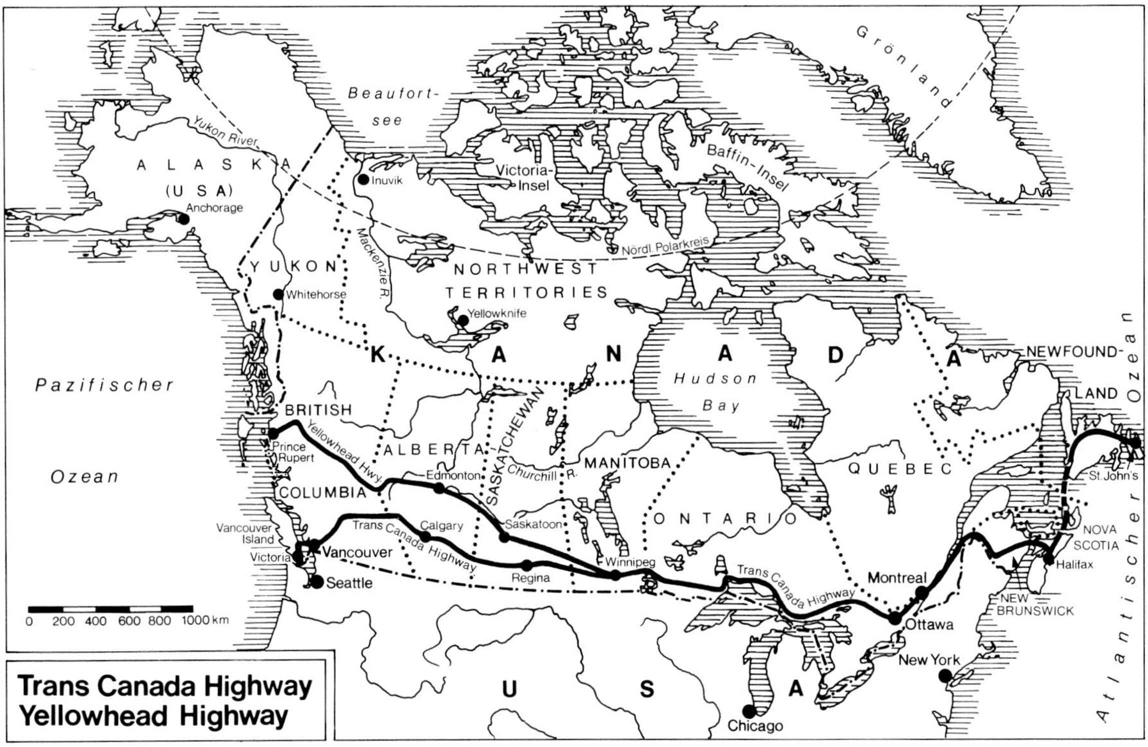

Die Größe des Motorhomes ist sekundär. Ob nun relativ respektable »Klein-Kaliber« der B-Klasse (Alkoven) mit Aufbaulänge ab rund 20 Fuß (6 Meter) oder Giganten des A-Typs mit Sonderkarosserie und Abmessungen bis ca. 30 Fuß (über 9 Meter). Alle lassen sich kinderleicht fahren – und auch parken, denn Parkplätze sind auch meist auf die Riesen ausgelegt. Wichtig ist, daß man sich der Höhe des Fahrzeugs immer bewußt ist: an Tankstellen mit niedrigen Dächern, an rausragenden Veranden oder beim Rangieren unter Bäumen. Lenk- und Brems-Servo sind Standard, ebenso auch Automatic-Getriebe. Die großvolumigen Triebwerke sind ungeheuer kraftvoll: Selbst an den üblichen Direttissima-Steilstrecken von Rocky-Pässen »verhungert« man nicht, sondern kann locker, ohne verbrauchstreibendes Vollgas mit 70 km/h den Paß hinaufpreschen. Beim Idealtempo um oder knapp unter 100 km/h fährt man im unteren Drehzahlbereich mit niedrigem Geräuschpegel. Fazit: Selbst eine ausnahmsweise mal lange 500- oder 700-Kilometer-Etappe wird streßfrei und ohne übermäßige Übermüdung absolviert.

Das Fahren guter Schotterstraßen ist mit den »Bullen« kein Problem. Sie sollten jedoch Fahren auf Wiesen, auf lockerem Flußuferkies und auf dubiosen Nebenwegen möglichst vermeiden. Hat sich der Viertonner mal festgefahren, ist Bergung höchst mühsam und meist nur mit Fremdhilfe möglich. Bei zahmer Fahrweise schluckte unser 23-Fuß-Motorhome zwischen 21 und 24 l/100 km. Durch die große Stirnfläche kann kräftiger Gegenwind auf langen Distanzen den Durst bis knapp 30 l steigen lassen. Der Langstreckenschnitt lag um 25 l/100 km, die sichere Reichweite mit dem 125-Liter-Tank: über 400 Kilometer. Die Motoröl- und Spritkosten der 6500-Kilometer-Tour summierten sich auf 1400 D-Mark. A propos Öl: Wenn man dran denkt, die Kaufbelege aufzuheben und bei der Schlußabrechnung vorzulegen, bekommt man den Kaufpreis erstattet.

Praxis-Tips: Beim Bord-Stromanschluß bei Übernahme prüfen, ob ein Adapter vorhanden ist (es gibt zwei verschiedene Steckdosen auf den Camps).

Auf dem Trans Canada Highway zu den Rocky Mountains

Lassen Sie Zweitschlüssel für Fahrerhaus und Zündung machen. Kostet nur einen Dollar, erhöht jedoch den Komfort und beruhigt, denn ein Schlüssel ist leicht verloren.

Die Einweisung in die nicht ganz einfache Motorhome-Technik erfolgt bei Fahrzeugübernahme detailliert und oft in deutsch (fragen Sie gegebenenfalls, ob jemand Deutsch spricht). Betriebsanleitungen wurden verbessert und liegen bei guten Vermietern auch in deutscher Übersetzung vor.

Gerade für Anfänger lohnend ist der Abschluß einer Zusatzversicherung (200 Dollar Selbstbeteiligung bei Unfall-, Diebstahl- und Feuerschäden). Fragen Sie nach der VIP-Versicherung, mit der Schäden bei *off-road accidents* abgedeckt sind – z. B. das Fahren auf Campingplätzen, wo an Bäumen u. ä. Hindernissen die Karosserie schnell beschädigt werden kann. Buchung über deutsche Veranstalter ist schon wegen des dann geltenden deutschen Reiserechts empfehlenswert und meist nicht teurer als vor Ort. Eine Liste hiesiger Kanada-Reiseveranstalter ist beim Touristik-Dienst erhältlich (siehe S. 169).

Der Autor dieses Beitrages, Christian Pehlemann, München, schreibt für Reisemagazine, ist Buchautor und ein profunder Kanada-Kenner.

Auf Schusters Rappen durch die Wildnis

Über den Chilkoot-Paß zum Yukon

Er wurde für mich zu einer der merkwürdigsten Begegnungen meines Lebens, obwohl ich kaum eine Menschenseele traf. Der Sommer steckte in den Anfängen, vereinzelt lag noch Schnee vom nur widerwillig weichenden letzten Winter – doch nicht so viel, um die Spuren des »Trail of 98« zu verwischen. Zwischen Gras und Steinen entdeckte ich alte Lederschuhe, verwitterte Räder und mitten im Gebirge sogar einen soliden Eisenofen. Meine Phantasie begann zu arbeiten, hauchte den Gegenständen Leben ein, wie sie geschleppt wurden von bärtigen Männern, warm nach der Mode des ausgehenden letzten Jahrhunderts gekleidet. Alle Stücke, auf die sich achtlos die Füße Nachdrängender setzten, haben ihre eigene Geschichte: gekauft mit größten Hoffnungen, in vielen Häfen der Welt verpackt, um von Skagway die letzte Reise zum »teuflischsten Pfad diesseits der Hölle« anzutreten. So bezeichnete ihn jedenfalls eine Zeitgenossin namens Martha Louise Black. Es war der Winter 1897/98, Höhepunkt der Menschenwoge auf dem Weg nach Dawson City und seinem Gold. Ein Schiff nach dem anderen lief im Hafen von Skagway ein. Güter in bis vor Monaten noch unvorstellbaren Mengen wurden ausgeladen, um ihren Weg auf Menschenrücken oder Leibern geschundener Pferde zu den Wassern von Yukon und Klondike anzutreten.

Skagway, ein Name der in der Sprache der Chilkat-Indianer »Heimat des Nordwindes« bedeutet, war, wie fast alle Orte Alaskas, die mit Gold in Verbindung standen, ein übler Platz. Gewalttätigkeiten, Überfälle, Schießereien und Betrug beim Glücksspiel waren an der Tagesordnung. Es war in der Hand eines Mannes, der die Vertreter der Obrigkeit gekauft und mit Gewalt seine Spielregeln durchgesetzt hatte: »Soapy« Smith. Er galt als Witwenmacher Nummer eins.

Zauberhaftes British Columbia

Der berühmt-berüchtigte »Soapy« Smith an der Bar

Bis er am 8. Juli 1898 an den Falschen geriet, schwer bewaffnet zwar, doch einen Sekundenbruchteil zu langsam mit dem Finger am Abzug seines Colts Kaliber .45. Für »Soapy« Smith war es das Ende, gleichzeitig aber war es der Anfang einer von zahllosen Legenden der Goldgräberzeit.

Wer ein knappes Jahrhundert später auf dem 53 Kilometer langen Chilkoot Trail wandert, zumeist mit Fähre oder komfortablem Wohnmobil angereist, bestens informiert und Nationalpark-amtlich registriert, mag zunächst noch Schwierigkeiten haben, sich auszumalen, was 1897/98 hier geschah. Das ändert sich aber mit jedem Kilometer. Es blieb so viel am Wegesrand liegen, was die Vorstellungskraft beflügelt.

Zwei Wege gab es damals von Skagway zum Beginn des Yukon River. Den White-Paß und den »Trail der armen Schlucker«, den Chilkoot. Wer über den White-Paß wollte, kam nicht ohne Pferde aus. Doch nur wenige jener Abertausend, die das Innere des letzten Sparstrumpfes nach außen gekehrt hatten, um überhaupt nach hier zu kommen, konnten sich diesen Luxus leisten. Zumal auf kanadischer Seite gerade das Gebot ergangen war, jeder Einreisende müsse Lebensmittel ausreichend für ein Jahr mit sich führen. *A ton of goods*, hieß es. Wenn auch die geforderte »Tonne« meist nur 500 Kilo Lebensmittel und 180 Kilo Ausrüstung umfaßte, galt es doch, diese irgendwie über das Gebirge zu kriegen. Bald hatten sich viele Träger dafür eingefunden, von ortsansässigen Indianern bis hin zu Collegeschülern aus dem Süden.

Es war der Höhepunkt des Klondike-Goldrausches, der mörderischen, irrationalen Jagd nach dem glänzenden Metall, angestachelt durch die Medien und Gerüchte. Wie sonst ist es erklärbar, daß in knapp einem Jahr 25000 Menschen aus aller Welt allein über den Chilkoot-Paß hechelten. Im selben Zeitraum wurden auf dem nicht weit entfernten White-Paß über 3000 Pferde zu Tode geschunden, ihre Skelette und Kadaver säumten wie eine Mauer den Weg. Auch der Chilkoot forderte seinen Tribut. Auf dem Friedhof von Dyea, das einzige, was von der innerhalb weniger Monate gewachsenen Stadt am Startpunkt des langen Weges übrigblieb, sieht man noch immer die Gräber einiger von insgesamt mehr als fünfzig, die durch Schneelawinen im April 1898 ums Leben kamen.

Fast ein Jahrhundert ist seitdem vergangen. Immer mehr Menschen rüsten sich heute, dem

Schlittenhunde – damals wie heute treue Helfer der Nordländer

Pfad der Goldsucher zu folgen, manche verbinden es zu einer kombinierten Fuß- und Bootstour bis nach Dawson City. 53 Kilometer sind es zunächst bis Lake Bennett, dessen Ufer vor dem Eisaufbruch im Frühjahr 1898 wie »ein Meer kleiner Werften« wirkte. Hier entstanden in Handarbeit die meisten der gut 7000 Boote für die Yukon-Weiterfahrt nach Dawson City.

»Ganz schön anstrengend«, sagt man heute, setzt seinen vielleicht zwanzig Kilo schweren Rucksack ab und reibt ein paar wundgescheuerte Stellen. Man hat eine Ahnung davon bekommen, was es bedeutet haben muß, 680 Kilogramm hierherzuschleppen. Legt man pro Gang 30 geschulterte Kilo zugrunde, waren 23 Überquerungen nötig. Gepäcklose Rückwege eingeschlossen, wuchsen die 53 Kilometer rein rechnerisch auf sagenhafte 2400 Kilometer an. Doch Hoffnung beflügelte die Menschen damals – fast alle schafften das Pensum.

Ich breche in Dyea, nur wenige Kilometer von Skagway entfernt, auf. Drei bis vier Tage habe ich für die Wanderung angesetzt, eine Spanne, die es erlaubt, Neugier und Forscherdrang freien Lauf zu lassen. Schon bald nach dem Start der erste Halt: In einem Bach brodelt das Wasser, als sich Hunderte von Lachsen zu ihren Laichplätzen mühen. Für mehr als zehn Kilometer folgt der Trail dem Taiya River, berührt Finnegan's Point – wo einst Pat Finnegan die Hand aufhielt, um für das Überqueren einer von ihm gebauten Brücke Geld zu kassieren, bis er damit nicht mehr nachkam – dann streift er Canyon City. Im Herbst 1897 waren hier Hunderte von Ausrüstungsdepots entstanden, denn von hier an konnte der Weg nur in Etappen bewältigt werden. Nächstes Depot war das Sheep Camp, das fast über Nacht zur 8000-Einwohner-Stadt anwuchs, mit Läden, Saloons, Hotels. Nachdem die Masse der Goldgräber im Mai 1898 über den Paß gezogen war, begann der Zerfall hier wie in Canyon City, Lindeman und Dyea. Bald nach der Jahrhundertwende waren alle Orte menschenleer.

Fünf Kilometer hinter Sheep Camp liegt »The Scales«, wo jene Fotos entstanden, die man heute mit Verwunderung betrachtet: Auf Waagen (*scales*) ließen hier die angeheuerten Träger ihre Bürde noch einmal wiegen und kassierten Zuschläge, bevor sie sich einreihten in die Kette aus abertausend Leibern, die den fünfundvierzig Grad steilen Chilkoot-Paß hinaufzog. Bald hatte

Eine endlose Menschenkette zog sich über den Chilkoot-Paß zum Yukon

der Steilhang mit den tiefen Stufen im Schnee seinen Namen weg: *golden stairs* – goldene Stufen. Jubel, wenn endlich das letzte Bündel den Paß, die Grenze zwischen Alaska und Kanada, erreicht hatte. In die Freudenschreie mischte sich aber auch mancher Fluch, denn Kanada hatte beschlossen, auf alle nicht im Land gekauften Güter an Ort und Stelle Importzölle zu erheben. Allerdings hatte es auch sein Gutes, die Grenze zu überschreiten. Verbrechen und Gewalttätigkeit gab es in Kanada kaum, dafür sorgten die *Mounties*.

Eine unglaubliche Zeit, die auf dem Chilkoot-Paß durch Tausende aufgegebener, achtlos weggeworfener oder verlorener Gegenstände zu einem Stück (an-)faßbarer Realität wird. Wie die Reste der Gepäckseilbahn am Krater-See unterhalb des Passes. Sie operierte ab Mai 1898 zwischen Canyon-City und diesem Punkt. Eine immense Erleichterung für die Goldsucher. Nun konnten sie für sieben Cent pro Pound (453 Gramm) ihr Gepäck über die schwierigsten Passagen schweben lassen. Doch auch das Ende dieser Errungenschaft kam sehr bald mit der Fertigstellung der White Pass & Yukon-Eisenbahn.

Am Nachmittag des dritten Tages durchwandere ich die einstige Ortschaft Lindeman City, erreiche den Lake Bennett, wo weitere 20000 Menschen zwischen März und Mai 1898 Baumstämme zu Booten sägten, hobelten und hämmerten, um rechtzeitig zum Eisaufbruch startklar zu sein. Das Zwischenziel auf dem Weg nach Dawson City ist damit erreicht, damals wie heute. In Bennett trafen sich Chilkoot und White Pass Trail. Hier begann damals die Reise per Boot. Schon ein Jahr später, genau am 6. Juli 1899, wurde das Leben leichter für die »Klondiker«, von nun an verkehrte eine Eisenbahn zwischen Skagway und Lake

Bennett. Die zuvor kräftezehrende Paßüberquerung war auf ein mehrmaliges Umsteigen reduziert: vom Schiff in Skagway auf die Bahn, in Lake Bennett auf die neu in Dienst gestellten Schaufelraddampfer, welche die letzte Etappe zur Bonanza in Dawson City zur Kreuzfahrt werden ließen. Rasante Veränderungen innerhalb eines Jahres.

Der große amerikanische Naturforscher John Muir hat Skagway und Chilkoot-Paß zur Blütezeit mit einem »in ein fremdes Land gebrachtes und mit dem Stock aufgewühltes Ameisennest« verglichen. Da war keine Zeit für Beschaulichkeiten. Erst viele Jahre später, aus der Distanz, wurde manchem klar, Teil eines außergewöhnlichen historischen Ereignisses gewesen zu sein.

Der große Run des Jahres 1898 wiederholte sich nicht. Sehr schnell wurde es ruhig ums Gold am Klondike. Ein Jahr nach dem Treck der 25 000 über den Chilkoot Trail kamen nur noch wenige, dann keiner mehr. Orte wurden demontiert, und das Heulen der Wölfe war bald der einzige Laut in der Wildnis. Doch so wie zuvor wurde es nie wieder, die *stampede* hatte ihre Spuren hinterlassen. Ausgefahrene Ochsenpfade, Holz- und Metallteile, Dosen, Zahnräder, Kochtöpfe, Stahlseile, Bootsskelette blieben zurück – Erinnerungen an einen Atemzug der Geschichte.

Informationen Chilkoot Trail

Camping: Nahe Trail-Beginn (Dyea) mit Auto erreichbarer, schön gelegener Campground. Viele Wanderer parken hier ihre Fahrzeuge bis zur Rückkehr. Auf dem Trail selbst ist Camping ausschließlich auf den nachstehend benannten Campgrounds (vier auf alaskanischer und sechs auf kanadischer Seite) gestattet. Nachfolgende Kilometer-Angaben gelten ab Trail-Beginn (Dyea).
Kilometer 7,9: Finnegan's Point. Kilometer 12,5: Canyon City. Hier gibt es eine rustikale Hütte mit Ofen zum Wärmen und Trocknen der Ausrüstung. Besonders populär an Regentagen, entsprechend stark ist sie dann frequentiert. Übernachtung in dieser sowie den anderen beiden Hütten ist nicht gestattet. **Kilometer 16,9: Pleasant Camp. Kilometer 20,9: Sheep Camp.** (Hütte). Zwischen Kilometer 20,9 und Kilometer 33 befindet sich keine Campingmöglichkeit. Wegen des schweißtreibenden Chilkoot-Passes handelt es sich bei diesem Streckenabschnitt um ein volles Tagespensum.
Kilometer 33: Happy Camp. Schön gelegen. Im Spätsommer schier unvorstellbare Blaubeerfülle. **Kilometer 37: Deep Lake**. Sehr reizvolle Lage an Fluß und See. (Den Hinweis, kein Feuerholz zu verbrennen, gibt's hier sogar schon auf deutsch). **Kilometer 41,8: Lindeman City**. (Hütte). **Kilometer 45,9: Dan Johnson Lake. Kilometer 46,7: Bare Loon Lake. Kilometer 53,1: Bennett**.

Tip: Kocher mitnehmen. Auf der westlichen Seite des Trails ist das Holz oft sehr naß, auf der trockeneren kanadischen Seite sind offene Feuer verboten.

Der Trail in Stichworten: Er ist bei etwas Aufmerksamkeit auf gesamter Länge nicht zu verfehlen. Im Hochland östlich des Chilkoot-Passes helfen dabei Steinmarkierungen. Bis Sheep Camp führt der Pfad durch teilweise sehr dichten Regenwald mit dicken Moospolstern und geradezu gigantischen Pilzen (Märchenwald). Zwischen Kilometer 0 und Kilometer 6 sollte in kleineren Creeks neben dem Trail nach Lachsen Ausschau gehalten werden. Hinter Sheep Camp (Kilometer 20,9) beginnt der Aufstieg zum Chilkoot Pass Summit. An »The Scales« (Kilometer 25,7) ist eine Fülle aufgegebener Hinterlassenschaften von 1898 zu entdecken. Rechts oberhalb davon liegen die Reste eines vor Jahren abgestürzten Sportflugzeuges. Wer möglicherweise im unteren Trail-Abschnitt über die nur wenigen historischen Überbleibsel enttäuscht war, kommt am Chilkoot-Paß voll auf seine Kosten. *Geheimtip:* Sobald Sie am Paß an einer direkt am Trail befindlichen, unübersehbaren Gedenktafel angekommen sind, sollten Sie ca. 30 bis 40 Meter nach rechts wandern, dort, an einem kleinen Schneefeld, wieder scharf rechts abknicken und einige Minuten in dieser Richtung gehen bzw. klettern, bis Sie einen der größten

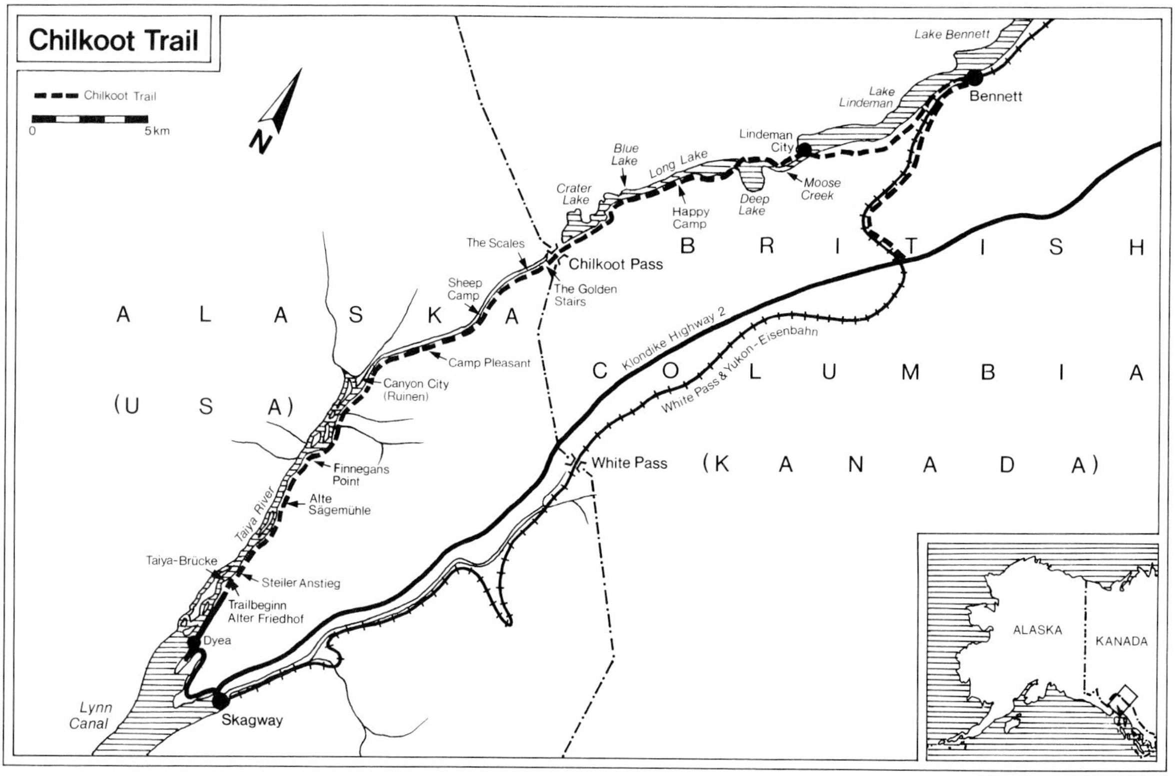

Schätze erreichen: mehrere Dutzend aufgegebener, größtenteils fein säuberlich zusammengerollter Faltboote. Ihr Geheimnis und der Grund ihres Hierseins ist noch nicht gelüftet. Möglicherweise hatte die Inbetriebnahme der Eisenbahn ab 1899 den Weitertransport der Boote zum Lake Bennett überflüssig gemacht.

Unmittelbar hinter dem Paß befindet sich die Hütte eines kanadischen Parkrangers (Registration). Landschaft und Sicht auf kanadischer Seite sind spektakulär: Seen, Bäche, Felsen, leuchtende Gletscher oberhalb des Pfades. Die Baumgrenze wird nahe Lindeman City wieder erreicht.

Rücktransport: Zwischen Bennett und Skagway verkehrt während der Saison täglich ein kleiner Triebwagen. Nach einigen Kilometern wird dabei der Klondike Highway (die Stelle ist bekannt als »Log Cabin«) berührt. Wer hier ein Auto geparkt hat bzw. mit dem Bus oder als Anhalter (gute Chancen) nach Whitehorse weiterfahren will, kann aussteigen. Wanderer, die das Geld für den Triebwagen sparen bzw. unabhängig sein wollen, knicken ein kurzes Stück hinter dem Bare Loon Lake Campground auf den sogenannten »Cut Off Trail to Log Cabin« (Ausschilderung) ab. Er führt schon kurz danach auf den Schienenstrang. Ungeachtet eines großen Schildes, das darauf hinweist, daß die Eisenbahntrasse Privatbesitz sei und nicht begangen werden sollte, werden Wanderer doch toleriert. Nach ca. zwei Stunden Fußmarsch wird der Klondike Highway (Log Cabin) erreicht.

Auskünfte über den Triebwagen-Fahrplan sowie einen ca. zweieinhalbstündigen Eisenbahntrip (leider nur Dieselloks) von Skagway zum White Pass erteilt: White Pass & Yukon Route, P.O. Box 435, Skagway, AK 99840; Tel.: 1-800-343-7573 oder (907) 983-2217, Fax: 983-2734.

Karten und Literatur: Spezielle topographische Karten sind für den Trail nicht erforderlich. Die bei den nachfolgend aufgeführten Informationsstellen erhältliche Karte »Chilkoot Trail« mit diversen nützlichen Angaben reicht für die Begehung aus.

Lesenswert: »Chilkoot Pass – the Most Famous Trail in the North« (Geschichte und Trail-Beschreibung) von Archie Satterfield.

i Nationalparkinformationen: Klondike Gold Rush National Historical Park, P. o. Box 517, Skagway, AK 99840. Informatives Besucherzentrum mit sehr lohnenswerten historischen Filmen in Downtown Skagway. Ferner: Yukon National Historic Sites, Canadian Parks Service, 119-204 Range Road, Whitehorse, Yuk. Y1A 3V1, Tel.: (867) 667-5648. Hier gibt es auch die kostenlose Broschüre »Chilkoot Trail«.

Vancouver Island
West Coast Trail

Ich bin ein Freund des hohen Nordens. Mein interessierter Blick war daher zumeist auf die oberen zwei Drittel der Kanadakarte gerichtet gewesen. Vermutlich lag es daran, daß es so lange gedauert hat, bis ich ein Kleinod entdeckte: den West Coast Trail, weit im Südwesten Vancouver Islands, 106 Kilometer von Victoria und unmittelbar am Rand des Pazifik gelegen.

Es muß im Jahre 1513 ein außergewöhnlich ruhiger Tag gewesen sein, als der Spanier Balboa das noch unbekannte größte Weltmeer entdeckte und es »Stiller Ozean« – Pazifik – nannte. Wie konnte er ahnen, daß wenige hundert Jahre später allein auf einem Küstenabschnitt von 77 Kilometern 50 Schiffe zerschellen würden. Etwa alle eineinhalb Kilometer eine Tragödie! Bei Nebel, Regen und Sturm hatten ihre Besatzungen die Einfahrt der Juan-de-Fuca-Straße übersehen, den Zugang in die tiefe Bucht am Südende Vancouver Islands, an der die großen Städte Seattle, Vancouver und das zauberhafte Victoria liegen. Moderne Techniken haben die Seefahrt sicherer gemacht. Der »Schiffsfriedhof des Pazifiks« ist Geschichte, ebenso wie der Pfad zur Rettung Schiffsbrüchiger entlang dieser Küste. Er wurde Bestandteil des Pacific Rim National Park.

Es ist Mitte August, als ich über Highway 4 den Long-Beach-Abschnitt, das Kernstück des vielseitigen, doch auseinandergerissenen Nationalparks erreiche. Nur mühsam gelingt es meinen Scheibenwischern, die aufs Auto stürzenden Regenmassen zu bändigen und mir klare Sicht zu verschaffen. Im Besucherzentrum des Nationalparks sehe ich Bilder von weiten Stränden, von Walen, die sich vor der Küste tummeln, und von Seelöwen, die auf blanken Felsen faulenzen. Das bringt mich auf den Geschmack. Da der Regen auch die nächsten Tage nicht nachläßt, beschließe ich, in einigen Wochen wiederzukommen.

Anfang September. Die Außentemperaturen liegen jetzt bei 26 Grad im Schatten. Tiefblau ist der Himmel, und ein fröhlicher Wettermann im Radio verspricht, daß es so bleiben wird. Beste Aussichten für den West Coast Trail.

Die junge Nationalparkangestellte in Pachena Bay, dem nordwestlichen Trail-Beginn, schiebt mir eine Kladde über den Tisch: *»Please, register.«* Ich setze meinen Namen unter die von Besuchern aus aller Welt. »Bei Schweizern und Deutschen ist der Trail ganz besonders beliebt«, erklärt mir die freundliche Dame. Und eine Warnung gibt sie mir mit: In der Nähe der Tsusiat-Fälle sei ein Schwarzbär gesichtet worden. *»Have a nice trip«*, und schon mache ich mich auf den Weg. Ein letzter Blick gilt der kilometerlangen sandigen Pachena-Bucht, dann hallt der Tritt meiner Stiefel auf einer hölzernen Brücke, Minuten später hat mich der moos- und flechtenbedeckte Regenwald aufgenommen.

Er ist kein Geheimtip mehr. Seit der West Coast Trail ausgebaut wurde, hat sich seine Popularität herumgesprochen. Rund 6000 *hiker* machen sich jährlich auf, den alten Rettungspfad abzuwandern. Da sie sich auf die Spanne von Mitte Mai bis Ende September konzentrieren, geht es um diese Zeit recht lebhaft zu. Dabei war das, was den Ausschlag für seinen Bau gab, alles andere als einladend.

Am »Schiffsfriedhof des Pazifiks«

Es war ein kalter, nebliger Januartag des Jahres 1906 gewesen, als das Dampfschiff »Valencia« auf dem Weg von San Francisco nach Victoria östlich von Pachena Point auf ein Riff lief. Eineinhalb Tage dauerte es, bis Rettungsmannschaften an den Havaristen gelangten, doch schwerer Seegang ließ sie nicht dicht genug herankommen. Während die Helfer machtlos am Ufer standen, schleuderte ein Brecher die »Valencia« auf die Seite und riß 126 Menschen in die Tiefe. Im Jahr darauf begann man mit der Errichtung des Leuchtturms an Pachena Point und mit dem Ausbau des *lifesaving trail*, der einer alten Telegrafenverbindung entlang der Küste folgte. Nach dem Zweiten Weltkrieg machten moderne Navigationsmethoden den Pfad überflüssig. Er verfiel, geriet aber nicht ganz in Vergessenheit. Als das Gebiet Nationalpark wurde, erfolgte sein verstärkter Ausbau.

Auf Schusters Rappen durch die Wildnis

»Der West Coast Trail ist für Rucksackwanderer«, erläutern Broschüren. »Wer wilde Küstenlandschaften für den Nachmittagsspaziergang und Komfort beim Campen sucht, findet beides weiter nördlich im ›Long Beach‹-Abschnitt des Pacific Rim National Park.« So ist denn auch der Trail bis auf das breit ausgebaute erste Stück zum Leuchtturm von Pachena Point ein zünftiger, schmaler, bei Regen glitschiger Wildnisweg. Lange Holzstege auf besonders feuchten Abschnitten und »Selbstbedienungs-Seilbahnen« über Creeks machen ihn jedoch zu einem von Sieben- bis Siebzigjährigen begangenen Pfad. Wann immer es geht, wird man die Küstenwälder sowieso verlassen und großartigen Sandstränden mit abertausend angeschwemmten Baumstämmen, ausgewaschenen Felsen, Seelöwen und Möwen folgen.

Kurz vor »Pachena Lighthouse« vernehme ich merkwürdig röhrende Laute. Durch dichtes, überhängendes Gebüsch bahne ich mir einen Weg zur steil abfallenden Küste, an der ich rund zwei Dutzend Seelöwen entdecke. Als ich wenig später »Michigan Creek«, ein beliebtes Übernachtungsgebiet an der Mündung des gleichnamigen Baches erreiche, liegt die verzaubernde Stimmung eines milden Spätsommertages über dem Camp. Still ist das Meer, wie flüssiges Gold seine Oberfläche. Weit voneinander entfernt flakkern Lagerfeuer. Doch es war nicht immer so friedlich. 1893 war hier der Dampfer »Michigan« aufs Riff gelaufen, und Menschen hatten um ihr Leben kämpfen müssen.

Wie die meisten anderen bin ich am nächsten Morgen früh auf den Beinen. Die ersten *hiker*, mit stabilem Schuhwerk und großen Rucksäcken ausgerüstet, kommen mir bereits entgegen. Wir grüßen, wechseln ein paar Worte. Dann wandere ich am Ufer entlang, über Sandstrände und von Wellen ausgewaschene Uferfelsen. Hinter dem romantischen kleinen Wasserfall des Tsocowis Creek beginnt das Kontrastprogramm: Weitermarsch durch dichten Küstenregenwald. Gelegentlich muß ich den Kopf einziehen, wenn es

Malerischer Wasserfall am West Coast Trail

Vancouver Island: Riesenbäume säumen den Straßenrand

Luftige Flußüberquerung am West Coast Trail

unter zerborstenen, morschen Baumriesen durchgeht. Wasser von oben gibt es hier genug: 2,7 Meter Regen fällt hier pro Jahr. Ihm verdanken die riesigen Douglasien, Zedern, Farne und von bemoosten Zweigen herabhängenden Bartflechten ihre Existenz.

Eine beachtliche Anzahl von Bächen und Flüssen ist zu passieren, doch die Nationalparkverwaltung hat das Abenteuer der Überquerung gemildert. Am originellsten dort, wo sich Wanderer in Seilbahngondeln an einem Kabel selbst über das Wasser ziehen müssen, wie am breiten Klanawa River. Wenig später kommt für mich das Ende des zweiten Wandertages in Sicht, die Tsusiat-Fälle. Breit, glasklar und erfrischend stürzen sich die Wasser des nur wenige Kilometer weiter im Inland gelegenen Tsusiat Lake über achtzehn Meter hohe Felsen. Ein herrlicher Platz für eine Rast, oder besser noch, für die Nacht. Das sagen sich auch andere, und wenn Australier, Nordamerikaner und Europäer abends gemeinsam am Lagerfeuer sitzen, wird die große Welt klein am West Coast Trail.

Er könnte das ganze Jahr über begangen werden, wenn nicht Nitinat Narrows und Gordon River wären, zwei Wasserarme, deren Überquerung ohne Boot zu gefährlich ist. Durch Verträge mit »Parks Canada« haben sich ansässige Indianerstämme verpflichtet, den regelmäßigen Fährdienst zwischen Mitte Mai und Ende September aufrecht zu erhalten.

Nach den Nitinat Narrows beginnt die zweite Halbzeit. Drei Tage bin ich bereits unterwegs, als ich auf den Anker der 1906 gesunkenen »Skagit« und verstreute Reste der 1925 zerschmetterten »Raita« stoße. An Bonilla Point schlage ich mein Zelt zum letzten Mal auf. Ein flammender Sonnenuntergang taucht den Strand in rotes Licht, während ich zwischen hundert Jahre alten Wrackteilen der »Lizzy Marshall« und des Viermasters »Puritan« stehe.

Am nächsten Tag geht es in den Endspurt. Am Abend will mich Juliana mit Auto am Gordon River erwarten. Knapp 30 Kilometer an einem Wandertag sind zwar viel, doch unter guten Umständen machbar. Wie schon bei Nitinat Narrows berührt der Pfad auch jetzt ein Indianerreservat und folgt über lange Abschnitte Stränden. Dann beginnen Wälder. Plötzlich schrecke ich im dichten Unterholz zusammen. Brechende Zweige. Da nähert sich doch etwas! Ein Schwarzbär? Der »Bär« entpuppt sich als Howard und Caroline aus San Francisco, ebenso verdattert wie ich, bis der Schreck einem erleichterten Lachen Platz macht. Das Ziel schon fast vor Augen, beginnt, was manche als das »härteste Stück Arbeit« bezeichnen – der Aufstieg zur mit 180 Meter höchsten Erhebung des Trails, zum Pandora Peak. Es ist schon spät, als ich die Mündung des Gordon River erreiche: Kilometer 75. Die Leistung einer Fahrstunde am Autolenkrad, geht es mir durch den Kopf. Während ich mich wenig später ins wartende Auto setze, das erste kühle Getränk genieße und die Waden massiere, überlege ich, daß es nicht ohne Reiz sein muß, diesen großartigen Wildnispfad zu begehen, wenn Nebel und dumpfe Laute von Heulbojen das Düstere seiner Vergangenheit heraufbeschwören. Doch ich bin sehr zufrieden, so wie es war. *»Lucky boy«*, hatte der Fährmann vom Gordon River gesagt, »Glück hat, wer auf dem West Coast Trail eine Woche lang ein Wetterchen erlebt wie dieses.«

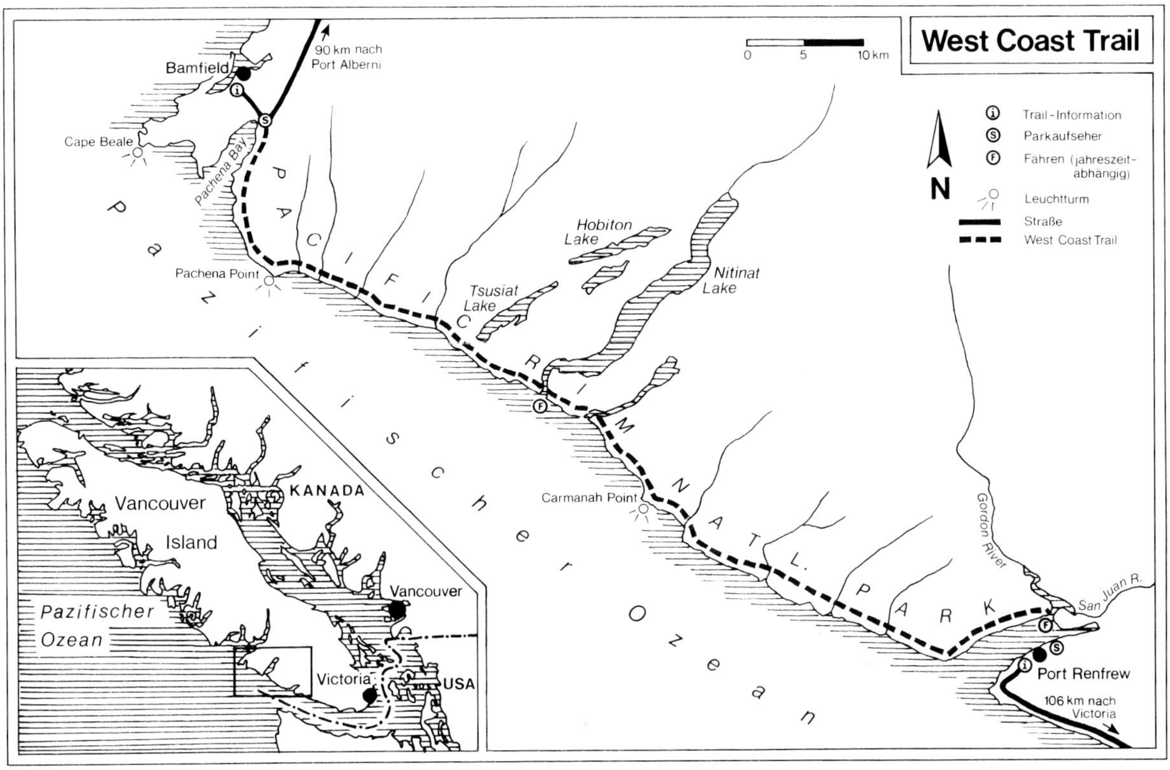

Informationen: West Coast Trail

Beste Reisezeit: Mitte Mai bis Ende September. Für all jene, die die ganze Strecke begehen wollen, ist es auch die einzige Reisezeit, da die Fähren über Nitinat Narrows und Gordon River nur während dieser Monate verkehren. Wer gleichwohl von Oktober bis Mitte Mai wandern möchte, kann das zwischen Pachena Beach (sechs Kilometer östlich von Bamfield) und Nitinat Narrows machen. Mit langen Strandabschnitten, Seelöwenkolonie und den Tsusiat-Fällen ist dies eine lohnende Sache. Tageswanderer gehen den ersten und sehr gut ausgebauten Abschnitt zwischen Pachena Beach und Pachena Lighthouse an, einen Rundkurs über 20 Kilometer.

Zum Trail: Gesamtlänge: 77 Kilometer. Dauer: vier bis sieben Tage. An beiden Enden befinden sich von Mitte Mai bis Ende September Nationalparkbüros (Registration der Wanderer) Neben allgemeinen Informationen gibt es hier gegen Gebühr die gute, wasserfeste Karte »West Coast Trail« vom »Ministry of Environment and Parks (B. C.)« sowie einen Gezeitenplan (*tide tables*) für jene, die bei Niedrigwasser am Strand entlanggehen wollen.

Zugang: 90 Kilometer staubige *logging roads* – Holzfällerstraßen – von Port Alberni, im Herzen Vancouver Islands, nach Pachena Bay. Wer sein Auto schonen will, kann vom selben Ausgangspunkt mit dem Boot »Lady Rose« durch das tief eingeschnittene Alberni Inlet nach Bamfield fahren. Das südöstliche Trail-Ende liegt nahe dem kleinen Ort Renfrew und ist über Highway 14 mit dem nur 106 Kilometer entfernten Victoria verbunden. Hier verkehren keine öffentlichen Transportmittel. Viele Wanderer lassen sich daher hier privat absetzen und benutzen am nordwestlichen Trail-Ende die regelmäßig verkehrende »Lady Rose« nach Port Alberni. Dort gibt es Busanschluß.

[i] Pacific Rim National Park, P.O. Box 280, Ucluelet, B.C., V0R 3A0, Tel.: (250) 726-7721.

Motorboot »Lady Rose«: Alberni Marine Transportation, P.O. Box 188, Port Alberni, B.C., V9Y 7M7, Tel.: (250) 723-8313, Fax: 723-8314.

Es werden auch interessante und preisgünstige Bootstouren in die Broken Group Islands und nach Ucluelet, nahe dem Long-Beach-Abschnitt des Pacific Rim NP, angeboten. Kajaks und Kanus für Paddeltouren durch die Broken Group Islands (Pacific Rim NP) können hier angemietet werden. In der Saison sind sowohl für die »Lady Rose« als auch Paddelboote rechtzeitige Reservierungen nötig.

»Canol Heritage Trail«

Keiner der bekannten nordamerikanischen Trails kommt ihm gleich. Nirgendwo sonst ist der Wanderer einsamer und mehr auf sich selbst gestellt als hier: Über 372 Kilometer erstreckt sich der Canol Heritage Trail zwischen Norman Wells (N. W. T.) und Macmillan-Paß (Yukon) im Anschluß an die North Canol Road (s. Karte S. 49). Legt man unter Einbeziehung kleiner Abstecher einen mittleren Tagesdurchschnitt von fünfzehn Kilometer zugrunde, ist es ein Fußmarsch von 25 Tagen. Manche haben es in weniger Zeit geschafft. Doch darf nicht vergessen werden, daß es sich hier um unberechenbare Wildnis ohne jegliche Versorgung und Hilfe handelt.

Starke Regenfälle können für Zwangspausen sorgen, weitaus schwerwiegender noch, zahlreiche danach angeschwollene Flüsse und Creeks für längere Zeit unpassierbar sein. Der Twitya River muß immer durchschwommen werden, für die meiste Zeit des Jahres – mit Ausnahme der kurzen Spanne mit Niedrigwasser im Spätsommer – gilt das auch für Carcajou und Little Keele River. Sein Gepäck muß der Wanderer dabei auf einem kleinen selbstgebauten Floß vor sich herschieben.

Um das Rucksackgewicht niedrig zu halten, lassen sich manche *hiker* zu einem vorher festgelegten Zeitpunkt und Ort frische Lebensmittel einfliegen, was nicht gerade billig, doch die beste Lösung ist, um das Gewicht gering zu halten. Abmachungen für derartige Versorungsflüge können in Whitehorse, Ross River und Norman Wells getroffen werden. Wer in Norman Wells starten will, kann von Edmonton mit regulärer Linienmaschine anfliegen. Das Übersetzen über den Mackenzie River zum westlichen Ufer Richtung »Camp Canol« muß selbst organisiert werden, dürfte jedoch wegen vieler Motorboote im Ort auf keinerlei Probleme stoßen. Vom südlichen Trail-Ende sollte mit etwas Glück eine Mitfahrgelegenheit Richtung Ross River gefunden werden. Eigene Erfahrungen bestätigen, daß *northerners* sehr hilfsbereit sind und einem müden Wanderer selten solche Bitten abschlagen.

Die Möglichkeiten zur Tierbeobachtung auf dem Pfad und in Seitentälern (!) sind großartig. U. a. sieht man Karibu, Elch, Fuchs, Dallschaf, Backenhörnchen, Adler und Wolf. Es bestehen auch beste Chancen, einen Grizzly vor die Kamera zu bekommen.

Eine gute Alternative zur Wanderung wäre die Fahrt mit einem zuverlässigen Mountain Bike. Das Problem der Flußüberquerungen besteht allerdings auch dann.

Vor dem Aufbruch sollte man sich registrieren lassen. Das ist zwar freiwillig, sollte jedoch aus Sicherheitsgründen bei der RCMP (Polizei) in Norman Wells oder Ross River vorgenommen werden. Bei Ausbleiben der Rückmeldung am Trail-Ende erfolgt eine Suchaktion.

Die topographischen Karten Nr. 96D, 96E, 106A, 105O und 105P (1 : 250 000) sollte der *hiker* sich unbedingt besorgen. Zu beziehen sind sie über »Canada Map Office«. Siehe Anhang »Nützliche Anschriften« (S. 169) Dort ebenfalls Anschrift von »Travel Arctic« zum Bezug der kostenlosen Broschüre »Canol Heritage Trail«.

Im Nordland auf der Pirsch

Die Wildnisse Alaskas und Nordwestkanadas sind aufgeschlagene Lehrbücher der Natur. Mit Geduld und einem guten Fernglas kann man die vierbeinigen Ureinwohner oft hautnah beobachten. So habe ich erlebt, wie Biber wenige Meter vor mir Zweige zum Bau ihrer Dämme und Burgen durchs Wasser zogen. Mitunter werden einem die Tiererlebnisse »frei Haus« geliefert. Einmal kam ein Elch so nah an mein Zelt, daß er über einen Hering stolperte.

Ganz selten hatte ich ein Gewehr dabei. Wenn, dann nur zur Verteidigung, doch diese Situation trat nie ein. Gejagt habe ich nie, obwohl ich mich einst durch die Jägerprüfung gebüffelt und daheim den Jagdschein erworben hatte – für Kanada und Alaska, um dort zu jagen. Doch dann erlebte ich eine solche Befriedigung bei der Beobachtung des Miteinander in der Natur, daß ich den Schuß und seine Folgen als Bruch gerade jener Harmonie empfunden hätte, deretwegen ich gekommen war. Doch das sind sehr persönliche Empfindungen.

Die Jagd auf *big game*, auf Großwild wie Bär, Elch oder Wapiti, ist in Nordamerika mancherorts ein Wirtschaftszweig. Für *outfitter*, staatlich lizenzierte Jagdveranstalter, ist sie Lebensunterhalt, da es einem *non-resident*, also jemandem, der nicht in Alaska beziehungsweise der jeweiligen kanadischen Provinz seinen festen Wohnsitz hat, verboten ist, ohne einen lizenzierten Begleiter Großwild zu jagen. Das macht die Jagd sehr teuer. Trotzdem ist *sport hunting* auch bei Besuchern aus Mitteleuropa beliebt.

Durch Festsetzung von Abschußquoten und einschränkenden Bestimmungen für Trapper haben manche Tierarten wieder erstaunliche Verbreitung gefunden. Der Luchs zum Beispiel war zwischen 1900 und 1950 in den *Lower Fourty-Eight* und Südkanada ausgestorben. Sein Pelz war zu begehrt. Eineinhalb Jahrzehnte später war er in Kanada in seinem alten Gebiet wieder heimisch geworden.

Der »Canadian Wildlife Service« sieht bei Grizzly und anderem Großwild heute weniger die Jagd als Bedrohung der Tierwelt, als die Ausweitung menschlicher Lebensräume. Noch gelingt es manchen Tieren auszuweichen: Der Lebensraum der kanadischen Elche hat sich zum Beispiel um ca. 300 Kilometer nach Norden verschoben.

Dort könnten sie jedoch durch zukünftige Straßenprojekte erneut gefährdet werden. Deshalb löste zum Beispiel der Bau des Dempster Highway bei Tierschützern Proteste aus, da er die Wanderrouten der *barren ground caribous* (*Porcupine*-Herde) durchschnitt. Erfahrungen von mehr als einem Jahrzehnt haben jedoch gezeigt, daß sich die Karibus an den Dempster gewöhnt haben.

Der »Canadian Wildlife Service« endet seine Werbung für mehr Tierverständnis und unangetastete Biotope mit den nachdenklich stimmenden Worten »... damit der Grizzly im kanadischen Erbe mehr bleibe als nur ein vergilbtes Bild im Buch der Geschichte.«

PARK NATURALIST

Im Kanu und Kajak

Zwischen Hudson Bay und Beringmeer

Jahrtausendelang waren Flüsse für Indianer die Haupttransportwege, Schlüssel zur allmählichen Besiedlung der unermeßlichen, menschenleeren Weiten Nordamerikas. Bald nach Ankunft des weißen Mannes galt auch dessen Interesse den Wasseradern: »Im Einzugsbereich aller in die Hudson Bay fließenden Wasser« etablierte sich das Wirtschaftsimperium der Hudson's Bay Company. An den Ufern dieser Gewässer lebten, was den Norden für das Europa des 17. und 18. Jahrhunderts so interessant machte, Pelztiere – allen voran der Biber. Es wurde sein Schicksal, die exzentrischen Modewünsche der eleganten Welt zwischen London und St. Petersburg zu befriedigen.

Über die Flüsse Alaskas zogen die Händler des russischen Zaren, auf Nelson und Churchill River paddelten die Männer der Hudson's Bay Company. Später kamen die legendären »Voyageurs«, fidele, buntgekleidete, unglaublich zähe frankokanadische Kanumänner, die von Montreal über die Pfründe der Hudson's Bay Company hinaus den Pelzhandel in die entlegensten Winkel des Nordwestens trugen. Flüsse mit klingenden Namen wie Athabasca, Slave und Mackenzie dienten ihnen dabei als Sprungbrett in die unerforschte Wildnis.

Neben vielen Reisen durch Nordamerika mit Wohnmobil, Schiff, Bus und Bahn habe ich auch mehr als 7000 Kilometer im Kanu zurückgelegt. Weitere 3000 Kilometer bin ich per Kajak im Alleingang auf dem Yukon River zum Beringmeer gepaddelt. Nie empfand ich den Zauber des Nordens tiefer als bei dieser Art der Fortbewegung. Nirgendwo sonst ist die Berührung mit dem Gestern, mit Pelzhandel, Goldgräber- und Pionierzeit, greifbarer als an den Ufern der Flüsse. Keine andere Art und Weise des Reisens vermit-

Stromschnellen zu meistern erfordert Geschick

So sah es früher in einem Handelsposten der Hudson's Bay Company aus

telt tiefere Einblicke in Wesen und Eigentümlichkeiten des Nordens und seiner Menschen.

Kanada und Alaska bieten wie kein anderer Teil der Erde eine ungeheure Zahl und Vielfalt an Paddelrouten; für Wildwasserfreunde wie Flußwanderer, die es vorziehen, Nordlandbilder im Rhyhtmus ihres Paddelschlages gemächlich an sich vorbeiziehen zu lassen.

Historische Flußreise auf dem Churchill River

Vor mehr als 320 Jahren begann die Hudson Bay in den Blickpunkt Europas zu rücken, war jedoch selbst unter Eingeweihten kaum mehr als ein verschwommener Begriff für eine unendlich weit entfernte Welt, der sich zu widmen allenfalls der Biberpelz lohnte.

»Biber« als Pelz, Kleidungsstück oder Hut ist außer Mode gekommen. Was also könnte heute reizen, im Kielwasser der Pelzhändler durch entlegene Landschaften zu der großen Bucht des Nordens zu paddeln? Ich kenne ein paar Gründe. Sie tragen Namen wie Churchill, Hayes und Nelson River.

Ein Blick auf detaillierte topographische Karten von Nord-Manitoba und -Saskatchewan zeigt schier unvorstellbare Labyrinthe weitverzweigter Seen, Buchten, Creeks und Flußläufe. Über Jahrhunderte war dies das Herrschaftsgebiet der legendären Hudson's Bay Company, jener Gesellschaft, der einst vom grünen Tisch im fernen England uneingeschränkte Rechte im Einzugsgebiet aller in die Hudson Bay mündenden Flüsse zugestanden worden waren. Niemand wußte damals, wie viel und wie weit das war. Legt man heutige Maßstäbe an, kommt man auf eine Fläche etwa halb so groß wie die des australischen

Kontinents. »HBC« lautet das Kürzel für Hudson's Bay Company. *Here before Christ* hieße das, sagen Eingeweihte. Kein Wunder – seit den Anfangstagen der Erschließung durch den weißen Mann bestimmte die »Company« das Leben hier, seinen Preis und alle Regeln.

Fast 2000 Kilometer durchzieht der Churchill River dieses weite Land, bis er die nach dem englischen Seefahrer Henry Hudson benannte riesige Bucht des nördlichen Polarmeeres erreicht. Ein Fluß ist er nur dem Namen nach, in Wirklichkeit, mit Ausnahme seines letzten Abschnittes, ist er eine Verzahnung ungezählter Seen. Bis heute hat es der Mensch nur vereinzelt vermocht, dieser Region seinen Stempel aufzudrücken; hier und dort ein Dorf, einzelne Buschpisten, selten ein Staudamm. Sie wirkt freundlich, ja fast heiter, die Landschaft des »Kanadischen Schilds«, aus der sich wie spärlich bewachsene Schädel von Eiszeiten rundgeschliffene Granitfelsen erheben. Der Fischreichtum der klaren Flüsse und Seen ist so groß, daß selbst ein *greenhorn* innerhalb Minuten zwei, drei Hechte an Land zieht.

Von Winnipeg, der Hauptstadt Manitobas, hatten wir uns, mit Proviant und Ausrüstung versehen, bis nach The Pas im Westen der Provinz vorgearbeitet. Wir hatten den Tip bekommen, den Wagen in The Pas zurückzulassen und von dort die Eisenbahn zum Churchill River zu nehmen.

»Aber gibt es denn da eine Bahnstation?«

Unser Informant hatte vielsagend gelächelt.

»Sagt dem Burschen von der Bahn, ihr wollt mit dem Kanu zur Hudson Bay. Der Zug wird an der richtigen Stelle für euch halten.«

Dann war der »Muskeg Express« von The Pas aus gen Norden gerollt. Indianer mit breiten Gesichtern und harten Zügen lümmelten sich in den Polstern, eine Gruppe amerikanischer Angler war auf dem Weg zu *fishing holidays* im Norden Manitobas. Allmählich veränderte sich das Bild draußen, der Zug rumpelte durch eine Landschaft, die jetzt mehr als zuvor von tiefblauen Wasserarmen durchzogen wurde. Plötzlich kreischten die Bremsen. »Euer Churchill River!« Langsam setzte sich

Weißkopfseeadler

wenig später der »Moos-Expreß« wieder in Bewegung. Nur der Adler über dem See konnte die beiden an ihr gelbes Kanu gelehnten Menschen sehen, die am Ufer standen und lange dem Zug hinterherblickten. Es war still und einsam am großen Strom.

Sacht gleitet unser Kanu über den Churchill River. Behutsam schiebe ich das Paddel nach, fast so, als hätte ich Befürchtung, ein allzu scharfer Hieb könne die Stille und Perfektion der glatten Oberfläche stören. Ein Wasserflugzeug brummt heran, wackelt mit den Tragflächen, wir schwenken die Paddel und grüßen zurück. Der Churchill ist kein einfacher Fluß. Eigenwillig die Richtung wechselnd, nach Norden, Süden, Osten und Westen abknickend, mäandert er sich umständlich durchs Land. Wird ausladend, bildet unendlich verästelte Seen wie Highrock, Granville, Opachuanau Lake, überrascht plötzlich mit großartigen Wasserfällen, reißenden Stromschnellen.

So vergehen Tage und Wochen mit Paddeln, dem Lernen der Gesetze der Wildnis und dem Anpassen an diesen kostbarer gewordenen Schatz einer unberührten Urnatur, in der majestätische Weißkopfseeadler unsere täglichen Gesellschafter sind. Es ist Mitte Juni, als wir den mächtigen Southern Indian Lake erreichen. Dort, wo der Himmel den See berührt, mache ich ein weißli-

Kanada ist ein Paradies für Kanufahrer

ches Flimmern über dem Wasser aus. Wir rätseln. Treibende Eisschollen geben uns die Antwort: Der Südliche Indianersee ist noch durchgehend mit einem Eispanzer bedeckt. An Weiterfahrt ist nicht zu denken. »Nächstes Jahr kommen wir zurück«, beschließen wir und kehren um. Beiden ist es uns ernst mit diesem Versprechen. Die Nordlandliebe sitzt uns wie ein Stachel in der Haut.

Die Hudson's Bay Company

Er war der letzte Zugang in das pelzreiche Hinterland des heutigen Manitoba und Saskatchewan, doch als Handelsfluß sollte der Churchill nie eine solche Bedeutung erlangen wie der Hayes River, an dessen Mündung bereits in den Anfangstagen der »Company« York Factory gebaut worden war. Zwar entstand ab 1732 am Churchill River aus Angst vor französischen Invasionsabsichten das trutzige Fort Prince of Wales, doch rund 250 Kilometer südlicher entwickelte sich unaufhaltsam, was getrost als Nervenzentrum des mächtigsten Pelztierhandels- und größten Grundbesitz-Konzerns aller Zeiten bezeichnet werden kann: York Factory.

Bis auf das stattliche Handelshaus sind die Gebäude heute verfallen. Türen und Fenster scheppern in morschen Rahmen, das einzige Geräusch neben dem Heulen des Sturmes. Schlittenhunde heulen hier längst nicht mehr.

Wo sich einst die Zentrale der HBC befand, kostbare Pelze sich zu Tausenden türmten, wuchert für wenige Sommerwochen Gras. Die bedeutendste Handelsniederlassung zwischen Alaska und New York ist seit 1957 tot – wie jene Biber, deren Pelze hier einst in unvorstellbaren Mengen umgeschlagen, in 90-Pfund-Ballen, *pieces* genannt, gepackt und für die Reise nach England seeklar gemacht wurden.

Wer weiß, wie sich die Geschichte Kanadas entwickelt hätte, ob jemals die Hudson's Bay Company und York Factory Gestalt angenommen hätten, wären nicht zwei *coureurs des bois*, Waldläufer, im Osten Kanadas, dem Nouvelle France, auf die Ignoranz ihres französischen Gouverneurs

Festungsmauern des alten Forts Prince of Wales in Churchill an der Hudson Bay

gestoßen? Damit begann die Geschichte der »Gesellschaft der Abenteurer«.

1659: Westkanada ist nur ein weißer Fleck auf der Karte der Erde. Weniger als 5000 Menschen leben im Osten. Flecken wie Toronto und Ottawa sind noch Wildnis, Montreal ein Dorf.

Abendliche Ruhe ist in Trois Rivières am St.-Lorenz-Strom eingekehrt. Für die sich heimlich fortschleichenden Abenteurer Groseilliers und Radisson wird es ein langer Abschied. Trotz Verbotes ihres um seine Pelzhandelskontrolle fürchtenden französischen Gouverneurs dringen die erfahrensten *coureurs des bois* (Waldläufer, Kanumänner und Pelzhändler) ihrer Zeit in den unerforschten Westen vor. Ihre Rückkehr nach zwei Jahren wird zum Triumphzug. 300 Indianer paddeln Dutzende mit Pelzen randvoll beladene Kanus. Ihr damaliger Handelswert: gut eine Million Mark.

Doch die Vision der beiden Männer von Reichtum und Ausweitung des Pelzhandelsgeschäftes platzt über Nacht. Ihr Gouverneur beschlagnahmt die Pelze, sie selbst kommen vor Gericht – wegen unerlaubten Verlassens der Kolonie. In ihrer Verbitterung wenden sie sich an Frankreichs Erzfeind England. Die Hudson's Bay Company nimmt Konturen an.

Im Europa des 17. Jahrhunderts stehen Pelze hoch im Kurs. In der Wildnis Kanadas traditionelles Kleidungsstück, oft sogar Notration in schweren Zeiten, indem man die getragene Lederhaut kocht und ißt, wird der Pelz des Bibers im barocken Europa Luxus- und Prestigeobjekt wie kein anderer zuvor. Der Hut aus Biberpelz avanciert zur gesellschaftlichen Meßlatte. Die Einschätzung des »Herrn von Welt« richtet sich nach der Qualität seiner Kopfbedeckung und der galanten Art, wie er sie zieht. Doch auch als Muff oder Cape für die Dame ist der Pelz begehrt. Die

Ideen der französischen Waldläufer treffen daher bei Prince Rupert, dem weltoffenen Cousin des englischen Monarchen, auf großes Interesse. Auf sein Drängen unterzeichnet König Charles II. am 2. Mai 1670 die Charta der Hudson's Bay Company. Der volle Name der Gesellschaft lautet: *Governor and Company of Adventurers of England Trading into Hudon's Bay*. Mit ihr hält England fortan den Schlüssel zum Pelzhandelsmonopol – letztlich auch zu ganz Westkanada – in den Händen.

Sechzehn *adventurers* – Teilhaber – benennt das Ur-Dokument von 1670 neben dem *governor*, dem Prinzen Rupert. Ihr Startkapital: 4720 englische Pfund. Die Einlage bringt gute Zinsen. 1739 werden 70000 Biberpelze im Wert von 30000 Pfund Sterling nach England verschifft. Mitte des 19. Jahrhunderts kommen allein in einem Jahr im Londoner gesellschaftseigenen Auktionshaus 509000 Biberpelze unter den Hammer.

Trapper ziehen auch heute noch durch Wälder und Tundren

Es erlebte geschäftige Zeiten, dieses York Factory. Sah Versorgungsschiffe ankern und das Kommen und Gehen prächtig bemalter Birkenrindenkanus der Cree- und Chipewyan-Indianer. Hin und wieder waren auch Boote der Assiniboines, Yellowknifes, Slaves, Dogribs und Eskimo (Inuit) darunter. Nicht selten, daß für weit entfernt lebende Stämme die Rundreise nach hier mehr als 24 Monate dauerte.

Da erschütterte 1763 unheilvolle Kunde die »Company«. Nach der Übernahme des französischen Landesteils durch England drängen von Montreal selbständige englische und amerikanische Pelzhändler in den Westen. 1784 sammeln sie sich unter einer Flagge: Die »North West Company« (NWC) ist gegründet. Ein erbarmungsloses Wettrennen um die Pelzpfründe Kanadas beginnt. Im Dienste der NWC stehende Voyageurs, drahtige frankokanadische Kanumänner mit legendärem Ruf, schier unbegrenzter Ausdauer und unbeschwertem Draufgängertum dringen in das Gebiet der HBC vor. Berichte schildern sie als fröhlich, zäh und, obwohl sie »zu Zeiten Götter aus ihren Bäuchen machen«, als überaus genügsam. Es kommt zu offenen Auseinandersetzungen zwischen ihnen und den »Orkneymen« der HBC. Pelzhandelsposten der rivalisierenden Gesellschaften entstehen oft Seite an Seite, um sich gegenseitig unter Kontrolle zu haben.

Die Tauschpreise für die jetzt mehr denn je begehrten Pelze klettern: Eine Flinte kostet zwanzig, eine Decke acht Biberpelze. Durch rigorose Methoden steigt auch die Ausbeute. 1798 verzeichnen die Bücher der NWC u. a. 106000 Biberpelze, 2100 Bären- und 32000 Marderfelle. Im selben Jahr sind bei den »Nor' Westers« 1120 Voyageurs unter Vertrag.

Noch 1718 hatte die HBC schriftliche Verwarnungen wegen des Einsatzes von Alkohol erteilt. Gegen Ende des Jahrhunderts werden auch bei ihr Rum und »Brandy« (gefärbter Gin) als legale Tauschmittel eingesetzt. Doch unerreicht bleiben die brutalen Handelspraktiken der North West Company: 86300 Liter Rum bringt sie in einem Sommer unter die Indianer. Zusammen mit dem

Voyageurs durchstreiften für die Pelzhandelsgesellschaften das Nordland

Anteil der HBC sind das alles in allem 114000 Liter Alkohol in einem Jahr. Gleichzeitig treibt die hemmungslose Jagd auf Biber Tiere und Pelzhändler gleichermaßen tiefer in den Busch des Westens.

Da bringt das Jahr 1778 neue Impulse ins Geschäft. Der Pelzhändler Peter Pond, heute eine schillernde Figur in Kanadas Schulbüchern, in Wirklichkeit ein skrupelloser Abenteurer, entdeckt die 21 Kilometer lange »Methye Portage«, die kürzeste und günstigste Landverbindung zwischen den zur Hudson Bay fließenden Wassern und einem noch unbekannten Flußsystem im Westen. Das bis dahin unerforschte Athabasca-Land wird zum Dorado des Pelzhandels. Für die flexiblen und nicht durch starre Strukturen einer großen Gesellschaft eingeengten »Nor' Westers« steigt die Herausforderung ins schier Unermeßliche. 5000 Kilometer trennen ihr Hauptquartier in Montreal vom neu gegründeten Handelsposten Fort Chipewyan am Athabasca-See. Und schon rüsten sie sich für einen neuen Vorstoß...

Der lange Weg zur Hudson Bay

Ein neuer Sommer steht vor der Tür. Rechtzeitig mit den Zugvögeln kehren wir in das Herzstück Kanadas zurück, um dem Churchill River 2000 Kilometer vom Churchill Lake im Westen Saskatchewans bis zur Mündung in die Hudson Bay zu folgen. Schwerbeladen ist unser Kanu, mit Ausrüstung und so viel Lebensmitteln, daß uns ein Sturm zur Not auch für einige Tage ans Ufer bannen kann. Sieben bis zehn Stunden paddeln wir im Tagesdurchschnitt. Das ist bei weitem nicht so viel wie die Leistung der Pelzhandelsbrigaden von einst – ihr Kanualltag dauerte bis zu sechzehn Stunden – doch auch das Leben des modernen Voyageurs hat seine Härten. Fast täglich portagieren wir Boot und umfangreiche Ausrüstung um Wasserfälle und Stromschnellen herum.

Vier Wochen sind wir schon auf dem Churchill unterwegs. Nahe der kleinen Ortschaft Sandy Bay im Osten Saskatchewans beschließen wir, unser Boot mittels vorn und hinten befestigter Leinen vom Ufer aus am Rand der dort sehr starken Stromschnellen entlangzuführen. Eine folgenschwere Fehlentscheidung. Das vollbeladene Kanu gerät in Turbulenzen, schlägt um und reißt Juliana in die gefährlichen Strudel, in welchen erst eine Woche zuvor vier Indianer ertrunken sind. Sie wird zum Spielball des wütenden Churchill Rivers. Die Strudel ziehen sie in die Tiefe, zerren sie an Felsen vorbei. Mit Zähigkeit und Glück schafft sie es, ans Ufer zurückzukommen. Es gelingt uns auch, das kieloben treibende Boot zu bergen. Dank eines Spritzdecks haben wir kaum Ausrüstung verloren.

Doch Juliana will jetzt nicht mehr ins Kanu zurück. Schock?

»Der abgeworfene Reiter soll das Pferd sofort wieder besteigen, sonst macht er es nie mehr«, rede ich auf sie ein. Schließlich paddeln wir weiter, beide haben wir diesen Entschluß nie bereut. Je länger wir unterwegs sind, um so mehr wird das Voyageursleben auch unser Alltag: Mit Brotbacken am Lagerfeuer, Fischefangen und -räuchern, Camp Auf- und Abbauen und der Routine am Paddel. Über Jahrhunderte haben solche Bilder das Leben auf dem Fluß bestimmt. In manchen Momenten, wenn Morgennebel die Konturen über dem Wasser verwischen und dem Land etwas Verzaubertes anhaftet, ist mir, als könnte ich die Pelzhandelsbrigaden hören. Das rhythmische Stechen von Paddeln, ihre Lieder. Fidele Gesellen waren sie. Manch Voyageur rühmte sich, fünfzig Lieder pro Tag zu singen, solche wie *Youpe youpe sur la rivière* oder *En roulant ma boule*.

So vergehen weitere sechs Wochen, bis wir unser Ziel, Churchill an der Hudson Bay, erreichen.

Orte entlang des großen Flusses gibt es heute kaum mehr als damals. Doch wo einer ist, trifft man auf die Initialen der Gesellschaft, die das dortige Leben veränderte. Im Pelzhandel hat die HBC kaum noch Bedeutung, vor allem nach dem Gesundschrumpfungsprozeß der Jahre 1986–87, als die Pelzauktionshäuser sowie die »Northern Stores« veräußert wurden. Geblieben in alter Trägerschaft sind vor allem die unter dem neuen Namen »The Bay« firmierenden Großkaufhäuser in den Ballungszentren.

Die »Gesellschaft der Abenteurer« hat ihr Gesicht verändert, sich wieder einmal angepaßt an die Notwendigkeiten der Zeit. Sie hat Erfahrung darin; wie nach 1789, als der junge »Nor' Wester« und Konkurrent Alexander Mackenzie den Pelzhandel in immer entferntere und gleichzeitig biberreichere Gegenden verlegt hatte. Die bis aufs Messer ausgetragenen Streitigkeiten endeten erst 1821. Auf dem Höhepunkt ihrer Auseinandersetzungen schlossen sich die Rivalen unter Flagge und Namen der Mächtigeren, der HBC, zusammen.

Doch mit der Ruhe im nordischen Busch war es für immer vorbei. Siedlertrecks folgten. Im Jahre 1870 verkaufte die HBC ihr immenses Territorium mit dem bis dato geltenden Namen »Rupert's Land« für 300 000 englische Pfund an Kanada. Schon bald kündete der Schlag schwerer Hämmer das Zeitalter der Eisenbahn an, die bereits 1886 das Land von Ost nach West durchzog.

Um den Pelzhandel aber wurde es still, Göttin

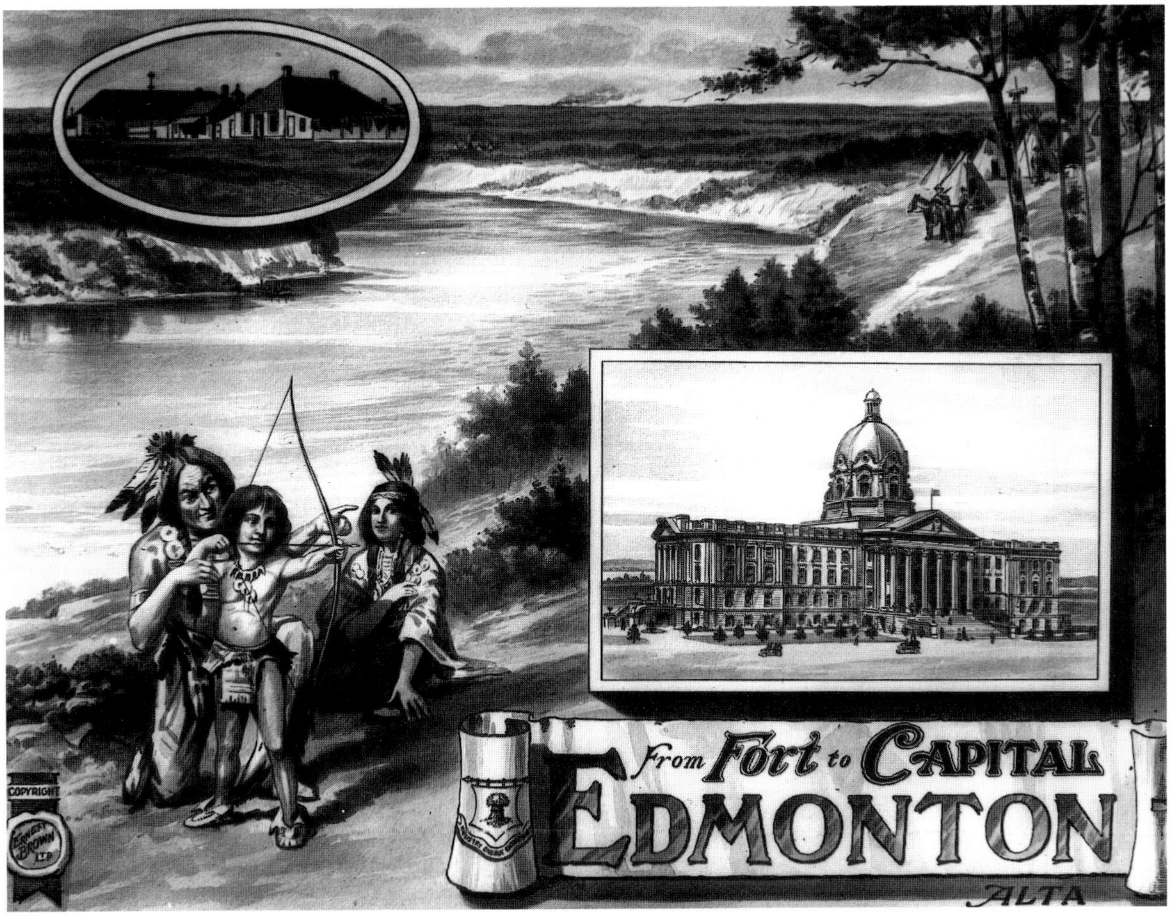

Fort Edmonton: Vom Pelzhandelsposten zur Hauptstadt Albertas

Mode hatte es so beschlossen. Viele Forts der Pelzhändler entwickelten sich zu Dörfern und Städten. Aus Fort Edmonton am Saskatchewan River wurde die Hauptstadt Albertas. Andere Handelsposten wie York Factory verfielen.

Wind und Regen rütteln an morschen Balken. Schreiend erheben sich Wildgänse. Manchmal verirrt sich ein Eisbär nach hier. Wieder wird es Abend an der Hudson Bay. Ein Sonnenstrahl, durch schwere Wolken geschickt, bricht sich im Wasser.

Es ist ruhig geworden auf der Straße der Pelzhändler und ihrem langersehnten Ziel – York Factory. Wo einst nach monatelangen Kanureisen die Flammen von Lagerfeuern hochschlugen, Worte und Lieder durcheinanderschallten, streicht jetzt über verwitterte Grabkreuze der Wind. Die fidelen Voyageurs singen schon lange nicht mehr.

Informationen
Churchill und Hayes River

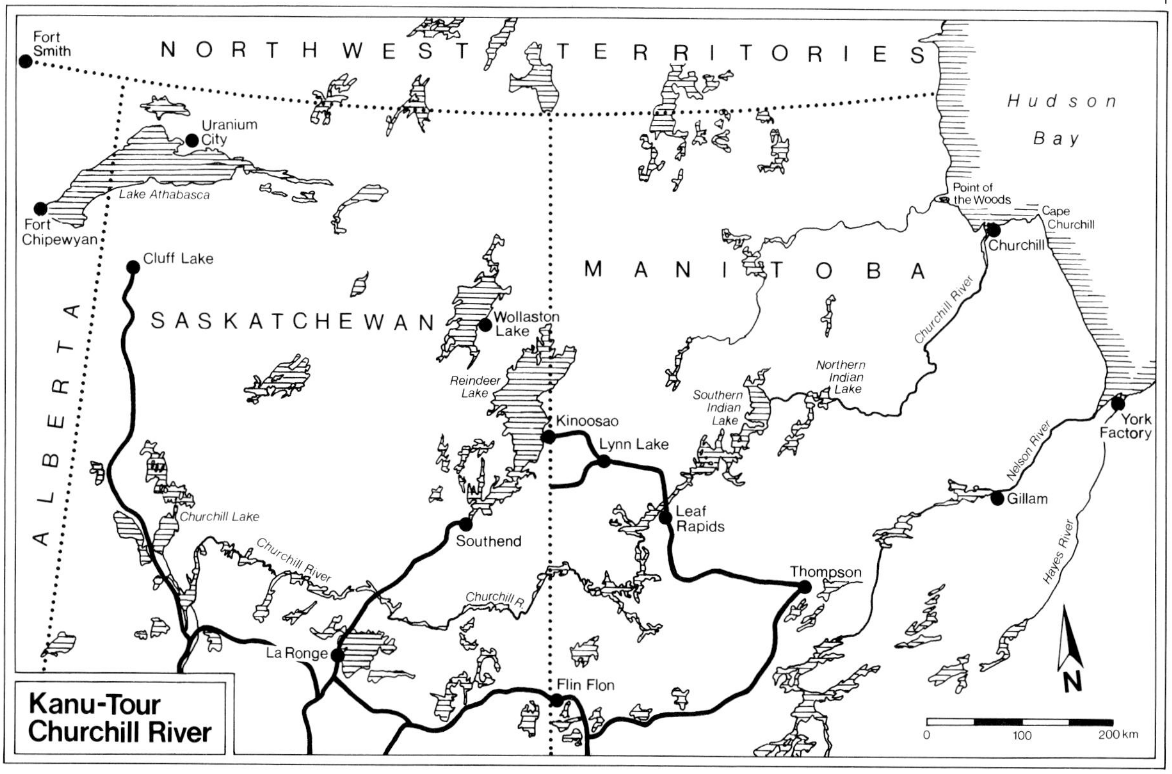

Beste Reisezeit: Juni bis August. Anfang Juni können allerdings einige der großen nördlichen Seen noch zugefroren sein.

Churchill River: Die Dauer der Befahrung hängt im wesentlichen davon ab, wo man die Kanureise beginnt bzw. beendet. Ungeachtet der individuellen Leistungsunterschiede sollten für die Gesamtstrekke vom Churchill Lake bis zur Hudson Bay zwei Monate eingeplant werden.

Interessante Eindrücke und großartige Flußerlebnisse kann man bereits auf den Teilabschnitten zwischen Buffalo Narrows und La Ronge sowie von La Ronge nach Sandy Bay sammeln. Jeder der genannten Orte, die in Saskatchewan liegen, ist per Auto zu erreichen.

Beim Start in Manitoba ist die in The Pas beginnende Eisenbahnfahrt zum Churchill River nahe Pukatawagan zu empfehlen. Von dort besteht die Möglichkeit einer sehr reizvollen, maximal zehntägigen Bootsfahrt nach Leaf Rapids, von wo über die Straße 391 via Thompson der Süden erreicht werden kann.

Wer bis Churchill an der Hudson Bay weiterpaddelt, findet dort regelmäßige Zugverbindung nach The Pas und Winnipeg.

Hayes River: Beginn bei der Siedlung Norway House in Manitoba (Straße 373), Ende: York Factory. Da es von dort keine regelmäßigen Verbindungen gibt, sollten die Modalitäten für den Rücktransport zuvor mit einer Charterfluggesellschaft ausgemacht werden. Man kann auch von York Factory aus um Marsh Point, eine Halbinsel, die die Mündungen der unmittelbar nebeneinanderliegenden Hayes und Nelson River trennt, herumpaddeln (Vorsicht bei Sturm) und von dort – gegen die Strömung – 112 Kilometer den Nelson und Limestone River hinauffahren, bis die Bahnlinie Churchill–The Pas erreicht ist. Der Lokführer wird auf ein deutliches Zeichen hin halten.

Zum Kanu: Mit gelegentlich hohen Wellen muß bei beiden Flüssen gerechnet werden. Ein 16 bis 18 Fuß (ca. 5,5 bis 6 Meter) langes Kanu mit Spritzdeck ist am besten. Schwimmwesten sind unerläßlich.

Zum Kanufahren: Grundkenntnisse im Kanufahren sollten vorhanden sein. Einfühlungsvermögen ist in der Wildnis wichtiger als alle einstudierten Survival-Kenntnisse. Wichtig: Nicht die Tücken der großen Seen (gelegentlich hohe und unberechenbare Wellen) unterschätzen. Besser mehr Zeit als unbedingt erforderlich einplanen, um in Ruhe das Ende eines gewiß irgendwann aufkommenden Sturms abwarten zu können. (Aus diesem Grund auch etwas mehr an Lebensmitteln mitnehmen.)

Auf allen genannten Strömen gibt es eine Vielzahl zumeist malerischer Wasserfälle sowie Stromschnellen. Unbekannte *rapids* mit beladenem Kanu zu befahren ist problematisch, mitunter leichtsinnig. Im Zweifelsfall sollte von den fast überall vorhandenen alten *portage trails* Gebrauch gemacht und Boot wie Ausrüstung zum Ende des Hindernisses getragen werden.

Flußregistration: Sie ist freiwillig, sollte jedoch unbedingt mit Angabe des Ziels bei der örtlichen RCMP (Polizei) vorgenommen werden. Beim Ausbleiben der Rückmeldung am vereinbarten Reiseziel erfolgt eine Suchaktion.

Topographische Karten: Flußkarten von Manitoba sind gegen Gebühr über Survey Branch, 1007 Century St., Winnipeg/Man. zu beziehen.

[i] Karten von Saskatchewan sind gegen Gebühr über Saskatchewan Property Management Corporation, 1840 Lorne St., Regina/SK S4P 3V7, Tel.: (306) 787-6911, Fax: 787-1061 zu bekommen.

»Travel Manitoba«, das Touristenbüro, verteilt die nützliche kleine Broschüre »Canoe Trips in Manitoba«.

Sehr gute und detaillierte kostenlose Informationshefte über 56 Kanurouten (u. a. auch Churchill River) bietet »Tourism Saskatchewan« an.

Anschriften der Touristenbüros siehe Anhang »Nützliche Anschriften« (S. 169).

Auf den Seiten 126/127:
Der Athabasca River in den Rocky Mountains

3500 Kilometer auf Athabasca, Slave und Mackenzie River

Nach Inuvik? Die Hand des Stoppelbärtigen in dem kleinen Ort La Loche wischt durch die Luft. »Immer nach Norden – zum Ende des Mackenzie River.« Und schon vertieft er sich wieder ins Reparieren seiner Netze. Als wenn die Arktis gleich nebenan läge...

Inuvik – das ist Kanadas *last frontier*. Ein Ort im Grenzbereich der Lebensmöglichkeiten, im Delta eines der mächtigsten Ströme der Erde gelegen. Per Jet von Edmonton dauert die Reise dorthin nur ein paar Stunden. Rund eineinhalb Wochen nimmt die Anfahrt via Alaska und Dempster Highway in Anspruch. Oder 88 Tage – wenn man von Süd nach Nord quer durch Kanada im Kanu paddelt. Über Athabasca, Slave und Mackenzie River ist das Ziel eigentlich nicht zu verfehlen: Alle Wasser fließen nach Inuvik.

Die Wolken über dem Dörfchen La Loche im Norden Saskatchewans sind dramatisch. Dann und wann wischt eine Handvoll Regen über mein Ölzeug. Der Abschied von dem Indianerdorf mit 2000 Einwohnern, davon 350 Kinder und siebzehn weiße Polizeibeamte, fällt nicht schwer. Ein Adler schraubt sich in den Himmel, Hundegeheul wird schwächer, bis es letztlich ganz verklingt. Die Stille des Nordens beginnt – nur unterbrochen vom Klatschen des Kanupaddels aufs Wasser.

Paradiese können bekanntlich überall sein. Für den Kanuten liegt eins davon im Nordwesten Kanadas, heute fast noch so unberührt wie 1789, als Alexander Mackenzie den Pelzhandel in diese »Hinterstube« Kanadas trug.

Gut zwei Jahrhunderte später: Wasserflugzeuge mit Männern am Steuerknüppel, deren Stolz das Image ist, auf jeder größeren Pfütze landen zu können, haben die Techniken der Voyageurs abgelöst. Doch die Faszination dieses Landes am Rande der Zivilisation blieb. 3500 Kilometer im Kanu bis zur Arktis zu paddeln, ist auch heute noch eines der letzten großen Erlebnisse unserer Erde. Es ist eine Reise, die ihren Anfang nimmt in den Ausläufern des zerbröckelten Reichs der Hudson's Bay Company und authentisch den Spuren Mackenzies zum Eismeer folgt.

Ende des ersten Paddeltages, Ende auch des La-Loche-Sees und gleichzeitig Beginn jener

Manchmal muß das Kanu »portagiert« werden

Landverbindung, welche die Zuflüsse zu Hudson Bay und Arktischem Ozean scheidet. Die Kanumänner des Pelzhandels schulterten hier ihre Birkenrindenboote und portagierten sie von einem Flußsystem zum anderen. Nichts Besonderes soweit, hundertmal und mehr hatten sie es zwischen Ost und West getan. Das Bemerkenswerte an der »Methye Portage« ist ihre Länge: 21 Kilometer Plackerei sind es vom Lake La Loche zum Clearwater River!

Heute ist der Pfad überwachsen und nach Regen schlammig. Wir entladen unser Boot und beginnen die Portage. Schwer drückt das nach Voyageursart geschulterte Kanu. Vereinzelt entdecken wir Bärenspuren. »Trällert ein Lied«, hatte ein Indianer in La Loche gesagt. »Besser der

Bär weiß, daß ihr kommt – er wird euch den Vortritt lassen und ausreißen.« So tönt durch den kanadischen Busch: »Im Frühtau zu Berge«. Bei »Wir lagen vor Madagaskar« versacken meine Turnschuhe im morastigen Untergrund. Die restlichen fünfzehn Kilometer zum Clearwater muß es halt barfuß gehen. Auch das Leben der Kanumänner von damals war kein Honigschlecken. Und doch ... Nach 24 Jahren Plackerei mit dem Paddel schrieb einer von ihnen diese Liebeserklärung an den Norden: »Keine Portage war mir zu lang. Zehn Voyageurs rettete ich das Leben. Zwölf Frauen habe ich gehabt und sechs Jagdhunde. Ich bereue keine Stunde ... es gibt nichts, was dem Leben eines Voyageurs gleicht.«

Die Flüsse Westkanadas sind noch heute über riesige Distanzen die einzigen Einschnitte in die Einsamkeit des Nordens, alleiniger Zugang zu unermeßlichen Weiten und neuen Dimensionen der Möglichkeiten. Menschen, die hier leben, sind eine besondere Gattung. Geformt durch das Land; rauh, herzlich, unkompliziert, gastfreundlich und immer offen für einen Schwatz. Wo der Clearwater bei Fort McMurray in den Athabasca River mündet, lehnt Charly Flat am Treppengeländer seiner Hütte, zerkaut einen Zigarettenstummel und spuckt die Reste in den Fluß. Zu Hause ist er in Fort Chipewyan, gut 300 Kilometer entfernt, doch *»Fort McMurray best place in the world«*, schwärmt er.

»Warum?«

Der Alte sieht mit fast tragischem Blick in die Ferne. *»Fort Chip is dry.* – Kein Bier, kein Schnaps. Verstehst du?« Mit der Bemerkung, er wolle noch einen zur Brust nehmen, schließt er die Tür.

Vor Jahrzehnten begann nicht weit von hier Westkanadas neue Zukunft. »Ölsand« lautete das Schlüsselwort für den Aufstieg Fort McMurrays vom Dorf zur Stadt. Sand vermischt mit Erdöl, so daß das »schwarze Gold des 20. Jahrhunderts« von der Erdoberfläche nur abgeschabt zu werden braucht. Allan ist einer von jenen, die an dieser *black bonanza* kratzen.

»Öl ist unsere Macht. Die *fellows* im Osten werden mit ansehen müssen, wie ihnen die wirtschaftliche Macht aus den Händen und gen Westen gleitet.« Er lacht. »Kanadas heimliche Hauptstadt heißt Calgary!« Allan öffnet die Tür seines klapprigen Wagens. »Kommt, ich zeig' euch den Ort.« O diese Autos! Alptraum deutscher TÜV-Ingenieure! Die Karre läßt sich nur von innen mit der Zange öffnen, bei kleinsten Unebenheiten knallen wir mit dem Hintern durch die Sitzbank aufs Bodenblech.

Riesige Fahrzeuge werden zum Transport der Ölsände eingesetzt

Fort McMurray wirkt neu und wohlhabend, mit Wohnwagenvororten, in welchen 1000 und mehr Arbeiter leben. Ein Ort, in dem alles eine Nummer größer ist. Ich traue meinen Augen nicht, als wir zum Abbaugebiet kommen, wo die Ölsände von *bucket-wheel excavators*, gigantischen Schau-

Überraschung am Athabasca-See: ein Alphornbläser

felgeräten, in ebensolche Lkw geladen werden. Jedes dieser Monster »frißt« in einem Jahr 20 Millionen Tonnen Ölsand!

Gut 300 Kilometer zieht sich der Athabasca River von hier zum gleichnamigen See nach Norden. Für Ernie, den Trapper, der uns mit seinem Frachtkanu ansteuert und uns auf ein Bier in seine Blockhütte einlädt, wurde der Athabasca River zum Schicksalsfluß. Der eingewanderte Norweger – damals hieß er noch Arne – heiratete eine Indianerin und blieb hier hängen. Er wühlt in seinen Vorräten und schiebt zwei Flaschen »Labatts Blue« zu uns rüber. *»You Germans love beer, don't you?!«* Und er schwärmt von seinem Leben.

»Letzten Herbst hat mir übrigens ein Bär meine Winchester geklaut.« Er schaut uns an, will unsere Reaktion testen, bevor er fortfährt. »Ich hatte sie an einen Baum gelehnt, um Fallen zu kontrollieren. Als ich zurückkam, waren neben dem Baum frische Bärenspuren. Schätze, daß an der Knarre noch Blut von einem erlegten Tier gewesen ist und der Bär sie als vermeintliche Beute fortgeschleppt hat...«

Tage später haben wir den Athabasca-See erreicht. Die Hitze der letzten Zeit ist eisigen Winden gewichen, vom Ufer aufgewirbelte Staubwolken steigen auf. Plötzlich, wie aus dichtem Nebel, schälen sich aus dem konturenlosen Grau des Landes drei Gestalten. Sie winken. Wir paddeln ans Ufer. Es folgt eine jener Begegnungen, die die Würze des Reisens sind: Da ist zunächst Verlen, älter als sechzig Jahre und mit seinem Schwiegersohn auf einem dreijährigen Non-Stop-Kanutrip über 45000 Kilometer durch alle Winkel Nordamerikas. Herbert, der Jüngste der drei, stammt aus der Schweiz, ein Original. Unvermittelt zieht er aus dem Unterholz ein riesiges Alphorn hervor und grinst bis über beide Ohren. Gleich darauf klingt es getragen, fast feierlich, durch die nördliche Wildnis – selbst den Gänsen und Seetauchern verschlägt es für einen Moment das Schnattern. Ich wette, dieses ist das erste Alphorn, das den Weg zum Athabasca-See gefunden hat.

Bleigrauer Rauch liegt tags drauf über Fort Chipewyan, riesige Waldgebiete stehen weiter nördlich in Flammen. In der Nähe dieses

Im Kanu auf den Spuren der Pelzjäger

schmucklosen Nordlandnestes war es, wo einst Alexander Mackenzie zu seiner Forschungsreise aufgebrochen war. Später entwickelte sich »Fort Chip« zu einem wichtigen Pelzhandelsposten, in dem Honkytonk-Pianos zu den Gesängen der Kanumänner hämmerten. Das kleine Buschdorf überlebte und rühmt sich heute, ältester durchgehend besiedelter Ort der Provinz Alberta zu sein.

Einen Monat sind wir bereits unterwegs. Unsere Hände sind rissig geworden, die Gesichtsfalten schärfer. Dabei bedeutet das alte Pelzhändler-Fort noch nicht einmal Halbzeit für uns auf dem Weg zur Arktis. Der Sklavenfluß, benannt nach den Slavey-Indianern, schließt sich an. Ein breiter, grauer Strom mit abertausend wilden Bisons im Hinterland. 500 Kilometer nach unserem Aufbruch in Fort Chipewyan erreichen wir den Großen Sklavensee. Tückisch kann er sein, dieser Riese. Eine windstille Nacht, wie die bei unserer Ankunft, ist ein Geschenk des Himmels. Vollmond blinzelt durch Weidensträucher, während gleichzeitig im Norden die Sonne wie ein Feuerball in den rot schimmernden See taucht. Zwei Biber ziehen mit kräftigen Zähnen Zweige durch das Wasser. Vom Ufer dringt Geheul von Schlittenhunden zu uns herüber – unheimlich. Ein Seetaucher lacht – geisterhaft schon. Ein Moment, den ich für alle Zeiten konserviert haben möchte.

Kanadas Northwest Territories sind jetzt erreicht. Der Mackenzie River durchschneidet diese fast menschenleere Weite auf 1600 Kilometern zwischen Great Slave Lake und Beaufortsee. Fünfzig Tage nach unserem Start legen wir in Fort Providence am unteren Mackenzie an, einer alten Pelzhändlersiedlung mit stattlicher, strahlendweißer Holzkirche und dem unübersehbaren Laden der Hudson's Bay Company. Man kennt sich in kleinen Nordlandnestern wie diesem, neue Gesichter fallen auf: Zwei Polizisten grüßen aus ihrem *Pick-up truck*, nahebei hebt ein stockbetrunkener Indianer schwach die Hand.

Waren bisher nur lästige Moskitos unsere Weggefährten, werden auf unserer Weiterfahrt jetzt auch Schwarzbären zunehmend zur Plage. 26 stellen sich in nur einer Woche bei uns ein, zumeist beim abendlichen Brutzeln am Lagerfeuer – was Juliana zu der Bemerkung veranlaßt, ihre Kochkünste müßten sich in Bärenkreisen herumgesprochen haben. Es gelingt uns, die schwarzen Gesellen zu vertreiben. Doch auch ohne sie werden wir ständig daran erinnert, daß dieses eine Reise mit allen Unberechenbarkeiten der Natur ist. Als wir die Siedlung Wrigley erreichen, bricht urplötzlich ein arktischer Sturm über uns herein. In unserem Kurzwellenradio knistert die Ansage: »Windgeschwindigkeiten von 110 Stundenkilometern!« Nur mühsam gelingt es uns, Zelt und Boot vor dem Wegfliegen zu retten.

Er ist kein Wildwasserfluß. Daß aus Freitag dem 14. August trotzdem unser »schwarzer Freitag« wird, ist eine Verknüpfung unglücklicher Umstände: In den *ramparts*, einer durch steile Uferwände begrenzten Flußenge mit turbulentem Wasser, gerät unser Kanu in eine falsche Strömung, kracht auf freiliegende Felsen und schießt über eine gut meterhohe Felskante. Da hilft kein Schreien und Fluchen. Verbissen kämpfen wir um das beschädigte, etwa handbreit unter der Wasseroberfläche liegende Boot. Eine Welle hebt uns schließlich ans Ufer. Gerettet – bis auf die kostbare Kameraausrüstung.

Doch die meisten Bilder späterer Erinnerung sind friedlicherer Natur: stille Nordlandabende, ein lachender *loon* (Seetaucher) und flackerndes Lagerfeuer.

Immer häufiger stoßen wir jetzt auf Indianersiedlungen mit Wohnzelten, Räuchergestellen und Vorrichtungen zum Trocknen der Fische. Wieder einmal legen wir an. Ein alter, gebeugter Fischer begrüßt uns mit Handschlag und deutet auf sein Boot voll großer Fische: »Hundefutter für den Winter.« Von den Motorschlitten der Jungen hält er nichts: »Ein Skidoo aus Blech kannst du im Notfall nicht essen...« Und zärtlich tätschelt er seinen Husky.

Alexander Mackenzies Aufzeichnungen über seine Begegnungen mit diesen Hare Skin Indians kommen mir in Erinnerung: »Wir ließen sie rauchen... und gaben ihnen Grog. Sie sind von mäßigem Wuchs und, soviel ich durch die Hülle von schmutzigem Fett, womit sie bedeckt waren, sehen konnte, von schönerer Farbe als die Indianer der südlichen Himmelsstriche.«

200 Jahre später: Die Nachkommen dieser Indianer geben den Fremden Trockenfisch als Wegzehrung und winken, bis das Boot hinter der Biegung des Flusses verschwindet.

Das Ende unseres Abenteuers naht nicht weit von Inuvik im Mackenzie-Delta. Es ist jetzt Ende August, doch der Winter hat hier bereits Einzug gehalten. Unvermittelt sackt die Temperatur unter den Gefrierpunkt, Schnee fällt, eisiger Nordwind pfeift durch die Kleidung und krallt sich in unsere Gesichter. Am 88. Tag der Reise ist das Ziel erreicht: Unser kleines gelbes Kanu mit dem Namen des lachenden *loon* gleitet in die Shallow Bay der Beaufortsee, 3500 Flußkilometer nach unserem Start in La Loche. Ein großer Moment und ein Grund zum Feiern. Töpfe eiskalten Meerwassers über unsere Körper ersetzen das Fläschchen Sekt bei der zünftigen arktischen Taufe. Drei Grad minus zeigt dabei mein Reisethermometer. Der Schein unseres Lagerfeuers zuckt über Büsche, und wie auf Bestellung huschen helle Streifen über den Himmel: Nordlicht – die Supershow der langen, dunklen, kalten Jahreszeit. Der Winter steht vor der Tür. Ich muß an Mackenzie denken. Welche Enttäuschung muß es für ihn und seine Kanumänner nach ihrer beschwerlichen Reise gewesen sein, das Eismeer anstatt den ersehnten Pazifik erreicht zu haben. Mackenzie bezeichnete den großen Strom als »River of Disappointment«. Später bekam der Fluß, der für heutige Kanuwanderer alles andere als eine Enttäuschung ist, den Namen seines Erforschers. Mein Blick tastet sich über schwappende Wellen, bis er sich im Grau der kalten Nacht verliert. Dahinter ist nur noch eins – der Nordpol.

Informationen
Clearwater, Athabasca, Slave und Mackenzie River

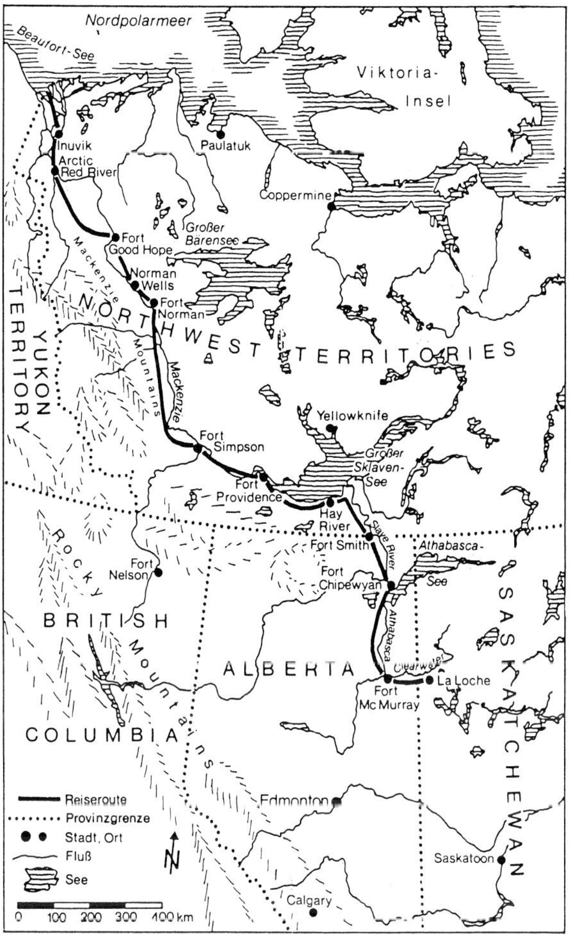

Beste Reisezeit: Mai bis August. Bereits Ende August ist mit ersten Schneefällen im hohen Norden zu rechnen.

Kanutouren auf ausgewählten Streckenabschnitten: Wer nicht über ausreichend Zeit oder die »nötige Puste« für die gesamte beschriebene Route verfügt, kann interessante Teilabschnitte wählen. Dafür bieten sich folgende Flußetappen an:

Clearwater River. Auf Highway 155 bis La Loche (Sask.). Eventuell auch Weiterfahrt auf Highway 955, bis die Straße den Clearwater River berührt. Vorteil dieser Alternative: Die lange »Methye Portage« wird vermieden. Ende der Bootstour ist Fort McMurray (Alberta). Zurück über Highway 63 nach Edmonton. Dauer: ca. acht Tage). Achtung: Wer in La Loche beginnt, muß Boot und Ausrüstung mit eigener Kraft über die 21 Kilometer lange historische »Methye Portage« tragen. Es ist der längste *portage trail* auf der gesamten Pelzhandelsroute zwischen Osten und Westen.

Mackenzie River. Beginn in Fort Simpson (N.W.T.), das über Alaska und Liard Highway zu erreichen ist. Ende der ca. drei- bis vierwöchigen Paddeltour ist in Inuvik im Delta. Von dort Rückfahrmöglichkeit über Dempster, Klondike und Alaska Highway. Linienflug nach Edmonton ist ebenfalls möglich.

Kurzbiographie der Flüsse:
Clearwater River (Saskatchewan und Alberta): Schmaler, aber sehr reizvoller Fluß mit mehreren Stromschnellen und Wasserfällen, die mit beladenem Kanu zumeist nicht befahrbar sind. Portagenpfade sind vorhanden.

Athabasca River (Alberta): Eine historische Kanuroute mit klingendem Namen und sehr schönen Landschaften. Der Fluß entspringt am Columbia Icefield im Herzen der Rocky Mountains und fließt bei Fort Chipewyan in den Athabasca-See.

Slave River (N.W.T.): Er wird hauptsächlich aus den abfließenden Wassern des Athabasca-Sees und des lehmiggrauen Peace River gebildet. Der Slave River tangiert den riesigen Wood Buffalo National Park mit freilebenden Waldbisons. Bei Fort Resolution fließt er in den Großen Sklavensee.

Mackenzie River (N.W.T.): Mächtigster Strom Nordwestamerikas mit einer Gesamtlänge von 4045 Kilometern. 1600 Kilometer nach seinem Austritt aus dem Großen Sklavensee mündet er in einem Delta in die Beaufortsee.

Literatur: Über die gesamte 3500 Kilometer lange Flußreise ist vom Autor im Verlag Frederking & Thaler in der Reihe »Reisen · Menschen · Abenteuer« ein Taschenbuch unter dem Titel »Mit dem Kanu durch Kanada – Auf den Spuren der Pelzhändler« erschienen.

[i] Topographische Karten sind über »Canada Map Office« zu beziehen. Übersichtskarten und weitere Informationen gibt es bei den jeweiligen Touristenbüros. Siehe dazu Anhang »Nützliche Anschriften« (S. 169).

Auf dem Yukon von Whitehorse nach Dawson City

Yukon – ein Name wie der Lockruf des Abenteuers, einst beflügelte er die Phantasie von Hoffnungsvollen und Träumern, doch was sich an seinen Ufern abspielte, war Realität, die Schlagzeilen machte. Knapp hundert Jahre sind es her, daß spektakuläre Goldfunde ihn in den Blickpunkt der Weltöffentlichkeit rückten. Was folgte, war eine auf Erden beispiellose Jagd nach dem glänzenden Metall. Der Name des Stroms ist aufs engste verbunden mit der Geschichte des großen Goldrausches und mit Dawson City, das durch die aus aller Welt herbeiströmenden Glücksritter innerhalb weniger Monate zur größten Stadt westlich von Montreal und nördlich von San Francisco wurde.

Heute ist es um den Yukon River ruhig geworden, doch seine Bedeutung als eine der Hauptverkehrsadern des Nordens ist geblieben. Er avancierte zum Favoriten unter Paddlern – seiner abwechslungsreichen Landschaften und seiner zahlreichen Legenden wegen. Ein Fluß ohne besondere Hindernisse; nur drei Stromschnellen gibt es zwischen Whitehorse und der Mündung am Beringmeer. Doch die Fahrt auf ihm ist eine Reise durch Wildnis, mit allen Unabwägbarkeiten: Wo vorher kleine Wellen die Oberfläche kräuselten, können nach einer Trockenperiode Felsen oder Sandbänke freigelegt sein, schwere Regenfälle in den Bergen können für plötzliches Wildwasser sorgen. *»Ask the locals«*, sagt man. Fragt die Einheimischen. Sie kennen »ihren Yukon« am besten.

Jahr für Jahr kommen Hunderte, um die wunderschöne Strecke von Whitehorse nach Dawson City hinunterzupaddeln. Man setzt sich ins Boot, taucht das Paddel ins Wasser und hat bereits Minuten nach dem Ablegen den Rest der Welt hinter sich zurückgelassen. Nur das Gurgeln des Stroms wird die Begleitmusik der nächsten Tage sein.

Er ist ein Gigant – weniger was die Länge anbelangt, als sein Volumen. *Yu-kun-ah* nannten ihn die Indianer des Nordens – »großer Fluß«. Nicht weit von Whitehorse entfernt, am Lindeman Lake, hat er seinen Ursprung, rund 3200 Kilometer weiter westlich ergießen sich seine Wasser breit, träge gleitend, schlammig, gespeist von unzähligen Flüssen und Creeks, in das Beringmeer, nur einen Daumenbreit auf der Weltkarte von der nordöstlichen Flanke Rußlands entfernt. Seine Reise durch das Yukon Territory ist, legt man die Meßlatte Kanadas an, kurz; doch immerhin 2035 Kilometer zieht er sich durch Alaska, teilt den 49. US-Bundesstaat in zwei fast gleich große Hälften. Die bei Paddlern beliebteste Flußetappe aber sind zweifellos die »goldenen« 740 Kilometer zwischen Whitehorse und Dawson City. Eine Beliebtheit, die zurückgeht auf das Frühjahr des Jahres 1898.

Der Lockruf des Goldes

Bereits in den sechziger Jahren des letzten Jahrhunderts hatte es Gerüchte um Gold im Tal des Yukon River gegeben. Ein Jahrzehnt später machten Nachrichten von ersten größeren Funden die Runde. Kleine Siedlungen und Goldgräberlager entstanden. Manche verfielen gleich wieder. Als noch niemand etwas von den Schätzen des Klondike ahnte, lebten in Fortymile, nur ein paar Paddelstunden entfernt, etwa 1000 Goldgräber. Robert Henderson war einer von ihnen. Seine geologischen Kenntnisse und Bodenuntersuchungen hatten ihn zu der Behauptung verleitet, am Klondike warte nur das Gold darauf, entdeckt zu werden.

Doch Henderson hatte Pech. Man munkelt, es sei sein heißer Tip gewesen, der das bald darauf weithin bekannte Trio George Washington Carmacks, Skookum Jim und Tagish Charley an einen Bach in der Nähe des Klondike River geführt habe, der damals den simplen Namen »Rabbit Creek« trug. Bis einer von Carmacks' indianischen Begleitern am 17. August 1896 beim Wassertrinken Gold entdeckte. Der Ausspruch »... da lag das glänzende Zeug – eingeschlossen wie Käse im Sandwich« ging um die Welt und löste den abenteuerlichsten Goldrausch aus, den man sich bis dahin vorstellen konnte.

Ein Jahr lang blieb der Goldfund vom »Kaninchenbach«, der schnell in »Bonanza Creek«

Die Flüsse sind voller Fische. Braunbären beim Lachsfang

umbenannt wurde, zunächst noch Geheimtip der hier lebenden Goldsucher, Händler und Fallensteller. Binnen eines Monats nach dem Freudentanz der drei Erstentdecker waren 200 *claims* (Schürfansprüche) an Bonanza und seinem Seitenarm Eldorado Creek abgesteckt. Fortymile, eben noch Hauptort der Region, verkümmerte zur Geisterstadt.

Die »Filetstückchen« der Gold Creeks waren also längst vergeben, als im Juli des darauffolgenden Jahres die Dampfer »Portland« in Seattle und »Excelsior« im Hafen von San Francisco festmachten. In ihren Frachträumen lag, was die Zeitungen jener Tage sensationslüstern als »eine Tonne puren Goldes« bezeichneten. Die Telegrafenleitungen liefen heiß ...

Kommunikationstechniken hatten bereits einen solchen Entwicklungsstand, daß die Nachricht blitzschnell um den Globus ging, Fotografen und Journalisten dokumentierten wie bei keinem anderen *goldrush* das Ereignis. Sie und die Leser kamen auf ihre Kosten. Einer, in dessen Erzählungen Härte und Faszination jener Tage fortlebt, war Jack London. Als Fabrikarbeiter, Seemann und Landstreicher hatte sich der Kalifornier durch die Welt geschlagen, bis der Lockruf des Goldes ihn erreichte und in den hohen Norden zog.

Doch gleichgültig, ob in San Francisco, Shanghai, Berlin oder London: Landarbeiter verließen die Felder, Büroangestellte ihre Schreibtische, um dem vermeintlichen Glück am Zusammenfluß von Yukon und Klondike nachzujagen. Viele kamen via Alaska, einige folgten von Edmonton aus Athabasca, Slave und Mackenzie River, von dessen Mündungsgebiet sie sich unter unsäglichen Strapazen über Porcupine und Yukon zum Klondike River vorarbeiteten.

Goldtransport zur Zeit des großen Goldrausches

Goldsucher mit Segelschlitten auf dem Lake Bennett

Die meistfrequentierte Route aber war die per Schiff nach Skagway in Alaska. Von dort startete zu Fuß und bei bitterster Kälte die endlose Menschenkette Glückshungriger über den Chilkoot-Paß zum Lake Bennett und den Wassern des Yukon.

29. Mai 1898 – Eisaufbruch am Lake Bennett: Eine der sonderbarsten Flottillen, die sich jemals startklar gemacht hat, setzte für die mehr als 800 Kilometer lange Reise nach Dawson City Segel. »Der See verdunkelte sich, als das Geschwader auslief«, berichtet ein Augenzeuge. Nach offiziellen Angaben der »Royal North-West Mounted Police« unternehmen 7124 Boote im Sommer des Jahres 1898 den Trip von Lake Bennett nach Dawson City. 28000 Glücksritter haben über diese Route den Weg zum Gold gesucht.

Ein knappes Jahrhundert später. Wieder ist es Mai; doch kein Grün bedeckt die Ufer, noch meterhoch sind sie mit Eisschollen bedeckt. Erst vor gut zwei Wochen hat der *break-up* – der Eisaufbruch – begonnen.

Starke Strömung erfaßt mein Faltboot, zieht mich wie eine Riesenfaust aufs Wasser. Carmacks, der kleine Ort, in dem der Name des Glückspilzes George Washington Carmacks überlebt hat, bleibt zurück. Als die Armada von 1898 hier durchzog, hatte sie schon fast die Hälfte der Flußreise hinter sich, vor allem die *white horse rapids* und den gefährlichen Miles Canyon. Beide waren Hunderten von Unerfahrenen zum Verhängnis geworden, bis die *Mounties* verfügten, nur versierte Lotsen dürften Boote durch dieses tosende Nadelöhr führen.

Wind pfeift über den Fluß, klatscht mir von meinen Paddeln fliegende Tropfen ins Gesicht. »... am rechten Flußufer halten, sobald du in die Nähe der ›Five Finger Rapids‹ kommst«, hatte man gesagt. Schon tauchen die an Finger einer Hand erinnernden Felsen auf. Es gluckst und schäumt überall auf der Oberfläche des Yukon, doch Stromschnellen sind jetzt, zur Zeit des Frühjahrshochwassers, nicht wahrnehmbar. Ohne Probleme passiere ich die *rapids*, die zur Raddampfer-Ära – wenn es flußaufwärts ging – weniger navigatorische als technische Hindernisse für die holzverschlingenden, fauchenden und schwarze Wolken speienden Monstren darstellten; ihre ca. 500-PS-Maschinen waren zumeist nicht in der Lage, den Weg gegen die Stromschnellen ohne zusätzliche Hilfe zu schaffen. Kurzerhand baute man am Ufer eine motorgetriebene Winde und zog die Boote durch.

1898 waren 57 Dampfschiffe zwischen Whitehorse und Dawson City registriert, die im Sommer jenes Jahres fast 11 000 Tonnen Versorgungsgüter stromaufwärts transportierten. Zur Jahrhundertwende verkehrten 60 dieser großen, doch wegen vieler Sandbänke extrem flachen Raddampfer, dazu acht Schlepper und zwanzig Lastkähne. Aufgrund ihres ungeheuren Appetits auf Brennmaterial entwickelte sich am Ufer des Flusses eine florierende Holzindustrie mit zahlreichen Beschäftigten.

Ähnlich wie auf dem Mississippi wurden die Kapitäne der Schaufelraddampfer und ihre Lotsen die Herren des großen Stroms. Ohne sie lief nichts. Sie kannten jeden Meter, waren vertraut mit den Tücken unter der Wasseroberfläche versteckter Baumstämme, Felsen, Strudel und verborgener Sandbänke. Ihr Stolz spiegelt sich wider in den Worten: »Und sollte der ganze Yukon auslaufen, wir manövrieren unsere Boote auch über Morgentau.«

Es ist Abend, als ich die verlassenen Häuser Fort Selkirks, der ersten Niederlassung weißer Pelzhändler am Yukon River, passiere. Eine triste Stimmung liegt über dem Fort, düster wie seine Geschichte. Schon bald nach der Gründung gab es 1852 vernichtende Indianerangriffe. Später hatten ein paar Abenteurer auf dem Weg zum Klondike den bitterkalten Winter 1898/99 hier verbracht. Noch einmal, Anfang dieses Jahrhunderts, wehte die Flagge der Hudson's Bay Company, doch nur kurz. Heute ist Fort Selkirk ein Museumsort, in dem es lediglich während weniger Sommermonate lebendig wird, wenn die moderne Kanuflotte zwischen Whitehorse und Dawson City pendelt.

Je nach Paddeleifer werden zehn bis vierzehn Tage für diese Strecke benötigt. Wer Zeit, Angel und Goldwaschpfanne hat, kann hier noch ein paar Tage verweilen und am Isaak, Ballarat oder Thistle Creek das Glück herausfordern. Auch wenn in den Bächen jahrzehntelang Männer vergeblich nach Gold geschaufelt und gewaschen haben, die Chance für eine Neuauflage der »Bonanza« muß nicht unbedingt eine Utopie sein.

Eine Stadt lebt von ihren Erinnerungen

Nach Tagen völligen Alleinseins auf dem großen Fluß erreiche ich Dawson City, großflächig konzipiert und gebaut für mehr als 30 000 Menschen, die einst auch tatsächlich hier gelebt haben. Verblieben sind weit weniger als 1000 Einwohner. Doch sie bewahrten diesen unglaublichen Ort davor, eine völlige Geisterstadt zu werden.

Klar und kalt ist es am Abend meiner Ankunft. Dort, wo der Klondike auf den Yukon trifft, ziehe ich mein Boot auf Ufersteine. Eine unheimliche Stimmung liegt über dem Ort. Hunde streifen durch rechtwinklig angelegte, breite Straßen, düster starren stumpfe Fensterscheiben aus stattlichen Fassaden, hinter denen sich nichts weiter als Bretterbuden verbergen. Verblichene Schriftzüge werben noch immer für das, was 1898 hohen Stellenwert hatte. Mein Blick streift das »Palace Grand Theatre«. Im Juli 1899 hatte es seine Eröffnung erlebt und hinter seiner aus Resten gestrandeter Schaufelraddampfer gebauten Prachtfassade Opern und Wildwest-Shows präsentiert.

Zwei Burschen stolpern aus einer Kneipe, Räder eines verbeulten Kombi drehen durch, Schlamm spritzt auf. Dann ist es wieder still in Dawson City. Doch die Ruhe wird nicht mehr allzulange währen. Wo sich auf alten Fotos Männer mit Hundegespannen ihren Weg durch knöcheltiefen Morast bahnen, werden im Hochsommer Motorhomes, Pkw, Fahr- und Motorräder

Dawson City heute

jener stehen, die sich Tausende von Kilometern nach Norden durchgeschlagen haben, um einmal am Dreh- und Angelpunkt der Goldgräberzeit zu stehen.

Die Bauten, die das Auge streift, sind heute noch dieselben wie um 1900, manche von den Jahrzehnten ein wenig zerfressen, zumeist aber verblüffend gut erhalten. Seit einigen Jahren bemüht sich die kanadische Regierung, den Verfall zu stoppen und die für das Geschichtsbuch der jungen Nation wichtigen Bilder zu konservieren. Bis 1953 war Dawson City Hauptstadt des Yukon Territory, dann wurde der Verwaltungssitz in das verkehrsgünstig am Alaska Highway gelegene Whitehorse verlegt. Es hätte beinahe das Ende bedeutet, wären nicht ein paar unverbesserliche Optimisten geblieben und hätte nicht der internationale Tourismus Dawson City entdeckt. Seitdem geht es wieder aufwärts, viele Häuser haben heute ein ansprechenderes Äußeres als zur Jahrhundertwende.

Wie das Aufblitzen eines Kometen war die kurze Geschichte Dawson Citys, dieser »Macherin von Millionären«. Letzteres blieb jedoch für die meisten, die 1898 ankamen, ein unerfüllter Wunschtraum. Seit dem ersten großen Fund waren fast zwei Jahre vergangen. Die erwarteten Berge aus purem Gold entpuppten sich als ein paar zu Claims parzellierten und vergebenen Creek-Betten. Neben der bitteren Enttäuschung trafen sie, die zumeist all ihre Ersparnisse aufgezehrt hatten, um den Anmarsch finanzieren zu können, die Preise hier wie ein Schlag. Es habe nichts gegeben, was es nicht gab, sagt man, doch schien alles nur für jene da zu sein, die es sich leisten konnten, in Goldstaub zu baden. Bis zu 30 Dollar kostete in Spitzenzeiten die Gallone Milch, eine Wassermelone war für 25 Dollar zu haben. Dennoch gab es viele Neureiche, die sich dieses und anderen Luxus erlauben konnten. Es soll mehr als ein nettes Histörchen aus der übervollen Gerüchteküche sein, daß sich einige der zur

»Unterhaltung« angereisten Damen in Nuggets aufwiegen ließen, um besonders betuchten Glückspilzen zur Verfügung zu stehen.

Obwohl noch immer einige Unermüdliche die Creek-Betten durchwühlen, ist das Thema »Gold« nicht mehr sonderlich aktuell in Dawson City. Das Kapitel des industriellen Abbaus endete 1966. Seit dem Freudentaumel des »Carmacks-Trios« hat der Klondike Nuggets im Werte von rund 500 Millionen Dollar von sich gegeben. Eine zurückhaltende Schätzung, behaupten vielsagend lächelnd jene, die zu wissen meinen, was nicht in den Büchern erschien.

In mächtigen Windungen zieht der Yukon dem Meer entgegen

Tausenden ist die kanadische Seite des großen Stroms durchs eigene Paddelerlebnis bekannt, nur wenige haben ihn in Alaska aus dem Blickwinkel des Flußreisenden erlebt. Dieses Kribbeln, das die Erwartung nach dem Unbekannten hinter der nächsten Flußbiegung hervorruft, stellt sich bei mir ein, als ich mein Kajak erneut zu Wasser lasse. Aufbruch in Neuland. Der Blick auf meine Karten sagt mir, daß ich von nun an weit mehr Orte berühren werde als bisher; zumeist kleine Nester, hier und dort auch Militärbasen, Horch- und Verteidigungsposten der am weitesten nach Westen vorgeschobenen Bastion des amerikanischen Festlandes.

Bei Eagle erreiche ich die Grenze des 49. US-Bundesstaates. Doch kein Schild »Welcome to Alaska« grüßt, weder Schlagbaum noch Grenzstation gibt's in dem kleinen Ort, der einst zur Debatte gestanden hatte, Hauptstadt Alaskas zu werden. Ich erkundige mich nach dem »Immigration Office«. Schulterzucken. »Versuch's mal beim Postmeister«, rät mir jemand. »Der hat die meisten Stempel.«

Postmaster John, Einwanderungs-, Zoll- und Postbehörde in einer Person, drückt mir dann auch prompt den amtlichen Einreisestempel in den Paß.

Ausladender und gemächlicher als bisher zieht sich der Yukon im ersten Abschnitt seiner noch immer gut 2000 Kilometer langen Reise bis zum Meer nach Nordwesten, bis er bei Fort Yukon abrupt die Richtung ändert, um sich mit vielen Windungen, Schleifen und Kehren umständlich seinen Weg nach Südwesten zu suchen. Menschen sehe ich nicht. Selten, daß ich in der Ferne Geräusche von Motorbooten höre. Mein Blick, jetzt nicht mehr eingeengt durch steile Ufer, schweift ungehindert über das weite Land, bis er in der Ferne auf Berge trifft. Vereinzelt liegen an den Rändern noch verkeilte Eisschollen, von denen sich polternd große Stücke lösen und ins graue Wasser klatschen. Letzte Zuckungen des vergangenen Winters, doch die Sonne hat sich durch die Wolken gezwängt und ihren Platz für die nächsten Tage am Nordlandhimmel erobert. Das Leben erwacht auf dem Fluß. Mein Allein-

Nach einem langen Tag: Das Kajak wird an Land gezogen

sein, ohne Ablenkung durch eine andere Person oder die Stille unterbrechende Gespräche, gibt mir mehr denn je das Empfinden, Teil dieser friedlichen Welt zu sein.

Da ist zum Beispiel die sonst so scheue und wachsame Graugans, die nur wenige Meter neben mir über das Wasser treibt. Erst als ich nach langer Zeit des Verharrens zum Paddel greife, erhebt sie sich laut trompetend, fast vorwurfsvoll, als laste sie mir an, unser stilles Zwiegespräch unterbrochen zu haben.

Mein Tagesrhythmus verschiebt sich, je länger ich unterwegs bin. Zwar ist es noch nicht die Zeit der Mitternachtssonne, die Nächte sind bleigrau, doch der Zauber dieser Stimmung hat mich gepackt. Mein Schlafbedürfnis ist extrem gering geworden, manche Nacht mache ich zum Tag. Eine fast unheimliche Stille liegt dann über dem Land und verstärkt das Gefühl von Einsamkeit. Ich habe es nie als bedrückend empfunden, im Gegenteil.

Fort Yukon, an einem Knick des Flusses direkt am Polarkreis gelegen, ist nach diesen Tagen größter Harmonie eine Ernüchterung. Radarschirme blitzen im Sonnenlicht. Ich sehe Indianer auf Motorrädern mit Bierdosen in den Händen und Uferbänke, die als Müllhalden dienen. »Der Fluß steigt noch«, sagt einer, als erkläre und rechtfertige das alles. Über Nacht fallen Schüsse, dazu heulen Schlittenhunde. Ich werde mich an diesen »Ruf der Wildnis« gewöhnen, wie an das kriegerische Gesumm der mit den steigenden Strahlen der Sonne immer lebendiger werdenden Moskitos.

Fort Yukon liegt am Zusammenfluß von Yukon und Porcupine (Stachelschwein) River. »Weiter unterhalb gibt es Wasserturbulenzen und gefährliche Strudel – vor allem jetzt nach der Schnee-

Auf dem Yukon

Anglerglück: Riesenlachs

schmelze«, warnt mich ein Indianer. Es ist, als wäre der Strom in Wallung, in einem unsichtbaren Aufruhr. Er blubbert, Blasen zerplatzen, dann wieder beginnt die noch eben spiegelglatte Oberfläche zu schäumen und zu sprudeln, als hätten sich Stromschnellen gebildet. Eine unheimliche Stimmung, doch nicht ohne Reiz. Der Zeiger meiner Uhr rückt auf Mitternacht: Geisterstunde. Windstille und Ruhe der Nacht unterstreichen die beängstigenden Laute aus dem Bauch des Stromes.

1.20 Uhr morgens: Seit meinem Aufbruch in Fort Yukon habe ich bereits gut zwölf Stunden gepaddelt, als ich mich auf einem Seitenarm dem vier Kilometer breiten Hauptstrom nähere. Durch den von Norden eingeflossenen Chandalar River ist er noch wilder geworden. Da, nur wenige Bootslängen vor mir, zwei gewaltige Turbulenzen im Wasser, sich drehende Löcher, so als hätte jemand den Stopfen aus dem Ausguß der Badewanne gezogen und Wasser rausche gurgelnd in die Tiefe – nur alles viel gewaltiger. Kreiselnde Strudel, gut eineinhalb Meter breite Trichter, in deren Zentrum ganze Baumstämme verschwinden. Und mein Boot treibt genau in das Auge des Wirbels hinein! Bevor ich einen Gedanken fassen kann, reagiere ich, ramme mit aller Kraft das Paddel ins Wasser, wieder und wieder. So komme ich aus dem Teufelskreis des Sogs heraus. Ich lehne mich zurück und schließe die Augen. Plötzlich ist mir übel vor Erregung und Anspannung. Feiner Regenhauch legt sich auf mein Gesicht und kühlt – das tut gut.

Die übrigen Tage und Wochen meiner Flußreise sind weniger dramatisch. Statt dessen bieten sie tausend Einblicke in das Leben am großen Strom. Gelegenheit dazu gibt es fast jeden zweiten Tag in Ortschaften wie Beaver, Tanana, Ruby, Galena, Nulato, Anvik und Holy Cross.

Das Stromern durch diese Nester und Begeg-

Neugierige Indianerkinder

nungen mit echten *Alaskans*, die hier von den Problemen der Welt so wohltuend weit entfernt scheinen – »Sprecht ihr drüben in Germany auch englisch und wie heißt euer Dollar?« will einer wissen – gehören zu den Höhepunkten der Flußreise.

Mit Tagestemperaturen, die die Quecksilbersäule bis über die 25-Grad-Marke treiben, hat der Sommer Einzug gehalten. Doch das ist nicht die einzige Veränderung. Motorboote röhren, das Dröhnen landender und startender Wasserflugzeuge erfüllt die Luft. Auftakt für die große, aber sehr kurze Zeit der kommerziellen Lachsfischerei. Freundliche Indianer laden mich ein, in ihrem *summer fishing camp* zu wohnen, einer Blockhütte mit Vorbau, in dem über ständig schwelendem Feuer köstliche Lachse geräuchert werden. Ihr schweres Motorboot bringt uns zu den Fanggründen. Mit einem Netz holen wir 700 Pfund Lachse ein. »Das ist nur der Anfang«, sagt Billy, mein Gastgeber, und sieht mit dollarverklärtem Gesicht in die Ferne. »Im letzten Jahr haben wir innerhalb von zwei Wochen für zwanzigtausend Dollar Lachse aus dem Fluß gezogen.«

Der Yukon, jetzt schlammig und riesig breit, hat für 40 Tage mein Leben bestimmt, als ich nach einer stürmischen letzten Etappe das Beringmeer erreiche. Von St. Marys, wohin ich zurückpaddele, soll mich ein mit Fisch befrachtetes Flugzeug zurück in die »Zivilisation« bringen. Der kleine Ort, von Sibirien nicht weiter entfernt als Hamburg von München, erscheint mir wie das Ende der Welt. Kelly Babich ist einer von denen, die dafür sorgen, daß das Warten auf mein Flugzeug nach Anchorage kurzweilig wird. Er ist ein Kerl wie ein Baum und mit einer Eskimofrau verheiratet. Seit kurzem habe er ein neues Gewehr, sagt er. Stolz führt er mir die Winchester vor, zielt mitten im Ort auf ein Verkehrsschild und drückt ab. Schüsse zerreißen die Stille. Kelly grinst zufrieden: »Hab' ich's nicht gesagt? Eine gute Büchse.« Seit jenem Tag trägt das Vorfahrtsschild im Herzen St. Marys in der Mitte zwei Löcher. Kelly, du bist ein Typ, wie er ins Gruppenbild von 1898 paßte. Ist es wirklich schon fast ein Jahrhundert her, daß ihr wilden Gesellen euch auf den Weg zum Klondike-Gold gemacht habt?! Die Bilder haben sich seit damals kaum verändert. Jack London hätte noch immer seine Freude am großen Fluß...

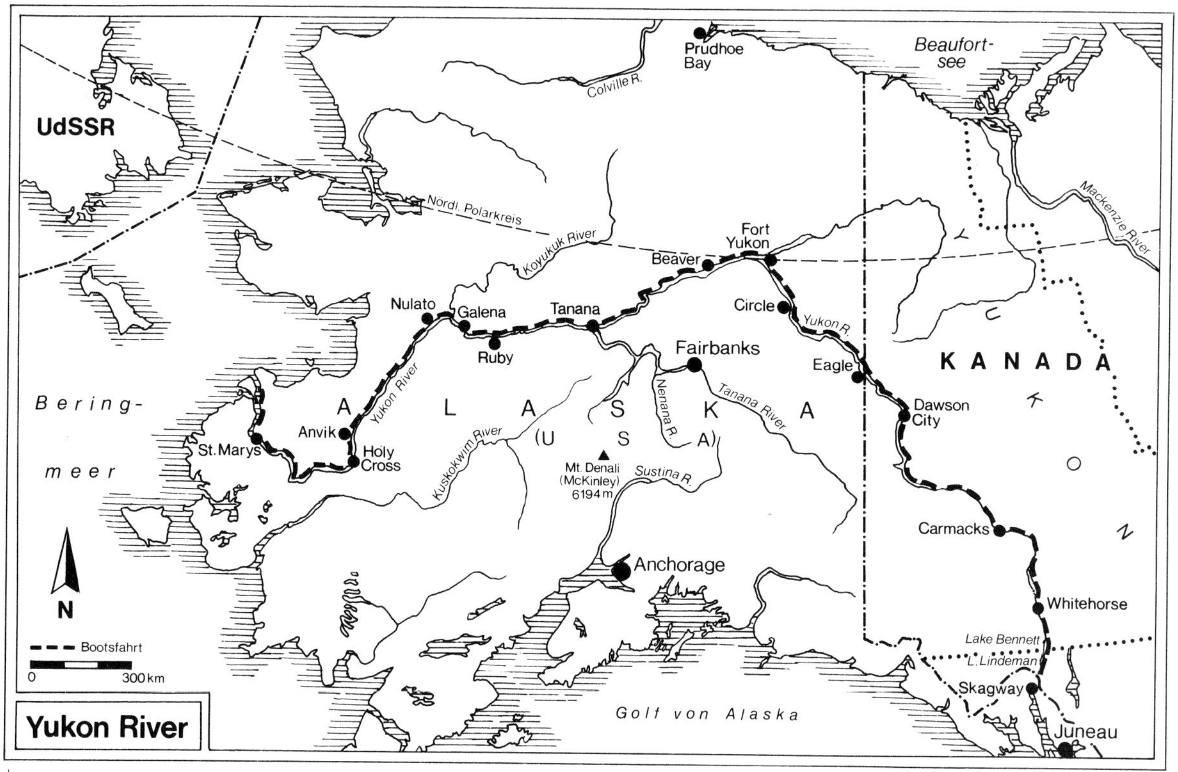

Informationen: Yukon River

Beste Reisezeit: Anfang Juni bis Mitte August.

Dauer: Für die Befahrung der ca. 740 Kilometer langen Flußstrecke Whitehorse–Dawson City sind zehn bis vierzehn Tage anzusetzen. Die gesamte Distanz zum Beringmeer (ca. 3200 Kilometer) ist in ca. sieben bis zehn Wochen zu schaffen. Für diese Tour ist ein eigenes Boot Voraussetzung.

Mietkanus: In Whitehorse sind sie erhältlich bei: Yukon Tours, 200-307 Jarvis St., Whitehorse, Y. T., Y1A 2H3, Tel.: (867) 667-3084, sowie bei Beringia Tours, 4103 Fourth Ave., Suite 101, Whitehorse, YT Y1A 1H6, Tel.: (867) 668-7391.
Boote kann man nur für den Yukon-Abschnitt Whitehorse–Dawson City leihen. Der Rücktransport ist Sache des Vermieters.

Bootstransport von Europa: Die beschriebene Reise wurde mit einem von Deutschland mitgeführten POUCH-Faltboot unternommen. Als unbegleitetes Fluggepäck transportiert, halten sich die Kosten für das auseinandergenommene und handliche Boot in Grenzen.

Anfahrt nach Whitehorse: Am beliebtesten via Alaska Highway. An sechs Tagen der Woche bestehen fahrplanmäßige Busverbindungen nach Edmonton und Vancouver. Ebenfalls täglich: Flugverbindungen nach beiden Städten.

[i] Adressen von »Tourism Yukon« und »Alaska Division of Tourism« im Anhang »Nützliche Anschriften« (S. 169 f.).

Paddeln zwischen Gletschern
Glacier Bay

Zunächst war mir sein Zelt aufgefallen. Genauer gesagt, die auffällig langen Klebestreifen an den Außenseiten. Sein stoppelbärtiges, sonnenverbranntes Gesicht hatte auf meine diesbezügliche Frage gelächelt. »Habe meine ›Klimaanlage‹ in der kühlen Jahreszeit dichtgemacht ... nachdem ein Grizzly mit dem Zelt an der Glacier Bay Pingpong gespielt hat.« So kam ich mit Horst Edig aus Niederburg ins Gespräch.

Zwei Monate lang war er mit seinem Faltboot durch die Glacier Bay gepaddelt. Westlich der Hauptstadt Juneau am Nordende des »Alaska Panhandle« gelegen, offenbart die tief ins Land geschnittene und von gewaltigen Gletschern gesäumte Bucht ein Phänomen. Vor rund zweihundert Jahren war sie mit einem mehr als tausend Meter dicken Eispanzer bedeckt. Gut hundert Jahre später stellte der amerikanische Naturfreund und -forscher John Muir fest, daß der Gletscher mehr als 77 Kilometer zurückgegangen sei. Nirgendwo sonst auf Erden ist ein ähnlich dramatischer Rückzug beobachtet worden. Gleichwohl, was blieb, ist atemberaubend genug: Sechzehn bis ins Meer reichende Gletscher und zwölf Eisberge.

»Nicht dichter als einen halben Kilometer an die kalbenden Gletscher und *icebergs* heranpaddeln«, warnt Horst. »Habe Eisblöcke in Einfamilienhausgröße ins Wasser stürzen sehen.« Und er schwärmt von Walen, die bis auf 80 Meter an seine Nußschale herankamen. Deutlich war ihr Fauchen beim Ausstoßen des Wassers zu hören. Mag der Grizzly, der während seiner Abwesenheit das Camp durchstöberte, auch in unguter Erinnerung bleiben, so sind doch die hautnahen Tierbegegnungen die *highlights* des Trips; z. B. die mehr als hundert Weißkopfseeadler, die an Uferfelsen auf ihre Beute lauerten.

Was ihn bewogen habe, vor allem jene Gebiete aufzusuchen, die von Tourgruppen und Ausflugsbooten nur selten besucht werden, frage ich.

Der Wunsch nach Einsamkeit, Ruhe und Naturnähe, sagt Horst. Seine Augen beginnen zu leuchten, als er von der ersten Gletscherberührung im Westarm der Glacier Bay berichtet, von 80 Metern sich vor ihm auftürmenden Gletscherspitzen – bläuliche, kalt schimmernde Eismassen. Unwirklich waren die Bilder. Es war das selten erlebte Gefühl, der Schöpfungsstunde ganz nahe gewesen zu sein. Die von den Forschern über diese Küste überlieferten Berichte sind recht unterschiedlich. Als am 15. Juli 1741 hier erstmals die Segel eines Schiffes auftauchten, notierte Kapitän Alexis Tchirikov ins Logbuch der *St. Paul*: »*Dies muß Amerika sein!*«

Der Russe hatte als einer der ersten Weißen die Nordwestküste Amerikas gesehen. Doch es war kein Geringerer als Captain James Cook, der 1778 den höchsten Berg der Region Mt. Fairweather (Schönwetter) benannte. Viele halten die Namensgebung für einen Scherz, denn meist versteckt sich der 4670 Meter-Gipfel hinter Wolken. An Bord von Cooks Schiff *Resolution* befand sich an jenem Tag ein junger Seemann, der 16 Jahre später noch einmal hier entlangsegelte. George Vancouver war jetzt selbst Kapitän und wunderte sich, daß sich seit seinem ersten Besuch das Eis des ursprünglich 160 km langen Grand-Pacific-Gletschers rund zehn Kilometer zurückgezogen hatte. Vancouvers Feststellung dokumentiert den Beginn einer Entwicklung, die bis heute anhält.

1916 war die Spitze des Grand-Pacific-Gletschers bereits 105 Kilometer von dort entfernt, wo sie Captain Cook bestaunt hatte. Nirgendwo sonst hat man einen ähnlichen dramatischen Gletscherrückgang registriert. Das macht Glacier Bay einmalig. Heute umfaßt der Nationalpark eine Eis-, Berg- und Wasserwildnis von mehr als 13000 Quadratkilometern.

Zugang: Flugzeug von Juneau zur Glacier Bay Lodge (ca. 100 US-Dollar). Dort besteht die Möglichkeit, Kajaks zu mieten.

Literatur: über alle Naturschutzgebiete und NPs: *Alaska's Parklands* von Nancy Lange Simmermann.

[i] Glacier Bay NP und Preserve, Gustavus, AK 99826, Tel.: (907) 697-2230.

Organisierte Touren durch die Glacier Bay bietet: Glacier Bay Tour Center, 76 Egan Dr., Suite 110, Juneau, AK 99801, Tel.: (907) 586-8687, Fax: 983-2734.

Kanada mit dem Zug erleben

Zugmarathon von Toronto nach Vancouver

Der Zug ruckt an, pünktlich auf die Minute mit zwei Stunden Verspätung. Zwei Hongkong-Chinesen in der Reihe vor mir legen Taschentücher auf Sitzbänke und strecken ihre Beine aus. Die Nachbarn zur Rechten blättern in Reiseliteratur. Mir ist, als hätte ich vertraute Laute vernommen. Ich lehne mich zurück und sehe aus dem Fenster. Es wird noch genügend Zeit bleiben, sich kennenzulernen. Die nächsten 72 Stunden werde ich in diesem Zug verbringen. Stählerne Räder hämmern über Weichen, dann bleibt Toronto zurück. Es ist Montagnachmittag. Am Donnerstagvormittag soll ich laut Fahrplan Vancouver erreichen.

Die Fahrt mit dem *Canadian* ist die längste durchgehende Zugreise in Kanada. Auf meine Frage, wo sie beginne, hatte der Schaffner schmunzelnd geantwortet: »Natürlich in Toronto.« Mit einem Zusatz: »Es gibt allerdings einige in Montreal, die behaupten, sie beginne dort.« Doch bald schon werden sich die beiden Zugteile mit den unterschiedlichen Ausgangsorten in Sudbury treffen, um jenseits aller provinziellen Rivalitäten als *Canadian* den Kontinent zu durcheilen.

Draußen zieht jetzt die Georgian Bay des Lake Huron vorbei. Wälder wechseln mit Seen, Seen mit Wäldern. Die nächsten 1500 Kilometer werden sich die Bilder ähneln. Während das Heulen des Zuges nach innen dringt, lehne ich mich genüßlich in die Polster und lausche dem Klicken der Räder. So mag von fern der Hammerschlag jener Arbeiter geklungen haben, die diesen ersten von Menschen gemachten Zugang in den Westen mit kaum mehr als ihren Händen und einfachen Werkzeugen schufen. Vor gut 110 Jahren war es sicher eine technische Herausforderung, mehr als 4000 Kilometer Schienenstrang durch dieses Neuland zu verlegen; im Zickzack an Seen vorbei,

Der Canadian *am Bow River*

Nostalgischer Anblick: Dampflok in den Rockies

über den harten Granit des *Canadian Shield*, durch staubige, im Sommer heiße und im Winter bitterkalte Prärien und über die Rocky Mountains. Es war auch eine politische Herausforderung – denn diese Eisenbahnlinie ist das Geschenk, um die Gunst einer »Schönen« zu erringen.

Nur unter der Zusicherung, daß ein Schienenverbund mit dem Osten erfolge, hatte »Beautiful British Columbia« in den siebziger Jahren des letzten Jahrhunderts einem Anschluß an die kanadische Konföderation zugestimmt. Doch das Zusammenschweißen der Nation kostete Zeit: Von der Idee bis zum Einschlagen des letzten Nagels bei Craigellachie in den Rocky Mountains am 7. November 1885 sollten fast eineinhalb Jahrzehnte vergehen.

Seit der 142stündigen Jungfernfahrt im Juni/Juli 1886 ist die Reise nicht nur schneller, sondern auch komfortabler geworden. Mein erster Erkundungsgang bringt mich an der Bar im *dome car* vorbei, einem der beiden zweistöckigen Wagen mit Aussichtskuppeln und Blick über die Dächer des sich jetzt wie eine silberne Schlange an den Ufern des Lake Huron entlangwindenden Zuges.

Aufgeräumte Stimmung, als ich wieder in meinen Waggon zurückkehre. Man plaudert miteinander. Da sind die vier Amerikaner aus dem heißen Louisiana, die geglaubt hatten, hier am Rande der Arktis zu reisen. Statt dessen kämpfen sie mit kalten Softdrinks gegen die vorherrschenden 28 Grad im Schatten. »Die erste Zugfahrt meines Lebens«, erzählt Jenny aus Toronto, die ihre Tante Peggy in Calgary besuchen will. Der ihr gegenübersitzende Missionslehrer aus Macao, am Rande Chinas, schaut schweigend aus dem Fenster und rollt eine kalte Zigarre zwischen gespitzten Lippen. Die meisten hat Neugier in den Zug gezogen. Der *Canadian* ist eher eine Touristenattraktion als ein normales Beförderungsmittel. Später komme ich mit meinen Abteilnachbarn, Vreni und René aus der Schweiz, ins Gespräch. »Warum macht ihr diesen Trip?«

»Um Kanada einmal anders zu erleben.«

Na bitte. Und während draußen die flachgeschliffene Landschaft des »Kanadischen Schilds« mit Seen, Felsinseln, Wäldern und Flüssen vorbeifliegt, bestätigt sich bei mir schon am ersten Abend die Ahnung, daß dieses eine der entspannendsten und durch die Komprimierung der Eindrücke zugleich eine der intensivsten Arten ist, Kanada zu bereisen: Muße zum Schauen und Beobachten zu haben, die Eindrücke nachklingen zu lassen, aber auch den einen oder anderen verstohlenen Blick auf Mitreisende zu werfen – zum Beispiel auf den Städter aus dem Osten mit Anzug und Schlips zwei Sitzreihen hinter mir. Für ihn ist der »Wilde Westen« vielleicht noch immer das ungeschliffene Land, in dem man die hochhackigen *cowboy boots* auf den Bürotisch legt. Dann ist da noch jener aus Montreal, der dem aus British Columbia kaum etwas mitzuteilen hat – was auch umgekehrt gilt und nichts mit Sprachbarrieren zu tun hat.

Laut Fahrplan sollen wir um 20.15 Uhr in Sudbury einlaufen. Um 21.58 Uhr sind wir dort. Immerhin schon gut eine Viertelstunde aufgeholt. Eine Gruppe Jugendlicher, beim vorletzten Stopp in Parry Sound zugestiegen, wird laut. »*Sit down,*

Der Canadian *auf dem Weg zur Westküste*

boys.« Rigoros drückt der *conductor* einen nach dem anderen in die Polster. Der Chinese vor mir reklamiert, daß die Fußstütze seines Sitzes klemme. Jemand möchte vom »Nichtraucher« in den »Raucher« überwechseln. Geduldig wird der Fall notiert. Zwanzig Minuten benötigt der Schaffner beim nächsten Stopp, um jedem der Zugestiegenen individuell und mit viel Aufwand seinen Platz zuzuweisen. Dann rollen wir durch Sudbury. Dunkelheit tarnt gnädig, was sich hinter der Industriestadt verbirgt: Emissionen der »Nikkel-Hauptstadt der Welt« haben die Vegetation hier gnadenlos vernichtet und weiten Landstrichen einen mondähnlichen Charakter verliehen.

In fast regelmäßigen Abständen klingt der langgezogene, fast klagende Warnton der Lokomotive durch die Nacht. Die Burschen auf dem Weg nach Nicholson sind jetzt endgültig ruhig geworden. »Jungs, wenn ihr die Fahrgäste nicht schlafen laßt, werfe ich euch eigenhändig aus dem Zug«, war die letzte Verwarnung des Schaffners gewesen. Ich klappe meinen Sitz nach hinten, fahre die bequeme Fußstütze aus und lösche das Licht. Nur das gleichmäßige Klicken, wenn Räder auf Schienenanschlüsse schlagen, ist der Gesang dieser Nacht. Kleine Orte wie Levack, Kinogama und Missanabie verschlafe ich.

Mit dem Augenaufschlag um 6.20 Uhr beginnt für mich der zweite Reisetag. Draußen herrscht noch immer das Wechselspiel von Seen und Wäldern vor, nur heute mit leichten Nebelschwaden drüber. Eine Zugbegleiterin verkauft Kaffee und *donuts*, dick mit Zuckerguß überzogene Berliner, für weniger als zwei Dollar. Dann hält der Zug. »Marathon« steht auf dem kleinen Bahnhofgebäude. Ein schlanker Mann, stoppelbärtig, den Stetson ins Genick geschoben, steigt mit Frau und fünf Kindern ins Abteil. Mit leiser Stimme, die gar nicht zu seiner äußeren Erscheinung passen will, erzählt er, daß sie nach Vancouver fahren wollen. »*Mom* hat unsere Kinder noch nie gesehen.« Er zeigt auf die fünf Blondschöpfe. Während man sich miteinander bekannt macht, verändert sich die Landschaft. Rund 200 Kilometer folgt der *Canadian* jetzt dem Ufer des Lake Superior, Kanadas größtem Binnensee. »Atemberaubend« und »toll«, äußern sich meine Mitreisenden. Für

Schienenstränge durch die kanadische Einsamkeit

die 12000 Männer, die zwischen 1883 und 1884 bei einem Tagesverdienst von lächerlichen 1,50 Dollar für zehnstündige Schwerstarbeit die Trasse unmittelbar entlang des Seeufers bauten, waren diese malerischen Klippen und Steilhänge nichts weiter als Hindernisse, die es zu sprengen, zu durchbohren und zu beseitigen galt.

Die Morgennebel haben sich gehoben und geben den Blick auf steinige, mit angetriebenen Baumstämmen übersäte Buchten frei. Hier und da schmiegen sich Holzhäuschen ans Ufer, Enten ziehen in Schwärmen durch die Luft. Vor einer Hütte mit blinden Fenstern steht ein alter Mann und schaut versunken hinter dem Zug her. Thunderbay, wichtiger Getreideausfuhrhafen und größte Stadt, seit wir Toronto verlassen haben, kündigt sich schon von weitem durch fünfundzwanzig Getreidespeicher an. Kilometerlange Güterzüge mit Weizen säumen unseren Schienenstrang. Hübsche Zwiebeltürme russisch-orthodoxer Kirchen erinnern daran, daß ein großer Teil dieser Region von Immigranten aus der

Ukrainische Kirche in Alberta

Ein Güterzug wird mit Getreide beladen

Ukraine besiedelt und erschlossen wurde. Das Erbe dieser Pioniere lebt heute in ethnischen Festen wie auch in Form von Zeitungen in kyrillischer Schrift am *newsstand* an der nächsten Ecke fort.

Der Zug wird immer voller. Ein Hüne von Mann erhält den noch freien Platz neben mir. Natürlich kommen wir schnell ins Gespräch. Alter *Canadian*-Fahrer sei er, höre ich. Jedes Jahr fährt er diese Strecke zweimal nach Calgary zu seiner verheirateten Tochter. Dann erzählt er, daß er den letzten Winter im Norden Ontarios in einem entlegenen Dorf gelebt habe. Erst nachdem die Flüsse vereist gewesen seien und ein Weg über den im Sommer morastigen Tundraboden geebnet worden war, habe er mit dem Wagen dorthin gelangen können.

Die Stunden vergehen, ohne daß sich die Landschaft viel verändert. Zwischen Thunderbay und Winnipeg, der Hauptstadt Manitobas, hält der *Canadian* auf 675 Kilometer nur viermal.

Der Bedienung am kalten Büfett ist heute weder ein Lächeln noch eine freundliche Geste zu entlocken. Anders im Speisewagen, den ein Hauch von Luxus umgibt. Ich komme mit meinen beiden Nachbarinnen aus London ins Gespräch. »London in Ontario oder England?« Letzteres. Ursprünglich stammen sie aus Südafrika. »Aber wenn du keine weiße Haut hast . . .« So wurden sie in England heimisch. Wir sind bei der Vorspeise, als der Zug in Kenora, am Rand des wunderschönen, mit unzähligen Inseln durchsetzten Lake of the Woods, einläuft. Beim Nachtisch wird es dämmrig. Auch in der Landschaft kündet sich eine Veränderung an. Der Bewuchs wird jetzt flacher, dann tauchen die ersten großen Getreidefelder auf: Ankunft in den Prärien. Über kaum eine andere kanadische Landschaft ist die Aussage so zwiespältig wie über diese. Äußerungen von »erschlagend öde« bis zu »grandiose Weite« spiegeln die Empfindungen über dieses flache Land wider, das sich platt wie ein Brett bis an den Fuß der Rocky Mountains erstreckt. Kanadas Kornkammer erstreckt sich wie ein schier endloses Getreidefeld über 1500 Kilometer Länge. Eine Region großer klimatischer Extreme, mit heißen, trockenen Sommern und bitterkalten Wintern von minus 40 Grad Celsius und mehr. Es

Verlassenes Haus in der Prärie

ist *the big sky country*, über das sich zumeist ein riesiger tiefblauer Himmel wölbt.

Schwarz ist diese Nacht, bis am Horizont eine Lichterkette die erste Großstadt seit Toronto signalisiert: Winnipeg. Die am Zusammenfluß von Assiniboine und Red River gelegene Hauptstadt Manitobas ist gleichermaßen älteste Siedlung im Herzen Kanadas wie auch Tor und Sprungbrett in den Westen. Viele verlassen hier den Zug und steigen in den auf dem Nebengleis wartenden *Super Continental* um. Dieser Zug beginnt seine Reise hier und fährt auf einer nördlicheren Route nach Edmonton und Jasper, bevor er Richtung Vancouver abknickt.

Portage-la-Prairie verschlafe ich wie die Hauptstadt Saskatchewans, Regina, und den Ort mit dem witzigen Namen »Elchkiefer« – *Moose Jaw*. Kurz vor Herbert wache ich auf. Das erste, was ich sehe, sind wieder die Burgen des Wohlstands: rot, grün und weiß leuchtende Getreidespeicher neben dem Schienenstrang. Ansonsten ist es ein Prärie-Nest wie Hunderte andere, deren Bewohner den Lebenssaft in Weizen- und Gersteform aus dem Boden ziehen. Eine Herde graziler Pronghorn-Antilopen setzt in großen Sprüngen über das von Sonne und trockenem Wind ausgedörrte Land. Ein magerer Kojote zieht beim Heranbrausen des *Canadian* den Schwanz ein und verkriecht sich hinter einem Busch. Staub wirbelt am Bahndamm auf. Und wieder durchdringt das Heulen des Zuges die Einsamkeit der Prärie. Vorbei geht's an abgeernteten Äckern, kleinen Dörfern und Häusern mit dem Schrott von Generationen auf den Hinterhöfen. Geisterhaft stehen mitten in Feldern verlassene und von Stürmen in windschiefe Lage gedrückte Holzhäuser, vor Jahrzehnten aufgegebene Behausungen der ersten Pioniere. *Welcome to Alberta* grüßt ein Schild neben dem Bahndamm. Dann rollt der Zug über den South Saskatchewan River und vorbei an graugelben Erdhügeln in Medicine Hat ein. »Medizinhut« – ein merkwürdiger Name, genauso wie das Ereignis, das hinter ihm steht: Während eines Kampfes zwischen Cree- und Schwarzfuß-Indianern hatte einst ein Sturm den Hut des Medizinmannes der Cree erfaßt und in den Saskatchewan River geschleudert. Für die Cree war das ein böses Zeichen, und sie ergriffen die Flucht.

Weiter Himmel über endlosen Feldern

Der Schriftsteller Rudyard Kipling fand eine andere, nicht minder interessante Umschreibung für Medicine Hat: »Die Stadt mit der Hölle als Fundament«. 1892 waren hier Arbeiter beim Brunnenbohren auf Erdgas gestoßen. Womit wir bei Albertas zentralem Thema angelangt wären: Erdöl und Erdgas. Da Sprit hier preisgünstiger ist als sonstwo in Kanada, werden erst einmal unsere drei Dieselloks aufgetankt.

Nicht mehr gehindert durch Seen oder Sümpfe, fährt der Zug jetzt schneller als zuvor. Es ist, als würde das Eisenbahnerlebnis intensiver; das Sirren der Räder klingt lauter, durchdringender. Staub wirbelt höher und legt sich auf die Fenster. Ich setze mich auf den letzten freien Platz im *dome car*. Mein Gegenüber schiebt die Hand über den Tisch: »Wir sollten uns miteinander bekannt machen!« Und schon reden wir über Gott und die Welt bis zu dem Punkt, wo es anfängt persönlich zu werden. Merkwürdig, wie kommt man dazu, einem wildfremden Menschen soviel von sich zu erzählen. Langeweile? Oder ist es das verbindende Gefühl, »im selben Boot zu sitzen«? Während sich draußen die Halme der Getreidefelder unter der Druckwelle des Zuges biegen und wieder aufrichten, erzählt Brian aus Sudbury, wie er 1960 in einem Präriedorf zwischen Calgary und Edmonton als Lehrer gelebt hat. »Mit 2800 Dollar Jahreseinkommen. Trotz allem – uns ging's gut damals.« Er berichtet, daß der Arzt nur einmal in der Woche in den Ort gekommen sei und wie ihr erstes Kind im »Krankenhaus«, dem Raum einer kleinen Sanitätsstation, das Licht der Welt erblickt habe. Brian macht eine Pause. »Die Ehe ging kaputt, jetzt arbeite ich in Ontario als Raumausstatter.« Er schaut auf die vorbeifliegende Landschaft. »Irgendwann ziehe ich zurück nach Alberta.« Unruhe im *dome car* unterbricht uns. Die Rocky Mountains tauchen als gezackte Linien in der Ferne auf, Momente später sind die ersten Spitzen der brandneuen Wolkenkratzer-Skyline Calgarys zu sehen.

Vreni und René verlassen uns, für die nächsten fünf Wochen stehen die Rockies auf ihrem Programm. »Macht's gut ihr beiden!« Jetzt bin ich im Abteil der letzte »Reisende der ersten Stunde«. Die neu zugestiegenen Passagiere sind Sightseeing-Touristen. Einige Hundert von ihnen ver-

Calgary

lassen den Zug, als wir Banff erreichen. Mindestens die gleiche Zahl steigt neu zu, mehr als die Hälfte davon Japaner. Nun beginnt eine der spektakulärsten Eisenbahnstrecken, die Nordamerika zu bieten hat.

Wir passieren die Bahnstation Lake Louise, danach erfolgt der Anstieg zur kontinentalen Wasserscheide. Mittlerweile hat sich der Zugführer bei uns im Wagen eingefunden und erzählt von den Anfängen des *Canadian Pacific* und davon, daß der vor uns liegende Streckenabschnitt mit 4,5 Prozent Gefälle zur »Todesstrecke« für manchen Eisenbahner wurde. Viele Züge waren am »Big Hill« außer Kontrolle geraten,

obwohl allein für diese Schußfahrt neun zusätzliche Lokomotiven zum Bremsen bereitstanden.

In zweijähriger Arbeit und unter Einsatz von tausend Männern und 750000 Kilogramm Sprengstoff entstanden bis 1909 Nordamerikas erste beiden Spiral-Tunnel, die durch spiralförmige Schleifen im Berginneren das gefährliche Gefälle reduzierten. »Big Hill zur *pretzel* gebogen«, hatten die Zeitungen damals gejubelt.

Die Sonne steht tief, nur die Spitzen der umliegenden Berge und des wie eine Pyramide wirkenden Cathedral Mountain leuchten golden, als sich der Zug durch »Upper« und »Lower Spiral Tunnel« hindurchwindet. Als wir wenig später das im Yoho National Park gelegene Dörfchen Field erreichen, haben wir wohlbehalten eine der schwierigsten Eisenbahnstrecken Nordamerikas hinter uns gebracht.

Der *Canadian* hält auf dem Bahnhof neben fünf schweren Dieselloks eines wartenden Güterzuges mit mehr als hundert Waggons. Kurz darauf kriechen unsere eigenen drei großen Lokomotiven behutsam zwischen senkrecht abfallenden Felsen und dem tosenden Kicking Horse River nach Westen. Die Wolken über den Bergen verfärben sich rot. Bald wird es dunkel. So bekomme ich nichts von der Überquerung der Selkirk-Berge in den Columbia Mountains mit. Bevor der heutige Schienenstrang gebaut worden war und die Eisenbahnroute noch über den legendären Rogers-Paß führte, hatten sich dort Tragödien abgespielt. In ihrem Ehrgeiz, auf direktem und billigstem Weg so schnell wie möglich nach Westen zu kommen, hatten die *Canadian-Pacific*-Manager den Bogen überspannt: Fünfzehn Meter Schneefall pro Jahr brachten ihre Züge zum Entgleisen, 1910 wurden innerhalb nur eines Tages 62 Arbeiter durch Lawinen getötet. Die Zahl der Opfer am Rogers-Paß wuchs letztlich auf über 200 an. Zwischen 1913 und 1916 entstand daraufhin mit dem acht Kilometer langen Connaught-Tunnel eine neue Bahnstrecke durch die Selkirk Range. Heute folgt nur noch der Trans-Canada Highway dem verlassenen Schienenstrang über den Rogers-Paß. Die Lawinengefahr besteht nach wie vor, doch man hat gelernt, mit dem Schnee zu leben, u. a. mit Hilfe eines österreichischen Lawinenspezialisten und dem Einsatz von Militärhaubitzen, mit denen die Schneemassen kontrolliert »abgeschossen« werden.

Vierter Tag: Man spürt es deutlich, mit der Klarheit des Präriehimmels und der Berge ist es jetzt vorbei. Feucht ist die Luft, Grau liegt über dem Fraser River. Grau ist auch der turbulente Fluß, der tief unter uns durch das Fraser River Valley schießt. Im Abteil herrscht noch Ruhe. Zusammengerollt schlafen die Passagiere beim gleichmäßigen »Tacktack-Tacktack« des sich langsam zwischen Fels und Fluß vorwärts windenden Zuges auf Liegesitzen. Ich taste mich zur Bar durch, an der am frühen Morgen dünner Kaffee statt harter Sachen ausgeschenkt wird. Der Barkeeper, ein stämmiger Mann indianischer Abstammung, mit einem Bauch, der nur durch Gürtel und zusätzliche, breite Hosenträger in Form gehalten wird, schiebt wortlos den Pappbecher über den Tresen. Ich korrigiere meine Uhr zum dritten und letzten Mal auf der Zugreise. Seit Passieren des Ortes Golden haben wir *Pacific Time*. Die Hände um den heißen Becher gelegt, lehne ich mich ans Fenster.

Viel Wasser habe ich seit Toronto gesehen, Flüsse, Creeks und Hunderte von Seen. Habe die Weite der Prärien genossen und die noch hautnahe Geschichte dieser jungen Eisenbahn gespürt. Ich hatte Gelegenheit, in sehr unterschiedliche Gesichter dieses großen Landes zu schauen, blickte in Hinterhöfe und Indianer-Camps. Es blieb auch viel Zeit nachzudenken; über Vergangenes, eine flüchtige Begegnung und Menschen, die ich sah. Oder zu rätseln wie jetzt: ein Grab neben dem Bahndamm, darauf ein steinernes Kreuz. Endstation einer der vielen Tragödien beim Bau dieser Eisenbahn?

Seine Geschichte werde ich vermutlich nie erfahren, wie auch nicht die Hintergründe zu vielen Bildern und Eindrücken während der Fahrt. Von Familien, die sich an Bahnhöfen stürmisch begrüßten, oder jener Frau vor dem Abteil, die ihre Hand zum Abschied an die Scheibe legte, wo die Wange ihres Kindes war. Dann hatte der Zug angeruckt.

Er hat viel »Kanada« geboten, der *Canadian*.

Tief unter mir kocht und brodelt der Fraser, überall bricht es wie Eiterblasen aus dem Inneren des Flusses. An seinem Rand steht ein winziges Dorf mit Holzhäuschen. Daneben eine kleine

Abgestürzter Zug am »Big Hill«

Aus den Anfängen der Eisenbahn: kühne Holzbrückenkonstruktion

Kirche mit der Aufschrift *St. Joseph Church.* Ein Mann in der Nähe schaut auf, unsere Blicke treffen sich einen Herzschlag lang. Seit 70 Stunden und 4300 Kilometern ähnelten sich die Bilder – und doch ist jede dieser Momentaufnahmen ein anderes Gesicht Kanadas.

Ein Bahnbediensteter verbreitet Optimismus: »Nur fünfundvierzig Minuten Verspätung!« Dann wird die Landschaft lieblich. Das Tal weitet sich, und die Schroffheit des oberen Fraser Valley bleibt zurück. Zu riesigen Flößen zusammengefügte Baumstämme drehen sich behäbig in grauen Fluten.

Der Speisewagensteward hangelt sich durch den schlingernden Zug: »*Last call for breakfast in the dining car.*«

Henkersmahlzeit. Zwei Stunden noch bis Vancouver.

Per Bahn zu den Eisbären an der Hudson Bay

Die Reise mit dem *Hudson Bay Explorer* ist eine der außergewöhnlichsten Zugfahrten Kanadas. Rund 1700 Kilometer führt sie von Winnipeg über den Ort The Pas bis Churchill an der Hudson Bay. Was bei der Fertigstellung dieser Eisenbahnlinie im Jahre 1929 als Zubringer zu dem für die Prärieprovinzen so wichtigen Getreideausfuhrhafen Port of Churchill gedacht war, hat sich zur beliebten Touristenroute mit lohnendem Endpunkt gemausert: Churchill, das 1200 Einwohner zählende Ziel, lockt mit wilden Eisbären. Bis zu 150 Tiere wandern zwischen September und Anfang November durch die Straßen des Ortes und seiner Umgebung. Die Ursache dafür liegt in der Ungeduld der bis zu 540 Kilo schweren Tiere, im Herbst so schnell wie möglich auf das Eis der Bay zu gelangen. Da sich bei Cape Churchill einer der am frühesten zufrierenden Küstenabschnitte befindet, konzentriert sich in dieser Zeit der Bärenandrang auf Churchill. Das hat dem Ort die Bezeichnung *polar bear capital of the world* eingebracht – Hauptstadt der Eisbären. Das touristische Interesse an den »Herren der Arktis« ist während der letzten Jahre stark gewachsen. Heute bringen sogenannte Tundra-Buggies Besucher in unmittelbare Bärennähe, ohne dabei Gefahr zu laufen, daß es zu unliebsamen Zusammenstößen kommt. Was für Naturfreunde zur außergewöhnlichen Tierbegegnung wird, ist für die Bewohner Churchills Anlaß zu ständiger Wachsamkeit. Beobachtungen haben gezeigt, daß Mensch und Eisbär nicht miteinander auskommen. Grundsätzlich macht jeder einen großen Bogen um den anderen, gleichzeitig aber lockt menschliche Lebensweise Bären an. »Müll und Küchenabfälle niemals im Haus aufbewahren. Bären folgen ihrer untrüglichen Nase, eine Haustür ist dabei für einen 500-Kilo-Koloß kein Hindernis«, wird in Broschüren der Provinz Manitoba gewarnt. Es gibt auch ein Eisbären-Warnsystem und einen Verhaltenskatalog *Polar Bears in Town – What to do?* – Eisbären in der Stadt – Was ist zu tun? Seit 1968 sind Eisbären in Manitoba übrigens geschützt, ihre Population hat zugenommen.

Petri Heil – die unzähligen Flüsse zwischen Pazifik und Hudson Bay sind ein Dorado für Angler

Für den Naturfreund ein weiterer Grund, mit dem Zug nach Churchill zu fahren: Während der Sommermonate tummeln sich rund 3000 Belugawale an der Churchill-River-Mündung. Dort befinden sich auch die imposanten Überreste einer einst trutzigen Anlage. Ab 1732 war hier in vierzigjähriger Bauzeit das »für die Ewigkeit gebaute« Fort Prince of Wales der Hudson's Bay Company entstanden. Als Folge der Auseinandersetzungen zwischen Franzosen und Engländern übergab es der englische Forscher und Pelzhändler Samuel Hearne bereits 1782 widerstandslos an seine Gegner (s. Kapitel »Die Hudson's Bay Company«, S. 118).

Informationen Eisenbahnfahrten

Der *Canadian* verkehrt derzeit auf etwas veränderter Route: Toronto, Winnipeg, Saskatoon, Edmonton, Jasper (Rocky Mountains), Kamloops und Vancouver. Eine interessante Streckenkombination bietet sich dabei ab Jasper: Ebenfalls dreimal wöchentlich stellt von hier der *Skeena* den Anschluß zu Prince Rupert (Westküste) her. Dadurch ergeben sich sehr attraktive Verbindungen per Fähre nach Vancouver Island und Alaska (siehe Kapitel »Inside Passage«, S. 73).

Um dem Besucherinteresse an dem beschriebenen spektakulärsten Eisenbahnabschnitt der Rocky Mountains entgegenzukommen, bietet VIA-Rail mit dem *Rocky Mountaineer* während der Sommermonate einen zweitägigen Trip zwischen Calgary–Banff–Kamloops und Vancouver an. Begrüßenswert: Die Fahrt wird nur während der Tageslichtstunden durchgeführt, allerdings erfordert das eine Übernachtung in Kamloops (große Nachfrage – rechtzeitig buchen!).

[i] Customer Relations, VIA-Rail Canada Inc., P. O. Box 8116, Station A, Montreal, Quebec H3C 3N3 (*National Timetable* anfordern). In Westkanada gebührenfreie Auskünfte und Reservierungen unter Tel.: 1-800-561-8630. Buchungen und Auskünfte in Deutschland und der Schweiz siehe Anhang »Nützliche Anschriften« (S. 169).

[i] **Rocky Mountaineer:** Wer »Signature Service« bucht, erhält das gute Standardangebot von drei Mahlzeiten sowie eine Übernachtung in Kamloops. Informationen: Great Canadian Railtour Company, 1150 Station Street, Vancouver, BC V6A 2X7, Tel.: (604) 606-7245. Informationen in Deutschland: MSI, Johanna-Melber-Weg 12, 60599 Frankfurt/Main, Tel.: (069) 62 92 82, Fax: 62 92 64.

Hudson Bay Explorer: Von Churchill kann man mit Linienflugzeugen zu allen größeren Städten des Landes zurückfliegen. Auskunft durch Canadian Airlines International, Sales Office, 570 Ferry Road, Winnipeg, M. B., R3H 0T7, Tel.: (204) 956-6218.

Für die herbstlichen Tundra-Buggy-Trips zur Eisbären-Beobachtung wird rechtzeitige Buchung empfohlen (bis zu einem Jahr im voraus). Ein breites Angebot bietet z. B.: Churchill Wilderness Encounter, P. O. Box 9, Churchill, M. B., R0B 0E0, Tel.: (204) 675-2248, Fax: 675-2045.

Weitere Auskünfte erteilt Travel Manitoba siehe Anhang »Nützliche Anschriften« (S. 169).

Informationen kurzgefaßt
Nationalparks in Westkanada

Kanadische Rocky Mountains: Für Informationen über die Nationalparks Banff, Jasper, Glacier, Yoho, Kootenay und Mt. Revelstoke siehe Kapitel »Icefield Parkway«, S. 70ff.

Elk Island National Park: Seine Hauptattraktion sind Bisonherden, aber auch Wapiti und Biber. Der nur 35 Kilometer östlich von Edmonton (Alberta) gelegene Nationalpark lädt zur Tierbeobachtung, zum Wandern und Kanufahren ein.

[i] Elk Island National Park, Site 4, R. R. 1, Fort Saskatchewan, AB, T8L 2N7, Tel.: (403) 992-2950.

Kluane National Park: An Kanadas nordwestlicher Grenze im Yukon Territory gelegen, ist dieses die Welt ewiger Gletscher und Eisfelder mit Kanadas höchstem Berg Mt. Logan (5851 Meter). Anfahrt über Alaska Highway bis zum Ort Haines Junction (s. Kapitel »Alaska Highway«, S. 13).

[i] Kluane National Park, Box 5495, Haines Junction, Y. T., YoB 1Lo, Tel.: (867) 634-7209 oder 634-7208.

Nahanni National Park: Aufgenommen in die »UNESCO World Heritage List«, in der einmalige Naturwunder und Kulturgüter unserer Erde erfaßt sind. Hauptbestandteil des Parks sind grandiose Landschaften (u. a. der 90 Meter hohe Virginia-Wasserfall) des South Nahanni River. Der Nationalpark erfreut sich größter Beliebtheit unter Wildwasserfahrern. Zugang per Charterflugzeug, u. a. von Fort Simpson, Fort Liard und Yellowknife.

[i] Nahanni National Park Reserve, P. O. Box 300, Fort Simpson, N. T., XoE oNo, Tel.: (403) 695-3151.

Northern Yukon National Park (Yukon Territory): Ein sehr junger, jedoch schwer zugänglicher Nationalpark am nördlichsten Ende der Grenze Yukon Territory/Alaska. 1984 mit einer Größe von gut 6000 Quadratkilometern ins Leben gerufen, wird hier vor allem die *Porcupine*-Herde geschützt. Zugang nur per Charterflugzeug.

[i] Northern Yukon National Park, c/o Kluane National Park, Box 5495, Haines Junction, Y. T., YoB 1Lo, Tel.: (867) 634-7209 oder 634-7208.

Pacific Rim National Park (auf Vancouver Island, B. C.): »Wo Pazifik, Regenwälder und einsamste Sandstrände zusammentreffen«, heißt es, befindet sich dieser Nationalpark. Hauptattraktion ist der West Coast Trail (s. Kapitel »West Coast Trail«, S. 105).

[i] Pacific Rim National Park, Box 280, Ucluelet, B. C., VoR 3Ao, Tel.: (250) 726-7721.

Waterton Lakes (Alberta): Gebirgs-Trails zum Wandern und Reiten, Seen für Bootsfahrten, Bisons vor der majestätischen Kulisse der Rockies sowie Hirsche und Bergschafe, die zutraulich wie Haustiere zwischen Besuchern herumlaufen. Er befindet sich 276 Kilometer südlich von Calgary an der Grenze zur USA, wo sich im Süden der Glacier NP (USA) anschließt.

[i] Waterton Lakes National Park, Waterton Park, AB, ToK 2Mo, Tel.: (403) 859-2224.

Wood Buffalo National Park (N. W. T.): Kanadas riesigster Nationalpark (44800 Quadratkilometer) ist die Heimat der größten freilebenden Waldbisonherde auf Erden. Mehr als eine Million Gänse, Enten und Schwäne machen hier Rast auf ihren Zügen im Frühling und Herbst. Anfahrt über Mackenzie Highway nach Hay River (Great Slave Lake) und Fort Smith (Slave River). Von dort Zufahrt ins Zentrum des Parks.

[i] Wood Buffalo National Park, Box 750, Fort Smith, N. T., XoE oPo, Tel.: (403) 872-2349.

Nationalparks und Wildschutzgebiete in Alaska

Admiralty Island National Monument: Teil des Tongass Nat. Forest (s. Kapitel »Inside Passage«). Zu erreichen per Wasserflugzeug von Sitka oder Juneau. Größte Konzentration von Weißkopfseeadlern in Nordamerika. Sehr viele Braunbären. Echte Wildnis. Kajakfahren ist hier populär.
[i] U. S. Forest Service, Centennial Hall, 101 Egan Dr., Juneau, AK 99801, Tel.: (907) 586-8751.

Denali National Park: Siehe hierzu Kapitel »Im Land des weißen Riesen«, S. 34ff.

Gates of the Arctic National Park: Zu erreichen über den Dalton Highway oder per Charterflugzeug von Fairbanks. Der Nationalpark umfaßt Teile der Brooks Range (Berge, Hochlandtundren, Karibuherden). Noatak National Preserve schließt sich im Westen an. Im Osten befindet sich das riesige Arctic National Wildlife Refuge. Keinerlei Versorgung und touristische Infrastruktur.
[i] Gates of the Arctic National Park & Preserve, Box 26030, Bettles, AK 99726, Tel.: (907) 692-5494.

Katmai National Park: Das Gelände des ca. 16000 Quadratkilometer großen Nationalparks war 1912 durch Eruption eines neu entstandenen Vulkans und das Auseinanderbrechen des alten Katmai-Vulkans Schauplatz einer gewaltigen Naturkatastrophe, in deren Folge Tausende von Dampfsäulen aus dem Boden aufstiegen. Diese Fumarolen waren zwanzig Jahre später verschwunden, doch der Name für das »Valley of Ten Thousand Smokes« blieb. Großartige »Mondlandschaften« mit eigentümlicher Farbpracht vor der kalten Kulisse der Berge Alaskas. Neben Flüssen, Seen und Vulkanen eine Vielzahl von Wildtieren. Keine Zufahrtsmöglichkeit mit dem Auto. Flüge sind von Anchorage nach King Salmon möglich. Von dort geht es per Wasserflugzeug/Boot nach Brooks Camp. Es werden organisierte Touren durchs »Valley of Ten Thousands Smokes« angeboten.
[i] Katmai National Park & Preserve, Box 7, King Salmon, AK 99613, Tel.: (907) 246-3305.

Kenai Fjords National Park: Seward, das man, von Anchorage kommend, nach 203 Kilometern über den Seward Highway erreicht, ist Ausgangspunkt für eine Wunderwelt von Gletschern und Fjorden. Höhepunkt ist zweifellos das mehr als 700 Quadratkilometer große Harding Icefield, eines der vier größten Eisfelder der USA. Es kann über einen langen Marsch oder per *scenic flight* erreicht werden. Ebenfalls beeindrucken Bootstouren durch die Fjorde, entlang kalbender Gletscher. Informatives »Visitor Center« in Seward, 4th Ave.
[i] Kenai Fjords NP, P.O. Box 1727, Seward, AK 99664, Tel.: (907) 224-3175.

Kodiak National Wildlife Refuge: Rund 7500 Quadratkilometer großes Schutzgebiet für Kodiak-Bären, die größten der Erde. Kommerzielles Zentrum der Insel Kodiak ist die gleichnamige Stadt, per Flugzeug von Anchorage sowie mit Fähre von Homer und Seward zu erreichen. Von dort per Boot oder Charterflugzeug ins »Wildlife Refuge«.
[i] Kodiak National Wildlife Refuge, 1390 Buskin River Rd., Kodiak, AK 99615, Tel.: (907) 487-2600.

Lake Clark National Park: Hier treffen Eis und Feuer aufeinander. Gletscher, Vulkane, Gebirgsflüsse und Lachse heißt das Motto für diese Region westlich des Cook Inlet, der Kenai Halbinsel gegenüber. Die in den Lake Clark führenden Creeks und Flüsse gehören zu den lachsreichsten Gewässern der Erde. Es gibt einige Lodges im Park. Zugang nur per Boot oder Charterflugzeug.
[i] Lake Clark National Park & Preserve, 4230 University Dr., Anchorage, AK 99508, Tel.: (907) 271-3751.

Misty Fjords National Monument: Teil des Tongass National Forest und per Wasserflugzeug von Ketchikan zu erreichen. Wilde Landschaften, romantische Buchten und Wälder. Es sind allerdings auch hohe Niederschläge, die zu dem Namen »neblige Fjorde« führten. Wer seinen Traum von der Robinsonade erfüllen will, kann für ca. 20 US-Dollar pro Tag vom »Forest Service« entlegene Hütten mieten (sehr früh im voraus buchen!).
[i] Misty Fjords National Monument, Tongass National Forest, 3031 Tongass, Ketchikan, AK 99901, Tel.: (907) 225-2148.

Wrangell St. Elias National Park: Mit ca. 52000 Quadratkilometern größter Nationalpark der USA. An ihn schließt sich der kanadische Kluane NP (Yukon Territory) an. Neben der Ballung höchster Gipfel Nordamerikas befinden sich hier auch gewaltige Eisfelder. Erfreulicherweise besteht Zugang in diese grandiose Wildnis. Zum einen über den Glenn Highway (sogenannter »Tok Cutoff«) nach Nabesna sowie vom Richardson Highway über Chitina nach McCarthy (Edgerton Highway/McCarthy Road) nach Kennicott (Reste der bis zur Schließung 1938 reichsten Kupfermine der Welt).

[i] Wrangell St. Elias NP, P.O. Box 29, Glenallen, AK 99588, Tel.: (907) 822-5234.

Yukon Charley Rivers National Preserve: Um den Reiz dieses Naturschutzgebietes und seine Wasservogelvielfalt zu genießen, sollte eine Kanu- oder Kajakfahrt auf dem Yukon River zwischen den Orten Eagle und Circle in Erwägung gezogen werden (siehe auch Kapitel »Auf dem Yukon«). Anfahrt nach Eagle über Alaska und Taylor Highway; nach Circle, von Fairbanks kommend auf dem Steese Highway.
[i] Yukon Charley Rivers National Preserve, P. O. Box 167, Eagle, AK 99738.

So leben Bär, Elch, Karibu und Wolf

Der **Braunbär**, zu dessen Gattung auch der Grizzly zählt, ist eine von drei in Nordamerika vorkommenden Bärenarten. Die anderen sind Eis- (Polar-) und Schwarzbär.

Um keinen Bären ranken sich so viele Geschichten und Legenden wie um den *ursus arctos horribilis*, den Grizzly. Einst gab es ihn in großer Zahl bis hinunter an die Grenze Mexikos. Mit Ausnahme einzelner westlicher US-Staaten wie Montana, Idaho, Wyoming und Utah ist er nur noch in Westkanada und Alaska anzutreffen. Er ist ein Fleisch- und Pflanzenfresser; 80 bis 90 Prozent seiner Nahrung machen Beeren und andere pflanzliche Produkte aus. Lachse werden aber ebensowenig verschmäht wie Erdhörnchen und Ameisen. Gelegentlich gehört zu seinen Opfern auch großes Wild wie Elch und Hirsch. Obwohl auch über Grizzlys von 550 Kilogramm berichtet worden ist, liegt das Durchschnittsgewicht des männlichen Tieres bei 250–350 Kilogramm, das des weiblichen macht etwa die Hälfte aus.

Eisbären erreichen ein Gewicht zwischen 350 und 540 Kilo. Wie alle Bärenarten haben auch sie einen ausgeprägten Geruchssinn, der es ihnen ermöglicht, durch bis zu neunzig Zentimeter dickes Eis ihre bevorzugten Happen in Seehundshöhlen aufzustöbern.

Schwarzbären gehören zu den verbreitetsten wilden Tieren Nordamerikas. Sie sind häufige Gäste auf Müllkippen und Campingplätzen, wohin sie ihre untrügliche Nase und ständiger Appetit führen. Trotz der Bezeichnung *black bear (ursus americanus)* sind Farbvarianten wie Braun, Zimtfarben und Blauschwarz nicht selten. Männliche Tiere wiegen im Schnitt 135 Kilo, bis zu 270 Kilogramm schwere sind allerdings auch schon gesichtet worden. Weibliche Schwarzbären sind relativ klein und wiegen im Mittel nur 70 Kilo. Anders als Grizzlies sind sie hervorragende Kletterer, genießen jedoch wie diese einen guten Winterschlaf.

Der **Elch** (die nordamerikanische Bezeichnung: *moose*) ist der größte lebende Hirsch. Mit einer Schulterhöhe, die jene großer Reitpferde überragt, wiegen Elchbullen bis zu 820 Kilogramm. Für die Nordland-Indianer ist der Elch noch heute wichtige Nahrungsquelle.

Das **Karibu,** ein Verwandter des Elchs, ist in Kanada alltäglicher Anblick – auf der Rückseite der 25-Cent-Münze. Mit Ausnahme der Bewohner des Nordens haben jedoch nur wenige diese arktischen Lebensverhältnissen perfekt angepaßten Tiere in natura gesehen. Man unterscheidet in Kanada die *peary caribous* auf der nördlichsten arktischen Inseln der N. W. T. (Bestand ca. 10 000); die *woodland caribous* in den borealen Wäldern zwischen Britisch-Kolumbien und Neufundland (Bestand ca. 500 000); die *barren ground caribous* in den Tundren zwischen Baffin Island und Alaska. Die alaskanische Unterart wird als *Grant's caribous* bezeichnet und hat ihren Lebensraum westlich vom Mackenzie River. Die *barren ground caribous* Kanadas leben in fünf großen Herden von insgesamt ca. 800 000 Tieren.

Das Heulen der **Wölfe** ist auch heute noch unvergeßlicher Ruf der Wildnis. Wölfe stehen im Ruf von Killern, doch weder in Kanada noch den USA gibt es Beweise, daß je ein Mensch von ihnen getötet wurde. Sie leben in Rudeln mit klarer sozialer Struktur unter einem starken Anführer. Der Zusammenhalt des Rudels ist im Winter am engsten, besonders bei der gemeinsamen Jagd auf Elch und Karibu.

Historisches in Stichworten

ca. 25000 v. Chr.	Nomadisierende Asiaten wandern über die Beringstraße vom heutigen Rußland nach Nordamerika ein.
ca. 2000 v. Chr.	Vorfahren der Inuit (Eskimo) besiedeln, ebenfalls von Asien kommend, die polaren Küstenregionen.
1610 n. Chr.	Der englische Seefahrer Henry Hudson entdeckt die später nach ihm benannte Bucht des Nordpolarmeeres.
1670	Gründung der Hudson's Bay Company.
1741	Russische Pelzhändler etablieren sich in Alaska.
1778	Captain Cook landet auf Vancouver Island und erklärt das Gebiet der Westküste zum englischen Besitz.
1799	Gründungsjahr der Russisch-Amerikanischen Gesellschaft. Ihr Ziel: Pelzhandel und Erschließung des Landes.
1867	Die USA erwerben für 7,2 Millionen Dollar Alaska von Rußland.
1883	Der Eisenbahnanschluß (*Canadian Pacific*) von Osten nach Westen wird bis Calgary hergestellt.
1885	Gewaltsame Niederschlagung der Riel-Rebellion, des Aufstandes der Métis (Mischlinge von Indianern und Weißen), gegen die sie benachteiligende staatliche Landpolitik und das Vordringen von Siedlern.
1898	Höhepunkt des Goldrausches am Klondike River (Yukon Territory) und spektakuläre Goldfunde in Nome (Alaska).
1915	Gründung von Anchorage (Alaska).
1942	Bau des Alaska Highways.
1947	Erdölfunde in der Nähe von Edmonton. Der Reichtum Albertas mehrt sich ab 1964 durch den Abbau der Ölsände am Athabasca River.
1959	Alaska wird 49. Staat der USA.
1964	Schwerste Erdbeben erschüttern Alaska. Mehr als 100 Tote, 500 Mio. Dollar Sachschaden.
1965	Kanada erhält ein eigenes nationales Symbol und Wappen: das rote Ahornblatt.
1977	Fertigstellung der Alaska-Pipeline.
1988	Olympiade in Calgary (Alberta).
1999	Die Northwest Territories werden geteilt. Der Osten davon – Nunavut – ist 2,25 Mio. qkm groß, mit 25000 Menschen...

Praktische Reisetips

Von Klima, Geld, Camping und vielem mehr

Man sagt, zu den schönsten Reiseabschnitten gehörten Vorbereitung und Vorfreude. Bei einem Kanada-Alaska-Trip gilt das ganz besonders. Flug-, Tour- und Ausrüstungsangebote wie Informationen haben mittlerweile solchen Umfang und Qualitätsstand angenommen, daß Nordlandreisen ein unproblematisches Vergnügen geworden sind. Doch gerade deshalb lohnt es sich, die breite Palette der Möglichkeiten nach dem für die eigene Wunschvorstellung Maßgeschneiderten zu prüfen. Durch Vergleiche läßt sich auch so manche Mark einsparen, die auf der Reise – vielleicht in eine Angellizenz umgesetzt – ungewöhnlich große und wohlschmeckende Zinsen tragen könnte.

Für die meisten wird die **Anreise** per Flugzeug erfolgen, d. h. sie werden auf den internationalen Flughäfen von Vancouver, Edmonton, Calgary, Winnipeg oder Anchorage landen. Während der Hauptreisezeit empfiehlt es sich unbedingt, den **Mietwagen** bereits lange im voraus gebucht und bestätigt bekommen zu haben. Insbesondere Campmobile sind während der begehrtesten Monate (Juni bis August) kaum vom Fleck weg zu haben. Wer auf den Pfennig schaut und nichts dagegen hat, wenn das Automodell schon ein wenig betagter ist, kann in den Gelben Seiten (*yellow pages*) der Telefonbücher erstaunliche Angebote finden. Sie laufen gelegentlich unter Überschriften wie *Rent a Dent* oder *Rent a Wreck* und kosten etwa die Hälfte oder ein Drittel des Preises der Neuwagen großer Mietwagenfirmen. Solche Angebote beziehen sich fast ausschließlich auf Pkw und sind zumeist auch kurzfristig zu haben. Viele Unternehmen vermieten keine Fahrzeuge an Personen unter 21.

Mit dem **Führerschein** des Heimatlandes kommt man im allgemeinen unproblematisch zurecht.

Klimatisch liegen zwischen dem milden Victoria auf Vancouver Island (B. C.) und z. B. Inuvik im Mackenzie-Delta (N. W. T.) Welten. Die Antwort auf die Frage nach der »besten Reisezeit« muß daher je nach Aufenthaltsgebiet unterschiedlich ausfallen. Als touristische Kernzeit mag gelten: Anfang Juli bis Ende August. In dieser Zeitspanne ist es zwischen den touristischen »Nord- und Südpolen« Westkanadas und Alaskas am angenehmsten. Im Süden kann diese Zeit jeweils um ca. eineinhalb Monate ausgedehnt werden.

Nachfolgend einige Anhaltspunkte zum Thema Wetter und Wärme (durchschnittliche Tagestiefst- und -höchsttemperaturen in Grad Celsius):

	Mai	Juni	Juli	Aug.	Sept.	Okt.
British Columbia						
Prince Rupert	5/13	8/15	10/17	10/17	8/15	6/11
Vancouver	8/17	11/19	13/22	13/22	10/18	6/14
Alberta						
Banff	1/14	5/18	7/22	6/21	3/16	−1/10
Edmonton	3/17	7/21	9/22	8/22	3/17	−2/11
Yukon						
Whitehorse	1/13	6/18	8/20	7/18	3/12	−3/4
Northwest Territories						
Inuvik	−6/4	4/16	8/19	5/16	−1/7	−12/5
Saskatchewan						
Regina	4/18	9/23	12/26	10/25	5/19	−2/12
Manitoba						
Churchill	−5/2	2/11	7/17	7/15	2/9	−4/1
Winnipeg	5/18	11/23	13/26	12/25	6/18	1/12

Alaska: In Anchorage liegt die Durchschnittstemperatur im Juli bei 14,5, in Fairbanks bei 16,4 Grad Celsius.

Insbesondere außerhalb der Küstenabschnitte wird es im Sommer sehr trocken (gelegentlich große Feuergefahr) und heiß. Die im Herzen Alaskas (Fort Yukon) einst im Schatten gemessenen (plus!) 38°C sind schon erwähnt worden, doch sollte nicht vergessen werden, daß es trotz heiß brennender Sonne im Schatten oft recht kühl sein kann. Das gibt schon die erste Antwort auf die Frage nach der **Reisekleidung.** Wer als Optimist Koffer oder Rucksack mit sommerlich-sportlichen Freizeitsachen packt, wobei Shorts und Badekleidung durchaus nicht vergessen werden müssen, liegt nicht falsch. Es sollte aber soviel Raum eingeplant sein, daß noch warmer Pullover, stabiles Schuhwerk und Mütze hineinpassen. Praktisch sind Daunenwesten. Leichte Daunenjacken sind wegen ihres kaum nennenswerten Gewichts ebenfalls zu empfehlen.

Von den kleinen Plagegeistern mit den langen Rüsseln war schon die Rede. Im Reisealltag kommt man nicht umhin, die Bekanntschaft von **Moskitos,** *blackflies* und ähnlichem beißenden und saugenden Getier zu machen. (Selbst für ganz eingefleischte Nordlandfans ein Schönheitsfehler im Paradies.) Auf die Frage, wann man am besten ohne Insektenreise, wird oft die Antwort »Mittwinter« gegeben. Wenig ermutigend für den Sommerurlauber, doch so schlimm ist's nun auch nicht. Mit kühleren Temperaturen zum Spätsommer werden die Insekten schon merklich weniger, in den Bergen und am Meer sind sie zudem weitaus weniger anzutreffen als in Tundren, Sumpfgebieten, an Flüssen und Seen. Doch ist es gut, gewappnet zu sein. Mückenschutzmittel sollte in keinem Reisegepäck fehlen. Recht wirksam ist das in Kanada und USA erhältliche »Muskol«. Viele Kanuten und Nordlandbewohner schwören auf eine tägliche (Über-)Dosis Knoblauch. Angeblich sollen dann keine Moskitos sich in Ihre Nähe wagen. Für Kanureisen wird empfohlen, ein über Hut oder Kappe zu ziehendes Mückenschutznetz im Gepäck zu haben.

Bei der **Reise mit einem Kleinkind** ist ein Moskitonetz in Form einer rechteckigen »Glocke« sehr hilfreich. Geeignet ist dafür feiner Gardinentüll, der relativ schnell zusammengenäht werden kann. Eigene Erfahrungen mit solch einem – auch im Busch an Zweigen schnell aufzuhängenden – Netz sind ausgezeichnet. Grundsätzlich ist es unproblematisch, die beschriebenen Nordlandstraßen mit einem Kleinkind zu befahren. Wo auch nur der kleinste Ort ist, gibt es Windeln und Babynahrung. Kanadier und Alaskaner sind sehr kinderfreundlich. Viele Campgrounds haben schöne Spielplätze. Besonders dort ergeben sich die nettesten Kontakte zu Einheimischen. Gut zu wissen: Das Netz ärztlicher Versorgung im Norden ist erstaunlich dicht geflochten, und kleine Charterflugzeuge stehen für Notfälle überall bereit.

Das kostet natürlich Geld, und daher sollte man vor der Abreise unbedingt **Vorsorge für den Krankheitsfall** treffen. Grundsätzlich ist man bei Ärzten und Krankenhäusern Selbstzahler. An Ort und Stelle muß bar oder mit Kreditkarte beglichen werden. Der Abschluß einer – zumeist recht günstigen – **Auslandskrankenversicherung** wird dringend empfohlen. Angeboten wird sie z. B. durch den ADAC.

Wenn es bei den vielen Angeboten und Möglichkeiten auch keine nennenswerten Probleme bereiten wird, sein **Geld** unter die Leute zu bringen, gibt es doch immer wieder Überlegungen, wo und wie man das Reisebudget aufbewahrt und transportiert. Obwohl es nützlich ist, einen vorab eingetauschten kleineren Barbetrag bei der Anreise in der Tasche zu haben, zählen **Reiseschecks** zu den sichersten, bequemsten und meistakzeptierten Zahlungsmethoden. In Kanada und den USA kann man mit Reiseschecks der Landeswährung wie mit Bargeld Lebensmittel, Benzin etc. bezahlen. Eine ausreichende Anzahl Schecks in kleineren Beträgen (20- oder 50-Dollar-Scheine) ist dabei nützlich. **Kreditkarten** (z. B. Visa, MasterCard, American Express, Eurocard) werden fast überall akzeptiert, wenngleich man gelegentlich einen höheren Preis zu zahlen hat als Barzahler. Ob »Plastikwährung« im Reisealltag häufig eingesetzt wird oder nicht – als Notnagel ist sie auf jeden Fall zu empfehlen. Bei vielen großen nordamerikanischen Mietwagenfirmen ist ohne *credit card* kein Auto zu bekommen.

Wer länger unterwegs ist, sollte sich überlegen, ob es sich lohnt, ein Konto (*savings account*) im Reiseland anzulegen. In einem solchen Fall sollte rechtzeitig vorher von der Heimatbank der Geldtransfer in die Ankunftsstadt veranlaßt werden. Man braucht dann nur noch zu der betreffenden Bank zu gehen, und erhält eine Plastikkarte, mit der man an den fast überall anzutreffenden Bankautomaten rund um die Uhr Geld abheben kann. Ein schnelles, unbürokratisches und sicheres Verfahren. Außerdem – es werden nicht unbeträchtliche Sparzinsen von den Banken gezahlt.

Jeder wird für sich die Entscheidung treffen müssen, ob die Reise per **Campmobil** oder per Pkw (mit Übernachtungen in **Hotels/Motels**) durchgeführt werden soll. Wenngleich Motels relativ preisgünstig und weitverbreitet sind, ist gerade die Unabhängigkeit, die ein Wohnmobil schafft, das, was zum größten Naturerlebnis führt. Nicht ohne Grund sind die komfortablen Miet-Campmobile gerade bei Reisenden aus Mitteleuropa so beliebt. **Camping** ist auch in Nordamerika eine Leidenschaft, bei sehr vielen sogar ein regelmäßiges Wochenendvergnügen. Man braucht nur einen Blick auf kanadische Wohngrundstücke zu werfen, um eine Ahnung von der Reiselust hier zu bekommen. Kaum ein Haus ohne aufgebockten Camper-Aufbau. Man fährt den *Pick-up truck* drunter, setzt den Camper auf die Ladefläche, zieht ein paar Schrauben an – und schon geht die Reise los.

Die **Campgrounds der National und Provincial Parks** sind zumeist wunderschön romantisch in großen Wäldern gelegen. Feuerstellen sind vorhanden, Holz wird auch geliefert (Axt mitnehmen!). Dabei sieht man schon mal darüber hinweg, wenn die sanitären Anlagen sehr einfach sind. Während der Hauptreisezeit kann es auf den Campingplätzen der Nationalparks Engpässe geben. Reservierungen sind grundsätzlich nicht möglich. Es gilt das *First come first served-Prinzip.* Was soviel heißt wie: Wer zuerst kommt, mahlt zuerst.

Wen es trotz Lagerfeuerromantik dann und wann zum Essen an einen feingedeckten Tisch zieht, der sollte bedenken, daß man in besseren **Restaurants** nicht auf den erstbesten freien Tisch zusteuern darf, sondern warten muß, bis einem ein Platz zugewiesen wird. Da Bedienungsgelder nicht in den Preisen inbegriffen sind, werden allgemein zusätzlich 15 Prozent **Trinkgeld** gegeben. Das gilt u. a. auch bei Friseuren und Taxifahrern.

Während in Alaska Alkoholika in Lebensmittelläden gekauft werden können, sind sie in Kanada nur in staatlichen **Liquor Stores** erhältlich. Die Preise hier sollen für manchen schon der erste Schritt zur Abstinenz gewesen sein.

Wer während seiner Reise **Post** empfangen will, kann sich diese postlagernd an ein Postamt seiner Wahl schicken lassen. Die Anschrift sieht dann so aus:

Name
c/o general delivery
Main Post Office
Stadt und Province/Staat
Land

Der Vorname sollte auf die Anfangsbuchstaben reduziert sein. Wer schon einmal nach langem Suchen endlich seine Post unter »F« wie »Frau« oder »H« wie »Herr« fand, wird künftig auch auf solche Höflichkeitsregeln verzichten. Postlagernde Sendungen werden in Kanada fünfzehn, in den USA dreißig Tage aufbewahrt und anschließend an den Absender zurückgesandt.

Wer von daheim defekte und durch Vandalismus beschädigte **Fernsprecher** kennt, wird in Nordamerika zunächst aufatmen: Sie funktionieren, sind reichlich vorhanden und schnell zu finden (zumeist allerdings an lauten Durchgangsstraßen). Doch nach der ersten Freude kommt die Ernüchterung: Mit Ausnahme von *local calls*, also Ortsgesprächen, werden alle Verbindungen über einen *operator* hergestellt, in Kanada zumeist sehr nette und geduldige Damen, in den USA zunehmend schnarrende, unerbittliche Computerstimmen. Wenn auch die Gespräche mit ca. zwei Dollar pro Minute günstig sind, muß man für ein Telefonat nach Europa zumindest ein Minimum von drei Minuten bezahlen. Das Wählen geschieht durch den *operator*. Man selbst wartet, während das einwurfbereite Geld in der

Hand warm wird. Telefonieren ist also nicht selten eine zeitaufwendige Prozedur. Da mit *quarters* (25-Cent-Stücken) bezahlt wird, ist es angebracht, einen größeren Münzvorrat (auch für Parkuhren und Waschautomaten) zu haben.

Fotografieren: Die Motivfülle ist groß, stecken Sie ruhig ein paar Filme mehr ein als ursprünglich geplant. Kodak-Dia- und Printfilme kann man allerdings in jedem Supermarkt kaufen.

In fast jedem kleinen Ort gibt es die *coin laundry*, einen **Münz-Waschsalon.**

Die **Stromversorgung** beträgt 110 Volt, 60 Hz. Für elektrische Geräte aus Europa wird ein Zwischenstecker (Amerika-Stecker) sowie ein Transformator (Umformer von 110 auf 220 Volt) benötigt.

Kanada ist in sechs **Zeitzonen** eingeteilt. Im Westen sind es *Mountain Time* (N. W. T.), Teile Saskatchewans, Alberta) und *Pacific Time* (Yukon Territory und British Columbia). Der Großteil Alaskas hat *Alaska Time*. Die westlichen Aleuten richten sich nach der *Hawaii-Aleutian Time*. Wer in westliche Richtung reist, muß die Uhr von Zeitzone zu Zeitzone um eine Stunde zurückstellen. Wenn es in Edmonton z. B. 12 Uhr ist, steht der Zeiger in Vancouver noch auf 11.

Doch für viele mag das eine rein theoretische Erörterung sein. Wozu braucht man während der schönsten Stunden des Jahres eine Uhr!

Wichtige Einreise-Informationen

Kanada: Deutsche, Schweizer und Österreicher können mit einem gültigen Reisepaß ohne Visum nach Kanada zu Urlaubs-, Besuchs- oder geschäftlichen Zwecken einreisen. Der Paß muß bis zur Beendigung der Rückreise ins Heimatland gültig sein. Viele Fluggesellschaften schreiben allerdings eine längere Gültigkeitsdauer vor. Bitte erkundigen Sie sich zuvor im Reisebüro. Personen unter 18 Jahren, die nicht von einem Erwachsenen begleitet werden, sollten ein beglaubigtes Erlaubnisschreiben eines Elternteils vorweisen. Kinder unter 16 Jahren werden entweder im Familienpaß eingetragen oder reisen mit einem deutschen Kinderausweis. Kinder über 16 Jahre benötigen einen deutschen Reisepaß
Alaska: Geschäftsleute und Touristen brauchen für Reisen bis zu 90 Tage kein Visum. Für längere Aufenthalte ist ein Visum (gegen Bearbeitungsgebühr) bei der Kosularabteilung der US-Botschaft oder einem Generalkonsulat zu beantragen (Dauer: ca. 4 Wochen). Telefonische Informationen: 0190-915000.

Nützliche Anschriften

Kanada

Fremdenverkehrsämter
Kanadisches Generalkonsulat
– Tourismusabteilung –
Prinz-Georg-Str. 126
40479 Düsseldorf
Tel.: (0211) 172170, Fax: (0211) 359165.
Informationsmaterial kann bezogen werden bei:
Touristik-Dienst G. Lange
Postfach 200247
63469 Maintal, Tel.: (06181) 45178, Fax: 497558.

Alberta
Alberta Tourism
10155, 102 St.
3rd Floor
Edmonton, AB T5J 4G8
Tel.: (403) 427-4321.

Northwest Territories
Government of the Northwest Territories
P. O. Box 1320
Yellowknife, N T X1A 2L9
Tel.: (403) 873-7200.

British Columbia
Tourism British Columbia
865 Hornby St., Suite 802
Vancouver, BC V6Z 2G3
Tel.: (800) 663-6000.

Saskatchewan
Tourism Saskatchewan
500-1900 Albert St.
Regina, SK S4P 4L9
Tel.: (306) 787-2300.

Manitoba
Manitoba Travel Idea Centre
21 Forks Market Rd.
Winnipeg, MB R3C 4T7
Tel.: (204) 945-3777.

Yukon
Tourism Yukon (CG)
P. O. Box 2703
Whitehorse, YT Y1A 2C6
Tel.: (867) 667-5036.

Diplomatische Vertretungen

Bundesrepublik Deutschland
Einwanderungs- und Visa-Abteilung
Godesberger Allee 119
53175 Bonn
Tel.: (0228) 9644006, Fax: 9863458.

Konsularabteilung
Neustädter Kirchstr. 4–5
10117 Berlin
Tel.: (030) 2385174.

Schweiz
Kirchenfeldstr. 88
3005 Bern
Tel.: (031) 3526381, Fax: 3527315.

Jubiläumstraße 93
3005 Bern
Tel.: (031) 3577011, Fax: 3577344.

Österreich
Botzmanngasse 16a
1091 Wien
Tel.: (01) 31339, Fax: 3100682.

Auskünfte über National und Provincial Parks, Naturschutzgebiete sowie Jagd- und Angelscheine

Für Informationen über die kanadischen Nationalparks, die nationalen historischen Parks und Stätten sowie die historischen Wasserwege.

Alberta
Parks Canada
552-200, 4th Ave. S.E.
P.O. Box 2989, Station M
Calgary, AB T2P 3H8
Tel.: 1-800-748-7275.

Alberta Environmental Protection Parks Service
10405 Jasper Ave.
Edmonton, AB T5J 3N4
Tel.: (403) 427-6781.

British Columbia
Fish & Wildlife Branch
Ministry of the Environment, Lands & Parks
10334, 152 A St.,
Surrey, BC V3R 7P8
Tel.: (800) 665-7027.

National Parks of Canada
458 Notre Dame St. E.
Montreal, Quebec H2Y 1C8
Tel.: (514) 283-2034, Fax: 283-5560.

Informationen über die Provincial Parks

Northwest Territories
Wildlife Service
Renewable Resources
P. O. Box 1320
Yellowknife, N. T. X1A 2L9
Tel.: (403) 873-7411.

Für *Manitoba, Saskatchewan* und *Yukon* werden Informationen bei den staatlichen Fremdenverkehrsämtern erteilt (s. Anschriften).

Herkömmliche, nichtautomatische **Jagdwaffen** können nach Kanada unproblematisch eingeführt werden. (Deklaration nicht versäumen!) Generelle Auskünfte über das Mitbringen von Feuerwaffen erteilt:

Revenue Canada, Customs and Excise
Commercial Verification and Enforcement
Connaught Building, Mackenzie Avenue
Ottowa, ON
Canada K1A 0L5

Angeln ist in Kanada Volkssport. Der Angelschein wird in der jeweiligen Provinz erworben. In Sportgeschäften oder Touristenbüros nachfragen. Bei weitergehendem Informationsbedürfnis erteilt Auskünfte:

Alaska Division of Tourism
P. O. Box 110801
Juneau, AK 99811-0801
Tel.: (907) 465-2010

Weitere Auskünfte

Alaska State Parks
P. O. Box 107001
Anchorage, AK 99510
Tel.: (907) 762-2617
(Gegen Gebühr Campingpermits)

Alaska Dept. of Fish & Game
P. O. Box 3-2000
Juneau, AK 99802
Tel.: (907) 465-4100.

Nationalpark-Info erhältlich bei:

Alaska Public Lands
605 W. Fourth Ave. # 105
Anchhorage, AK 99501
Tel.: (907) 271-2737, Fax: 271-2744.

Denali National Park and Preserve
P. O. Box 9
Denali Park, AK 99755
Tel.: (907) 683-2294.

Kartenmaterial
Allgemeine, topographische und aeronautische Karten bietet an:

Canada Map Office
130 Bentley Ave.
Ottawa, ON
Canada K1A 0E9
Tel.: (613) 952-7000, Fax: 957-8861.

Nautische Karten sind zu beziehen über:

Fisheries & Oceans Canada
1675 Russel Rd., P. O. Box 8080
Ottawa, ON K1G 3H6
Tel.: (613) 998-4931, Fax: 998-1217.

Hydrographic Service
Tel.: (613) 995-4413, Fax: (613) 996-9053.

Alle vorstehend erwähnten Karten sowie Nationalpark-Karten sind auch in Deutschland erhältlich bei:

Geo Buchhandlung Kiel
Schülperbaum 9
24103 Kiel
Tel.: (0431) 91002
Fax: (0431) 94249.

Aree Greul
Internationale Alpine u. Polarliteratur
Am Goldsteinpark 28
60529 Frankfurt/Main
Tel. u. Fax: (069) 6661817.

Hinweis für Studenten: Für Studenten gibt es ein internationales *Student Discount Handbook.* Dieses Handbuch bekommt man nur, wenn man einen »ISIC«-Ausweis (*International Student Identity Card*) besitzt. Informationen wie man diesen Ausweis erhält, erteilt:

TSTA-Travel
Deutscher Studentenschaften
Rentzelstr. 16
20146 Hamburg
Tel.: (040) 442363
Fax: (040) 4103655.

Büro für Studentenreisen
Schreyvogelgasse 3
1010 Wien
Tel.: (01) 5333589,
Fax: (01) 5333499.

SSR
Ankestr. 112
8026 Zürich
Tel.: (01) 2971111
Fax: (01) 2971112.

Eisenbahngesellschaften

Kanada
VIA Rail Canada Inc.
C. P. 8116
2, place Ville-Marie
Montreal, PQ Canada H3B 2G6
Tel.: (514) 871-6000, Fax: (514) 871-6003.

Alaska
Alaska Railroad
Passenger Services Dept.
P. O. Box 107500
Anchorage, AK 99510
Tel.: (907) 265-2494, Fax: 265-2323.

Autobusunternehmen

Kanada
Greyhound Lines of Canada, Ltd.
877 Greyhound Way S. W.
Calgary, AB
Canada T3C 3V8

Alaska
Gray Line of Alaska
547 West 4th Street
Anchorage, AK 99501
Tel.: (907) 277-5581.
Busse sowie Bahnfahrten
mit dem *McKinley Explorer*
mit durchgehender Aussichtskuppel.

Fährgesellschaften

Kanada
B. C. Ferry Corporation
1112 Fort Street
Victoria, B. C.
Canada V8V 4V2
Tel.: (604) 386-3431.

B. C. Ferry Corporation
1045 Howe Street
Vancouver, B. C.
Canada V6Z 2A9
Tel.: (604) 669-1211.

Fahrplanmäßiger Fährverkehr mit MV »Queen of the North« von Port Hardy auf Vancouver Island nach Prince Rupert (B.C.) Beförderung von Passagieren und Fahrzeugen (u.a. Pkw und Motorhomes). Interessante Anschlußmöglichkeiten an die »Alaska Marine Highway«-Fähre.

Alaska
Alaska Marine Highway System
P. O. Box 25535
Juneau/AK 99802-5535
Tel.: (907) 465-3941, Fax: 277-4829.
Kostenlose Reservierungen in den USA: Tel.: 1-800-642-0066.
Fahrplanmäßige Fährverbindungen von Seattle und Prince Rupert nach Ketchikan, Wrangell, Juneau, Petersburg, Sitka, Haines, Skagway (Passagiere u. Fahrzeuge).

Europavertretungen kanadischer Verkehrsunternehmen

VIA Rail Canada
(kanadische Eisenbahn)

Deutschland
Canada Reise Dienst GmbH
Manfred-Samusch-Str. 1
22926 Ahrensburg
Tel.: (04102) 88770, Fax: 887755.

Schweiz
Imholz Western Tours
Birmensdorferstr. 108
8036 Zürich
Tel.: (01) 4554417, Fax: 4554470.

Für *Österreich:* Bitte wenden Sie sich an eine der oben aufgeführten Vertretungen.

Greyhound International
(kanadisches Busunternehmen)

Greyhound World Travel
Sussex House
London Road
East Grenstead
West Sussex RH191LD
Tel.: 0044-342-317317
Fax: 0044-342-328519.

Automobilclubs

Kanada
Canadian Automobile Association (CAA)
1775 Courtwood Crescent
Ottawa, ON
Canada K2C 3J2
Tel.: (613) 226-7631.

Alaska
AAA-Alaska
9191 Old Seward Highway
20
Anchorage, AK 99515
Tel.: (907) 344-4310.

Anschriften für Abenteuertouren

Blockhaus, komplettes Husky-Team und Schlitten (einschließlich Einführung ins Hundeschlittenfahren) in Alaska bietet:
Bill Fliris
Tozitna River Huskies
Box 137
Tanana, Alaska 99777
Tel. u. Fax: (907) 366-7245.

Informationen in Deutschland bei:
Dirk Dittmar
Heide 43
90587 Veitsbronn
Tel.: (0911) 753027.

Spezialanbieter für Alaska und West-Kanada-Reisen (z. B. zum Iditarod-Schlittenhunderennen):
Arktis Reisen Schehle
Bahnhofstr. 13,
87435 Kempten
Tel.: (0831) 5215960
Fax: (0831) 5215951.

Beide Clubs stellen gegen Vorlage eines gültigen Automobilclubausweises des Heimatlandes kostenloses Kartenmaterial, ein informatives Tourbook und Campingverzeichnisse zur Verfügung.

Eine gute Ergänzung zu den o. a. Informationen ist *The Milepost*, ein im Norden fast in jedem *book store* erhältliches Buch mit Auflistung von Sehenswürdigkeiten, Tankstellen, Unterkünften usw. Die Beschreibungen in *Milepost* folgen dem kilometer- bzw. meilenmäßigen Verlauf der jeweiligen Route. Es lohnt sich auch, einen Blick in *The Alaska Wilderness Milepost* zu werfen.

Ortsregister

Die in kursiv gesetzten Seitenzahlen beziehen sich auf Abbildungen.

Ortsregister